大教育书馆·孙云晓教育作品集

孙云晓 著

与孩子一起成长

YU HAIZI YIQI CHENGZHANG

第二版

凤凰出版传媒集团 江苏教育出版社
JIANGSU EDUCATION PUBLISHING HOUSE

图书在版编目(CIP)数据

与孩子一起成长 / 孙云晓著.
南京：江苏教育出版社，2009.8（2012.4 重印）
(苏教文库．孙云晓教育作品集)
ISBN 978－7－5343－7940－6

Ⅰ．与…

Ⅱ．孙…

Ⅲ．家庭教育

Ⅳ．G78

中国版本图书馆 CIP 数据核字（2007）第 015059 号

书　　名	**与孩子一起成长**
作　　者	孙云晓
责任编辑	刘明燕
出版发行	凤凰出版传媒集团
	凤凰出版传媒股份有限公司
	江苏教育出版社（南京市湖南路 1 号 A 楼　邮编 210009）
苏教网址	http：//www.1088.com.cn
集团网址	http://www.ppm.cn
照　　排	南京前锦排版服务有限公司
印　　刷	江苏凤凰盐城印刷有限公司(电话 0515－88153008)
厂　　址	盐城市纯化路 29 号(邮编 224001)
开　　本	787×1092 毫米　1/16
印　　张	19.75
插　　页	2
字　　数	275 600
版　　次	2009 年 8 月第 2 版　2012 年 4 月第 8 次印刷
书　　号	ISBN　978－7－5343－7940－6
定　　价	30.00 元
邮购电话	025－85406265,85400774 短信 02585420909
E－mail	jsep@vip.163.com
盗版举报	025－83658837

目　录

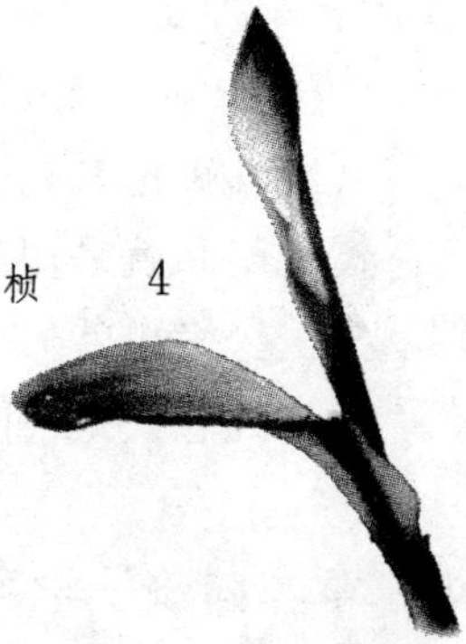

云晓的儿童世界

云晓兄的教育作品集就要出版了，希望我为他写点文字。

其实，我们见面的次数不多。印象最深的有两回：一回是《人民日报》的素质教育大讨论座谈会，作为嘉宾我们都作了发言。他的讲话并不十分流畅，但是故事很精彩，语言很生动，他特有的幽默更是给我留下了深刻的印象。第二回是我们举办“新教育实验与新父母学校建设”的研讨会时邀请他来捧场。他非常爽快地来了，同时作了非常精彩的报告。

当然，在此之前，孙云晓的大名早已经如雷贯耳。他的名字是与儿童联系在一起的。

云晓 1955 年 2 月 8 日生于山东青岛一个工人家庭。17 岁的时候，他就当起了小学老师；19 岁的时候，他就开始在《青岛日报》发表儿童诗，从此与儿童结下了不解之缘。

云晓写过许多儿童文学、报告文学，甚至写过小说、剧本，几乎都是关于儿童的；而真正让他天下美名扬的，是他在 1993 年 7 月发表的报告文学《夏令营中的较量》。这篇报告文学通过对比中日少年在夏令营中的种种表现，揭示出两个国家教育的差异以及竞争力的不同，让人们蓦然惊醒，从而震撼全国，引发了一场社会各界参与的大讨论，同时也受到党和国家有关领导人的高度重视。中央电视台 12 集专题片《改革开放 20 年》，称《夏令营中的较量》引发的大讨论是 20 世纪 90 年代“教育改革的前奏曲”。

后来，云晓又发表了一系列研究儿童的著作。看一看云晓关于儿童教育的作品清单，我们不能不佩服他的智慧与勤奋：《孩子，抬起头》、《培养独生子女的健康人格》、《杰出青年的童年与教育》、《向孩子学习》、《中国青少年自我保护手册》、《走进学习时代》、《百年中国儿童》、《体验成长——青少年民宿地球村报告》、《没有秘密的孩子长不大——孙云晓与您网上聊天》、《孙云晓少年儿童教育报告》、《教育的秘诀是真爱——孙云晓教育建议》、《培养一个真正的人》、《“较量”背后的沉思——中日儿童教育比较》、《儿童教育就是培养好习惯——当代少年儿童行为习惯研究报告》、《藏在书包里的玫瑰——校园性问题访谈实录》、《唤醒巨人——成功教育启示录》、《习惯决定孩子命运——孙云晓儿童教育12讲》、《我的教育自述：好的关系胜过许多教育》、《忠告天下父母》、《好父母 好方法》、《好孩子 好习惯》、《良好习惯缔造健康人格》、《父母的“上岗执照”》，等等。这些作品虽然有的是主编的和合著的，但是大部分是他独立完成的。透过这些作品，我们可以看到云晓关于儿童教育的许多基本理念与思想，如“教育孩子的前提是了解孩子，了解孩子的前提是尊重孩子”、“好的关系胜过许多教育”、“教育的秘诀是真爱”、“教育的核心是培养健康人格”、“儿童教育的全部使命是发现儿童、解放儿童”、“一切成功的教育都是和谐的教育”、“21世纪是两代人相互学习共同成长的世纪”、“无批评教育是伪教育”、“尊重生命是一切教育的核心理念”，等等。

虽然云晓不是教育科学研究的“科班”出身，但是他有着文学家的敏锐，有着对于儿童的关注与“真爱”，因此，他的“发现”、他的感悟、他的情怀就经常让我们这些研究教育的人自愧不如。因此，“中国青少年研究中心副主任、研究员”、“中国青少年研究会副会长”、“《少年儿童研究》杂志总编辑”、“中国社会科学院兼职研究员”、“北京师范大学兼职教授”、

“全国优秀儿童工作者标兵”，这样一些“头衔”和荣誉落在他的身上，也就是非常自然的事情了。而中国图书奖、全国“五个一”优秀图书奖、全国优秀儿童文学作品奖、全国优秀畅销书奖，这样一些全国大奖被他收入囊中，也一点儿不奇怪了。

十多年来，云晓总能够捕捉时代的精神，走进儿童的心灵。他之所以常常成为媒体的焦点、新闻的中心，是因为他不断地超越自己、不断地提出命题；是因为他先知春江水暖，并且勇立潮头。在网络还没有走进我们生活的2000年，他就开通了孙云晓网站（sunyunxiao. youth. cn）；在博客刚刚传到中国不久的2005年，他就在新浪网开了自己的个人博客(blog. sina. com. cn/m/sunyunxiao)。现在，他的网站已经有各类作品千余万字，且每个月组织一次专题讨论；他的博客也已成为他与网友互动的重要场所。

云晓是一个真正走进儿童世界的学者；而我们通过阅读他的作品，在走进云晓的世界的同时，也走进了儿童世界。我相信，这里只是儿童世界的一个角落，云晓还会继续给我们展示他看到的那个精彩的世界。

我们期待着。

朱永新

2006年9月4日晚于姑苏滴石斋

（作者现为全国人大常委、民建中央副主席、中国教育学会副会长、苏州大学教授、博士研究生导师）

一位跨世纪新教育的忠实守望者

在世纪之交中国教育观念和思想的改革进程中，孙云晓无疑是一位领军人物。从20世纪90年代掀起的“中日夏令营”风波，到本世纪之初关于培养孩子行为习惯的奔走呼喊；从“分数是学生隐私”的评判，到“家长应该称父母”的提议，孙云晓关于当代教育的话题常常引起社会的强烈反响，也震撼着众多父母和教育者的心灵。他以一位作家的敏锐，加之青少年理论工作者的深邃，更加以对青少年那种理性的、透彻的爱，在对当代青少年生存、学习、发展环境及状况深入观察思考的基础上，提出了一系列关于青少年权利价值、关于当代教育思想观念的精辟观点，也尖锐、强烈地批判了与时代发展相背离的现存教育在观念、体制、方法等方面的误区与弊病。孙云晓的一系列教育作品，是他对当代教育，特别是家庭教育的真诚、系统的建议，也是他教育思想的理论总结和阐述。

阅读孙云晓的教育作品，我们可以深切地感受到作者对于青少年儿童的信任和关爱，感受到他对当代教育深深的忧虑和反思，更能够领悟到其理论上的深刻及其独有的思想魅力。

首先，孙云晓的教育思想具有深刻的批判性。批判是创新的基础和前提，也是一切有价值的思想理论的共同特征，是一种理论的力量所在。是孙云晓关于中日孩子夏令营的思考和呐喊，给了国人以对于“孩子的教育与综合国力”间重要关联的警醒和深思；是孙云晓关于孩子与父母之间位置、关系，乃至称呼等全方位的、多次反复的言论发表，让更多的国人更急迫地从儿童权利的视角去审视亲子关系，去反思在教育过程中自身的态度和方式；是孙云晓率中国青少年研究中心研究人员进行的关于中国少年儿童学习压力、身心健康、同伴关系等生存状态的多项调查，提醒国人重视孩子现实生活中的实际状况，并从儿童健康发展的基础条件角度，进一步认识目前教育中存在的问题。特别值得一提的是他提出了“德育为什么成了一壶烧不开的水?”、“良好习惯是健康人格之基”的重要思想。作为一项研究成果，问题的提出、研究的设计、结果的分析、对策的建议，都立足于对现实儿童成长问题，对教育，特别是家庭和社会教育中误区的质疑、反思、批评，都渗透和体现了一种强烈的现实批判精神。应该说，改革开放以来，对教育的反思是社会整体改革发展的重要组成部分，也是全社会共同关心的重大社会问题之一。反思与批判视角不一，多种多样。在众多的批判声中，孙云晓的批判不仅尖锐犀利，而且紧紧抓住了现存教育的根本弊病，即对少年儿童自身的忽略。自古以来，教育就是人类繁衍、传承知识技能的社会性行为，教育以社会为本，强调为社会培养需要的人才，这正是传统社会中教育的社会功能的一种定位。正是这样一种过分强调，往往忽略甚至扭曲受教育者的个体人格，以至于酿造出中国教育的种种悲剧。孙云晓对传统教育的批判涉及方方面面，但其核心紧紧抓住了这一根本问题，这也就使其批判在理性、价值、系统等诸多方面具备了理论批判表现在内涵上的生命力和力量。

其次，孙云晓的教育思想核心价值明确，凸显了受教育者的主体地位和儿童权利观念。近年来，孙云晓经常发表一些教育问题或批判的文章、言论，有的甚至震动社会；他还提出了不少积极的教育建议，有的十分生动具体。我们在《孙云晓教育作品集》中可以看到丰富多彩的内容。认真读下来，你会发现，孙云晓的教育批判和建议中，一直有一根主线，即受教育者的主体地位和儿童权利观念。平常在我们眼里司空见惯的教育现象，在孙云晓那里，就有了新的发现，关键是他有一种不同于传统教育者的视角——儿童视角。他善于从儿童自身出发，去观察思考教育，去认识教育过程中的各种关系。这就使他有了不同于一般的视野，也使得他的教育论述具有了面向未来的超前性和创新性。社会的发展和变迁直接影响了教育的功能、使命、目标，也影响了教育过程中教育者与被教育者之间的根本关系。现代社会以人为本，强调人在社会发展中的主动性和自由充分发展的功能，教育的目标逐渐定位于促进个体的持续性发展，在教育的过程中，人不再是被动的被塑造者，而是具有发展潜能的、独特的、自主的主动者。在社会发展中，少年儿童往往会比成人更快、更直接地接纳新的观念和价值，也会因此与成人社会发生越来越多的冲突。孙云晓研究的儿童视角，不仅表现在他对当代儿童生存状态的多重描述，也表现在他研究整体上的一种超前与创新。从一定意义上说，在当代少年儿童社会教育的研究领域里，孙云晓很多时候充当的是一种儿童代言人的角色。这种代言，绝非简单地为儿童说话，而是代表儿童发展本质需求的代言，是面向未来的代言。创新是一种精神，也是一种理论品质。教育理论的创新不在于提出什么新的、未曾使用过的方法，甚至是别人没有说过的观点、意见；教育理论的创新，最主要的是基本价值和核心理念，是体现在外在形式上的一种内在精神。孙云晓的教育理论，闪光之处恰在于此。

第三，孙云晓的教育理论体现现代理论研究的特色，重视实践指导性。从书斋走向实践，从空泛的理论阐述走向具体的实证研究，是现代理论研究的发展趋势。在越来越多的领域里，一种理论的价值不仅取决于其核心观点、学术体系、理论的严谨性等传统元素，更多的还取决于其对实践的指导意义和具体的实践功能，研究过程也由重视理论的逻辑推断，转化为重视实证的、个体性的描述和研究。《孙云晓教育作品集》中的众多论证，既体现了理论研究的科学严谨，也突出了对现实教育，特别是社会教育、家庭教育的指导作用，较好地体现了现代社会研究的发展趋势。在孙云晓的一系列教育作品中我们会发现，他在提出问题引起父母和教育者的警觉、分析原因讲清道理之后，总会认真详细地作出对策性建议。读孙云晓的书，可以深切地感受到：他所提出的问题大都是我们家庭的、学校的、孩子父母身边的，甚至是我们每日每时都会遇到的；他所作的分析，也都是我们熟悉的，贴近我们所思所想的；他给予的指导，是我们能够做到的，是生动具体的。读孙云晓的书，总能够使我们在获得思想的启迪之时，更获得一些具体生动的教育建议、教育行为指导。这在今天各种教育思想流派流行共存，各类家教指导人物、书籍众多，“专家”、“大师”泛滥的情况下，特别具有重要意义。教育是科学，在社会变迁、整体价值多元的情况下，教育的指导更需要科学和理性；而只有建立在相关研究基础上的具体、实际的家教建议，才是真正能够使用的、有效能的好建议。

孙云晓是一个儿童工作者，他牢固树立了一个儿童工作者的职业伦理——热爱儿童、尊重儿童、以儿童为本，这样的伦理深入到他的研究和写作之中，就使得他的研究在整体上恪守了很多人很难获得的一种基本价值体系，并以此构建了自己的教育思想，准确地说是社会教育的研究体系和理论框架；孙云晓是一个青少年理论研究人员，他坚持理论研究的科学性和严谨性，特别是近年来，他主持了多项关于少年儿童的课题，团结了一大批教育学、心理学、社会学、法学、传播学等专业学科的专家学者，发表了一系列有关少年儿童生存发展的研究成果，这就使得他的教育方面的书籍和文章具备了一种科学的底蕴，有了在研究基础上的学术底气，并以此确立了他在少年儿童研究领域里的独有地位；孙云晓是一名作家，他以一个作家的细腻和敏锐，以一个文人的独立思维，去观察儿童的生活，去观察教育过程中的种种现象，去思考相关的问题。曾经的记者生涯给了他笔耕的勤勉，给了他责任赋予的力量，也给了他在细微之处思索社会大问题的思考习惯，这就使得他的书籍和文章在科学理性的基础上，还颇具文学性，哪怕是一项研究成果的发布，也更多地具有了人文气息，具有百姓易于认识与理解的特点。正是凭借这样的多重身份，孙云晓在教育研究领域具备了自己的特点；也正是这些特点，成就了他的多彩与成功。

以上是我从儿童社会工作，从青少年研究，从教育变革角度对孙云晓近年来的努力所作的思考，是为序。

陆士桢

（作者系中国青少年研究会副会长、中国青年政治学院教授）

孙云晓：童年的捍卫者

认识孙云晓，对我来说是一件非常快乐的事。就在写序的头天晚上，我们在儿童剧场一起观看了第一部由儿童与成人一起主演的儿童剧《弹珠 巫婆 魔法国》。我们都对剧中出现的“巨婴”形象非常感兴趣。哭着的“巨婴”几乎占据了大半个舞台，他一出现，便引起小孩子们的惊呼，而那个魔法无边但却总是烦小孩子的巫婆奶奶倒比他小好多好多。孙云晓说，这让他想起了陶行知的一首诗：“你若小看小孩子，便比小孩还要小。”

当时，我几乎与他同时脱口而出。我们都很喜欢这首《小孩不小歌》，全文是：

人人都说小孩小，
谁知人小心不小；
你若小看小孩子，
便比小孩还要小。

认识孙云晓的快乐就来自这种寻找儿童世界的共同感觉。从1988年相识，到1991年开始合作作儿童研究，至今快20年了。我们一直试图研究如何从儿童的视角来理解这个世界以及这个世界对儿童成长的影响。我不能忘记孙云晓的文学作品《“邪门大队长”的冤屈》。因为在成长过程中，几乎每个孩子都有被冤枉的历史，几乎每个孩子都有想说而难以说出口或不敢说出口的话，几乎每个孩子都渴望得到大人的理解和尊重。回顾我们刚刚成长为大孩子，还没有学会尊重小孩子时，我们往往对比我们小的孩子不屑一顾，但当我们再长大些，我们就逐渐知道了：人，无论大小，都应该受到尊重。我们的社会化不仅应该包括学习与各种文化、社会背景的人沟通，也应该包括学习与各种年龄的人沟通。因为这个世界不仅是由大人组成的，也是由儿童组成的。真正成熟的人应该是尊重儿童并有能力与儿童沟通的人。

儿童需要教育，但如何教育儿童，是一个非常值得讨论的问题。在这里我愿意全文录下陶行知的《教师歌》：

来！来！来！来到小孩子的队伍里，发现你的小孩。
你不能教导小孩，除非是发现了你的小孩。
来！来！来！来到小孩子的队伍里，了解你的小孩。
你不能教导小孩，除非是了解了你的小孩。
来！来！来！来到小孩子的队伍里，解放你的小孩。
你不能教导小孩，除非是解放了你的小孩。
来！来！来！来到小孩子的队伍里，信仰你的小孩。
你不能教导小孩，除非是信仰了你的小孩。
来！来！来！来到小孩子的队伍里，变成一个小孩。
你不能教导小孩，除非是变成了一个小孩。

在20世纪90年代中期孙云晓主编的《少年儿童研究》杂志的封面上，你会发现一行醒目的标语——“教育孩子的前提是了解孩子”。十年过去了，今天，当我问孙云晓，什么是他最重要的教育观点时，他说：“发现孩子”和“解放孩子”。从他发表的各种著作中不难看出，陶行知的尊重和平等的思想深深地影响了他。

与其他儿童研究者不同，孙云晓是从数万封儿童与青少年的来信开始进入儿童教育研究领域的。我清楚地记得，20 世纪 90 年代初期，在他简陋的办公室里，有一张堆满书籍和杂物的单人床，床下有成箱的儿童和青少年来信。他曾对我说："我对教育的看法主要不是来自理论，我真说不出那些流派，我的看法主要来自生活，来自对中国儿童命运的思考。"1990 年儿童报告文学集《16 岁的思索》出版以后，他接到了少男少女来信 2 500 多封，并对其中 1 500 多封信作了回复。无论讨论什么话题，或分析什么现象，发现和理解儿童的世界永远是孙云晓研究问题的起点。

教育从发现和理解儿童开始，这对许多大人来说，并不是一件容易的事情。因为多数大人们想当然地认为，儿童有什么好理解的，有什么可发现的，他们那点儿事一目了然，也因为大人们总认为自己比儿童"高明"。即使在我们能够发现和理解儿童以后，我们将对儿童进行什么样的"教育"也是个需要严肃讨论的问题。这个问题的背后其实是儿童观问题，即：童年生活的价值是什么？是为成长为现在标准的成人（或成人理想中的成人）作准备，还是应当享受童年生活，日后成长为儿童自己愿意成为的那种人？

历史上已有很多教育学家探索过这一问题。卢梭认为，儿童期是个体生命发展的重要时期，其重要意义不仅仅是成人生活的预备。儿童应该享受大自然赋予的童年生活。只有经过这样的阶段，儿童身心的健康发展才有可能。儿童的现在和将来是一个连续发展的过程，教育不应为儿童的未来牺牲儿童的现在，而使他们受到各种各样的束缚，教育应该重视儿童的现在。20 世纪美国教育家杜威同卢梭一样，主张儿童的心理需求要从儿童现在的角度来考虑，而不是从儿童的未来角度来考虑。杜威也充分肯定了童年生活的价值，他指出："生活就是生长，所以一个人在一个阶段的生活，和在另一个阶段的生活，是同样真实、同样积极的，这两个阶段的生活，内容同样丰富，地位同样重要。因此，教育就是不问年龄大小，提供保证生长或充分生活的条件的事业"，教育者要"尊重未成熟状态"。①

对教育的这种反省和批判，同样也出现在意大利著名教育家蒙台梭利的论著中。她在《儿童教育》一文中指出："像所有别的人一样，儿童有着他自己的人格。他自身具有创造精神的美和尊严。"现代教育的错误在于"经常注意的是儿童的明天，他将来的生活。现在从来没有被严肃地考虑过。所谓现在，我的意思是儿童为了要能按照儿童期的心理需要充分地生活，他要求些什么"②。在对教育目的的探讨中，美国现代教育家克伯屈提出：在现代，我们应该提倡一种新的教育理论。这种理论把出生后的儿童看做有行为、有感觉的人，而且借助于尊重和利用儿童现在的状况，帮助儿童把目前的生活变成更有效、更高质的生活。"这种强调儿童的现在并不否定适当重视儿童的将来"。"我们希望这种对更广大、更遥远前景的重视是从内部发展起来的即逐渐发展起来的，而不是如陈旧教育的通常办法，是从外部强加于儿童的"。③

我国儿童文学奠基人之一周作人对此有一个比较完整的总结。他说："以前的人对于儿童多不能正当地理解，不是将他当做缩小的成人，拿'圣经贤传'尽量地灌下去，便是将他看

---

① 杜威：《民主主义与教育》，《现代西方资产阶级教育思想流派论著选》，29～33页，人民教育出版社，1980。

② 蒙台梭利：《儿童教育》，《现代西方资产阶级教育思想流派论著选》，90～91页，人民教育出版社，1980。

③ 克伯屈：《学习的现代理论》，《现代西方资产阶级教育思想流派论著选》，54～55页，人民教育出版社，1980。

做不完全的小人，说小孩懂得什么，一笔抹杀，不去理他。近来才知道儿童在生理心理上，虽然和大人有点不同，但他仍是完全的个人，有他自己的内外两面的生活。儿童期的十几年的生活，一面固然是成人生活的预备，但一面也有独立的意义与价值；因为生活只是一个生长，我们不能指定那一截的时期，是真正的生活。我以为顺应自然生活各期——生长、成熟、老死，都是真正的生活。"①

如果承认儿童是完全的独立的个体，那么，教育的目的也需要相应改变。以往教育的目的是为了更好地延续种族或为了更好地完成成人社会赋予儿童的使命，但是现代教育就要考虑儿童如何能更好地发展自己的天赋能力，以获得个人完善、幸福，进而促进人类社会的进步。1996 年，联合国教科文组织的国际委员会公布了题为《教育——财富蕴藏其中》的报告，报告从理论上针对"学会生存"这一主题进行了阐述。报告指出："教育新概念应该使每一个人都能发现、发挥和加强自己的创造潜力。"教育不仅是一种手段（如达到技能、经济目的等），也是获得幸福目的本身，其基础是乐于理解、认识和发现。教育对个人的作用不仅表现在扩大自己的潜力方面，还应该表现在获得对外界的选择和判断能力方面。在这方面，报告指出："教育的首要作用是使人类有能力掌握自身的发展。""教育应当促进每个人的全面发展，即身心、智力、敏感性、审美意识、个人责任感、精神价值等方面的发展。应该使每个人尤其借助于青年时代所受的教育，能够形成一种独立自主的、富有批判精神的思想意识，以及培养自己的判断能力，以便由他自己确定在人生的各种不同的情况下他认为应该做的事

① 周作人：《儿童的文学》，1920 年 10 月 26 日在北京孔德学校所作的演讲，发表于《新青年》第 8 卷第 4 期，后收入《儿童文学小论》，儿童书局，1932。

情。”在21世纪，“教育的基本作用，似乎比任何时候都更在于保证人人享有他们为充分发挥自己的才能和尽可能牢牢掌握自己的命运而需要的思想、判断、感情和想象方面的自由”。①总之，学会生存要求更充分地发展自己的人格，并能以不断增强的自主性、判断力和个人责任感来行动。正如这份报告所指出的：**“未来的学校必须把教育的对象变成自己教育自己的主体”，而“受教育的人必须成为教育他自己的人”。**

孙云晓正是在这个意义上挑战传统的教育观，挑战“应试教育”，因为这样的教育观点和教育方法没有“尊重儿童的生命状态”，也没有尊重儿童的个性。在他看来，发现和理解儿童不是为了更有效地用成人既定或僵化的标准来教育儿童，而是为了更好地“尊重儿童的生命状态”。他针对父母们的各种不尊重儿童发展需求和个性的“强为”现象，倡导“父母无为乃大为”，提出“教育的核心不是传播知识，而是培养儿童的健康人格”。

我曾参加过《实话实说》中的一个关于动画片的节目，当主持人问儿童为什么喜欢看动画片时，许多孩子一齐拉长声说：“受——教——育。”孙云晓曾将这类现象概括为“集体失语”。孩子们按照统一的成人的标准在塑造着自己，结果失去了自己。**教育应该使每个人发现自己，发展自己的潜能，并对自己影响、控制环境的能力感到越来越自信，而不是相反。应该强调教育不是机器，儿童也不是批量生产的产品。**

二十多年来，孙云晓挑战了无数在大家看来非常正常的教育方法，提出了相反的教育观点，诸如：“向孩子学习”、“教育孩子的前提是了解孩子”、“没有信任就没有教育”、“‘听话’

① 由雅克·德洛尔任主席的国际21世纪教育委员会向联合国教科文组织提交的报告：《教育——财富蕴藏其中，1945—46/1995—96》，联合国教科文总部中文科译，68、76、85页，教育科学出版社，1996。

儿童可能是问题儿童”、“教子应有平常心”、“为确保小学生十小时睡眠而奋斗”、“让孩子对自己的过失负责”、“给孩子自由支配的时间，人的幸福离不开自由的选择”、“世上没有坏孩子”、“考试分数应当成为学生的隐私”、“没有秘密的孩子长不大”、“让每个学生都体验成功”、“儿童教育从体育开始”、“孩子没有朋友比考试不及格更严重”、“好的关系胜过许多教育”、“没有尊重的爱是一种伤害”、“父母要做童年的捍卫者”、“要像保护孩子眼睛一样保护孩子的创造精神”、“让孩子成为他自己”、“打开孩子身上的枷锁”、“教育是一种唤醒”、“让每个孩子都有梦想”，等等。以上罗列的只是其中一小部分。这些说法，并不是煽情的口号，孙云晓用事实论证了这些新的观点比传统观念更有益于儿童的幸福生活和健康发展，并针对每一观点，为教师和儿童父母提供了如何具体实行的建议。

从现在来看，这些观点已为大多数人所接受，但有些观点在当时却遇到了甚为激烈的质疑和反对，例如：《夏令营中的较量》、“分数应该成为学生的隐私”、采集并发表儿童自创的“童谣”，等等。这也就是为什么我要把孙云晓的做法称之为挑战的原因。1997年我曾在孙云晓主编的《少年儿童研究》上发表了题为“儿童的权利”的文章，尽管当时中国政府已经签署了联合国《儿童权利公约》达七年之久，但还是遭到了“儿童如果有这么多权利，我们还怎么教育儿童”的质疑，并导致某个地区集体退订《少年儿童研究》。当我向孙云晓表示歉意时，他说：“这是正常的。这也正是我们工作的价值和意义。”

在我的心目中，孙云晓的形象就是儿童的发现者形象，也是一个挑战者的形象，一个为了儿童利益而随时准备出发的挑战者。谁都不能保证孙云晓的每一个观点都是正确的，但至少，他的发现和挑战使人们重新思考以往许多看似自然合理但可能束缚儿童发展的观念，由他的这些挑战引发的广泛的社会讨论，产生了许多新的有关儿童教育的观点。《较量》所引发的全国范围内的素质教育大讨论就是一个明证。他的发现和理解儿童的能力，使他始终保持了对儿童问题的高度敏感性，而他与儿童共悲欢的性格则使他似乎命定要成为这样一个挑战者。我们的社会实在需要更多像孙云晓这样的发现者和挑战者。

孙云晓是一个研究儿童问题的专家，但他并不是一个受过系统的社会科学研究训练的学者。孙云晓在任何场合都不讳言这一点。因此，在所有课题中，他诚恳地邀请心理学、社会学等学科方面的专家进行指导和参与他的研究，为他的研究把关。我从20世纪90年代初就参与和评论过孙云晓主持的研究。我曾与很多专家一起激烈地批评过他的“向孩子学习”课题的设想、“培养儿童好习惯”课题的假设等等，也曾多次在私下激烈地批评过他的一些观点。多年来让我感动的是，孙云晓永远真诚地面对自己的长处和短处，既不在他不懂的方面自命为专家，也不盲从专家，他会从他所观察到的有关儿童的社会事实中鉴别专家的看法，尽量使自己靠近科学的思维方式。他以一颗赤子之心尊重科学和有经验有思想的研究者，并始终对科学研究怀有“敬畏之情”。在这种时候，他往往不像一个研究机构的领导，而更像一个小学生。

《孙云晓教育作品集》从发现儿童的视角出发，记录了20世纪80年代以来挑战传统教育的过程。对所有关心儿童教育的人来说，都值得一读。

卜卫

2006年7月31日

（作者系中国社会科学院新闻与传播研究所研究员、大众传媒与青少年发展研究中心主任）

第二版前言

2007年初，当《孙云晓教育作品集》刚刚问世的时候，我曾经忐忑不安，不知道这样一套8卷本的作品集会不会受欢迎。感谢读者朋友的厚爱，不论是教师朋友、父母朋友，还是青少年工作者，许多教育知音都对这套书表示喜欢。于是，这套书一再加印，发行量近10多万册，并且有了新修订的内容更加新颖丰富的第二版。原作品集主要收入我2006年之前的教育论述，第二版则补充吸纳了近几年最新的研究成果，可以说是我最有代表性的教育作品集。

我相信，一个人是否能够发现真理，并不取决于他的年龄，而是看他是否拥有科学的态度和探索的勇气。当一种思想或理论提出的时候，最好的结果不是被赞颂，而是被讨论或争鸣。这就需要立论者回应，并适当修改自己的思想或理论，从而给社会留下真正的财富。从这个角度来看，任何人的作品集都应当尽可能在头脑清醒时出版。

中日少年《夏令营中的较量》是我的代表作，与许多学者深奥的著述风格不同，我的作品是通俗易懂的。一般的学术研究主要回答是什么和为什么，而我总是特别关心该怎么办，因为我的脑海里时常浮现出一双双期待的目光。为什么会是这样？一是虽然我专职研究青少年问题20多年，但因为我17岁就当教师，又当过9年的《中国少年报》记者，再后来我经常应邀为父母和教师们讲课，始终在儿童教育的各种各样问题中行走；二是可能因为我从11岁就痴迷于文学，后来成为一个儿童文学作家，习惯了用讲故事的方式来讲道理。

那么，我的8卷本教育作品集主要讲了一些什么内容呢？

1.《捍卫童年》

每个孩子都应该有幸福的童年，然而过于激烈的竞争和父母对孩子过高的期望使孩子面临巨大的压力，尤其是与学习有关的压力，导致童年缺失并出现了一种较强烈的焦虑心态，即“童年恐慌”。本书分析了“童年恐慌”现象的表现、成因，并就如何解决这一严峻的社会问题提出了对策和建议，呼吁全社会都来关注“童年恐慌”现象。作者指出，全部儿童教育的使命可以概括为12个字，即“发现儿童、解放儿童、发展儿童”。

2.《两种爱心　两种命运》

1993年，一篇中日儿童《夏令营中的较量》如石破天惊，引发了一场震撼全国的教育大讨论，至今未能完全平息。对那一场争论深层原因感兴趣的朋友，本书不能不读。作为《夏令营中的较量》的作者，怀着一种高度的责任心和危机感，通过对中日儿童在一次探险活动中的不同表现所反映出来的问题，对中日儿童教育进行了深入的调查和思考，不仅分析了中国儿童教育中所存在的一些问题，而且介绍了日本在儿童教育方面的一些先进经验和方法，并提出了改进中国教育的富有远见的建议。

3.《与孩子一起成长》

信息化时代前所未有地颠覆了父母与教师的权威地位，传统家庭中的亲子关系也正经历着巨大的变革，“文化反哺”现象不断涌现，从而引发了许多现代家庭教育的新问题。今天的时代是“菜鸟”教育“老鸟”的时代，如何评价孩子、如何教育孩子、如何向孩子学习……都使得现在的父母越来越困惑，越来越吃力。由此，作者提出没有任何时代的父母和教师像今天这样需要学习，并且只有和孩子互相学习、一起成长，才能跟上孩子的步伐，才能适应当今社会的不断发展和变化。

4.《教育的核心是培养健康人格》

一所名牌大学的新生为什么有30多人有自杀倾向？为争保送，14岁尖子生居然毒杀两同学！这些数不尽的悲剧无不说明，教育的核心不是传授知识，而是培养健康人格。这是作者根据自己几十年来从事教育研究工作所得出来的深切感悟。他建议教师和父母在对孩子的教育过程中，要把孩子当做真正的人，尊重其人格，满足其需要，引导其发展，而不是求私欲之利。充分发掘孩子身上的种种优点，培养他们的种种良好习惯，锻炼和养成他们健康的心理和人格，这是教育的神圣使命。

5.《教育就是培养好习惯》

训子千遍不如培养一个好习惯，习惯决定孩子的命运，良好习惯缔造健康人格，这些都是作者主持全国教育科学研究课题近10年得出的结论。一种动作重复21天，就可能成为一个初步的习惯；一种动作如果重复90天，则可能成为一个稳定的习惯。从儿童教育来说，幼儿园和中小学阶段是一个人养成习惯的关键时期。本书通过生动活泼的个案、科学的分析，揭示了儿童习惯培养的重要性，提出了儿童习惯培养的十二项指标和五大步骤，以及儿童习惯培养的原则和方法。

6.《阳光法性教育》

在中国，性教育是一个千古难题，让许多父母与教师陷入尴尬的境地。作者通过与合作者对13个发生过性行为的中学生的秘密访谈和分析，例如两个怀孕少女的命运为何天壤之别，深刻指出：性教育是孩子的必修课，性教育首先是一种态度，性教育的核心是人格教育。同时作者呼吁阳光法性教育，即在中国推行科学的、系统的、开放的性教育，包括：父母和教师首先要接受性健康教育；健康教育是一个终身教育过程，健康教育是神圣的、科学的，也是富有诗意的，等等。

7.《唤醒孩子心中沉睡的巨人》

如果确立了新的成功观，即成功就是发展、成功就是选择、成功就是和谐，那么，每个人都可以获得成功。本书是作者有关成功教育的代表作品，以报告文学的形式，对上海闸北八中20年来所发生的巨大变化进行了深入、细致的报导和分析，让读者清晰地看到，一个留级生占38%的“垃圾学校”，何以变成人人成功的全国名校。在这部荣获“中国图书奖”的书中，不仅介绍了校长刘京海和多位教师的勇敢而智慧的实践，而且更详细地呈现了许多在成功教育理念下获得成功的学生个案，对成功教育这种新型的教育模式进行了生动的描述和理性的探索。

8.《教育从尊重开始》

经常有父母朋友问作者：“您的孩子是怎么教育的?”在本书中，读者可以得到最为详尽的回答。作者虽然是教育专家，却很少送女儿上各种所谓的兴趣班，从小学到中学也从未进过重点学校。女儿小学升初中、初中升高中、高中考大学、大学毕业找工作，这样四个关键的选择都是女儿自己做的决定。得益于中小学时代当小记者的成功体验，女儿从复旦大学毕业后，成为一家中央媒体的优秀记者。“好的关系胜过许多教育”和“父教如钙”是作者的重要教育理念。本书是作者作为一位父亲教育自己孩子的自述体作品，字字真切，句句肺腑，将体验性、欣赏性、可操作性融为一体，是中国父亲教育的忠实记录。

当然，8卷本的《孙云晓教育作品集》不是天上掉下来的，也不是突然冒出来的，而是几十年的辛苦积累。说到辛苦也不光是作者一人，许多学者的合作、编辑的加工和出版社的推广，都是不能忘记的。在此，我诚挚地感谢我所在单位中国青少年研究中心对我多年来的鼎力支持，感谢凤凰出版传媒集团的总经理陈海燕先生贡献的宝贵智慧，还要特别感谢江苏教育出版社各位社领导对本作品集的坚定支持，感谢金玲主任、金月皎女士和刘明燕、侯章龙等各位编辑以及赵霞博士，是大家呕心沥血的劳作，才使《孙云晓教育作品集》第二版与广大读者见面。

书的出版既亮出了思想的旗帜，也立下了争论的标靶。改革开放的时代是百家争鸣的时代，我期待着思想的激荡乃至撞击。

欢迎读者朋友提出批评意见，我的联系方式如下：

孙云晓博客：blog. sina. com. cn/m/sunyunxiao

孙云晓网站：sunyunxiao. youth. cn（自 2000 年 6 月开始，每月一次网上聊天，聊天时间提前预告）

孙云晓邮箱：9999syx@163. com

孙云晓通信地址：北京市西三环北路 25 号　中国青少年研究中心　邮编 100089

孙云晓

2009 年 7 月 15 日于北京

第一章　新世纪的教育新挑战

一　21世纪是两代人相互学习共同成长的世纪

儿童长大的过程是由“生物人（自然人）”变为“社会人”的过程。在这样一个社会化过程中，成年人尤其是父母与教师是儿童和青少年的重要的教育者。也可以说，成年人对儿童和青少年的影响仍是社会化的主流。但是，必须看到，社会化是终身的和双向的。

在当代中国，儿童和青少年对成年人的影响变得越来越突出，而这种反向社会化在儿童期就已经开始了，只不过不太容易被正视罢了。值得成年人注意的是，当代儿童和青少年身上蕴藏的代际超越和进步的潜能比以往任何时代都更加巨大。通俗一点说，今天的社会化是双向的，大人可以“化”孩子，孩子也可以“化”大人。这是我的代际教育观。

1998年，北京师范大学陈会昌教授主持教育部的重点课题，即“经济转型时期中小学生的道德教育”。该课题在完成对北京、上海、郑州和哈尔滨50所中小学的教师访谈后发现，多数中小学教师对现在的学生不乐观，在他们评价学生的话中，70%是批评性的、否定性的；能说出学生品德方面优点的老师很少，认为现在的学生总体上比过去强的老师很少，只占百分之几；甚至在一所学校三个多小时的访谈中，教师们都在指责、抱怨、发牢骚，似乎现在的孩子一无是处，乏善可陈；很多老师认为，现在学生的主流意识越来越淡了，思想越来越发散，越来越多元化，因此，对学生进行思想道德教育的难度也越来越大了。①

与此同时，中国媒体对青少年的赞美却屡见不鲜，许多事实令人心悦诚服。在一次有关如何使用计算机的私人讨论中，南京大学一位教授面对自信而不服输的同事，竟使用了在他看来最具说服力的反驳方式："不对，不对，我儿子说……"

社会心理学家周晓虹先生指出，从"我爸爸说"到"我儿子说"，"我意识到了这句话中蕴涵的'革命性'意义，它不但证明了新的文化传承方式的出现，甚至还预示了一种全新社会的到来"。

那么，我们将面对怎样一种"全新社会"的代际关系呢？

1997年11月至1998年5月，在我和康丽颖教授的主持下，中国青少年研究中心课题组分别在北京、沈阳、南京、杭州、福州、南宁、桂林、泰安等8个地区，对116名10岁至18岁学生的父母和老师进行了访谈，同时又访谈了41位知名学者，得出一个富有挑战性的结论是：向孩子学习，两代人共同成长，将成为新世纪代际关系的重要模式。

（一）如何评价今天的中国青少年？

一个5岁的中国小女孩问妈妈："女的能当国家主席吗？"

妈妈回答："能啊！"并列举世界各国的女总统、女总理来加以证明。

女儿说："我长大了要当国家主席。"

妈妈高兴地说："好哇！你当了国家主席，我就是皇

---

① 孙云晓：《向孩子学习》，第1版，5页，昆明：晨光出版社，1998，周晓虹序。

太后。”

谁知，女儿马上反驳道：“那才不对呢！我当国家主席，您还是老百姓，和您没关系。”

后来，这位妈妈感慨地对研究人员说：“我的观念落后于女儿，应当向孩子学习。”

类似这样的例子，许多中国父母也碰到过，他们都对吸吮着改革开放新鲜乳汁长大的年轻一代表示惊讶，承认自己经常受到孩子的积极影响。

经过对访谈结果的分析和大量纵向比较，我们发现，与1978年改革开放之前的青少年相比，今天的中国青少年（主要指未成年人），自身发生了四大变化。

1. 关注自我发展

在二十多年前的中国，人们不敢谈自我，因为在那个特殊的时代，自我曾与个人主义相提并论。在今天这个较为宽松的社会背景下，青少年比历史上任何时代的同龄人都更勇于张扬自我，这是现代青少年非常可贵的一种品质。自我意识的形成对人的发展的影响是非常深远的。

今天的青少年关注自我发展主要表现在以下几个方面：

（1）自我选择意识比较强。

自我选择意识的增强表明人的能动性的增强和人的生活态度更为积极。

过去，青少年是在社会提供的范式和榜样中长大的，他们按照社会提供的参照系来判断周围的一切。在绝大多数情况下，社会并不需要他们作出选择。他们的工作、事业、人生前途，甚至家庭都由社会安排好了，在一元化的环境中，多数青少年感受不到选择。

今天的青少年在价值观的选择上没有那种一元化价值观的

统合，在表达自己的思想上更大胆，在实践上也没有更多的框框。多元化的社会使他们的选择机会相应地增多了。

10岁的孩子从家里拿自己的书到班里去交换或推销，他觉得很坦然。他们在很小的时候就学会了选择，是吃中国餐，还是吃麦当劳，他可以作出自己的决定。青少年在精神和物质享受上需要作出选择的机会日益增多。在选择中成长起来的青少年比上一代人有着更强的社会适应能力。

（2）对自我发展充满信心。

这主要是指今天的青少年对自己的力量有充分的估计，从而对自己产生的一种信心。它是自我体验的一个重要指标，主要受三方面的影响：

一是今天的青少年在生命早期就感受到了许多新异刺激。在信息时代，由于获取知识渠道的多样性，他们在小小年纪就表现出见多识广，并因此获得一些成年人的肯定性评价；

二是父母与家人对他们的社会期望在不断提高，青少年按照理想的形象塑造自我时，会对自己产生较高的自我期待；

三是今天的青少年有更多的自我表现机会，他们会因自己某一方面能力得到充分的发挥而对自我发展充满信心。1996年至1997年，我与卜卫研究员主持的中国城市独生子女人格调查表明，自我接纳程度比较高的孩子占总人数的74.4%。

（3）重视个人权利。

在个案调查和访谈过程中，我们常常感受到两代人之间的某些权利之争。成年人总是强调他们对孩子应该行使保护权，而青少年总是抱怨父母干涉他们的行动自由，不尊重他们的个人隐私。

《儿童权利公约》上规定未成年人有四项基本权利：生存权、发展权、受保护权和参与权。成年人更关注的是儿童的生存权和受保护权，而对其他两个方面重视不够。中国人传统心理是爱护孩子，常常把孩子比喻成祖国花朵，但其中也包括了花朵是娇嫩的，需要成人呵护，花朵没有自己的想法，只是一味被动地接受环境影响就行了的观念。但在新环境中成长起来的青少年，却在不断地向成年人索要原本属于他们自己的权利。

(4) 关注个人生活质量。

调查发现，无论农村还是城市，青少年获取生存所需的物质条件都比过去容易，因而在他们心中物质需求所占的分量较轻，他们感受不到父辈小的时候因物质匮乏所造成的生存压力，因而更关心个人的精神需求和自我完善。

多数父母能够为青少年的精神需求提供物质保障，诸如给孩子购置大量的图书，培养孩子的多种兴趣爱好，给孩子提供旅游观光的机会。所有的这一切，使很多青少年在很小的时候就学会了合理安排闲暇时间，在多种多样的娱乐活动中，他们因学业所造成的精神压力也有了一定程度的缓解。

2. 与人相处时更注重规则意识

现在的青少年面对的是一个相对稳定的、以发展经济为主要任务的社会。在这样的社会里，为了保证社会的稳定和社会生活有效运转，必须讲秩序、讲规则。这种社会环境使今天的青少年在人际交往关系上产生了一些新的变化。

(1) 求同存异。

以前青少年的成长环境比较强调共性的东西，大家一起进步，追求同一种风格，说同样的话，穿同样的衣服，这种环境使多数青少年将与自己不同的人视为异己。

现在的环境更强调个性、个人奋斗，不论穿衣、做事，都在强调与众不同，包括思维方式也在追求“新”、“独”、“特”。这是一个设计自我、发展自我的时代，青少年学会了用某些特定的规则(包括纪律、规章制度和法律)来评价他人的行为。他们不仅对自己群体内部的人与事持包容态度，对外域文化也持尊重的态度。

(2) 法律意识增强。

改革使中国社会逐渐向法制化社会发展，人们相互之间的评价将更趋于法律方面而不是道德方面，这使今天的青少年更倾向于运用法律来衡量行为，更加追求个人价值实现的多样化与社会的公正。

(3) 道德价值观上更追求公平。

今天的青少年在对某些事情作出道德判断时，往往不容易受成年人左右，他们有自己的评价标准，非常注重公平。如在某中学，两个男生打架，其中一个是班干部。老师要求班干部忍辱负重，可大部分同学反对，认为老师是在助长“恶势力”的威风，这样做不公平。

3. 认识的广度愈来愈大

今天的青少年非常幸运地成长于信息化时代。这个时代的一个最显著的特点是人类有存储世界范围内的大量信息的能力，并且几乎可以使地球上差不多任何人以多种方式即刻获得这些信息。

这是一个崭新和奇妙的时代。信息的传递超越了地域、时间和代际的限制。每个人都可以通过广播、电视、报刊、计算机和国际互联网等渠道获取大量最新的信息。学习渠道的多样性以及学习过程的个性化，使人们能够对自己的学习方式作出最佳的选择。

青少年更是如鱼得水，与成人不同的是面对新的传媒手段，特别是计算机和互联网，青少年缺少的是恐惧，多的是欣喜，他们会像操纵一个高级玩具那样得心应手。

1996 年调查显示，26.6%的中国城市独生子女家庭拥有计算机，而拥有学习机者达 35.9%，而它们的主人有相当一部分是青少年。信息化时代使成人与孩子在获取知识的地位上更为平等，今天的青少年见多识广便不足为奇。

4. 对新环境的应变能力不断提高

在世纪之交，青少年生活在一个多变的环境，他们生存与发展的压力骤然增大。在机遇与挑战并存的时代，这一代青少年在很小的时候，就开始以个人的姿态参与社会生活，他们在参与中所形成的社会应变能力已初露端倪。

关于如何评价今日青少年，陈会昌教授曾作过七个方面的概括：

(1) 青少年是时代精神的最紧密的跟随者；

(2) 青少年的独立性、自主性明显地增强了；

(3) 青少年是当前市场经济社会道德价值体系的探索者和创建者；

(4) 人格和人性的复归在现代青少年身上表现得非常明显；

(5) 现代青少年个性中的创新性显然比过去的青少年好；

(6) 现在的青少年并非缺乏理想抱负，只不过他们的理想抱负不像我们过去那么“远大”、“空洞”；

(7) 现在的青少年比过去更加外向，更富有激情。[①]

为了掌握最新资料，1998 年 9 月至 10 月，中国青少年研究中心在北京、上海、重庆、吉林、浙江、山东、河南、广东、陕西等 9 省市的 14 岁至 28 岁青少年中，进行了抽样问卷调查，获得问卷 6 796 份。其中，列出 24 个问题，请青少年作出回答。

---

① 陈会昌：《我看今日青少年》，载《中国青年报·青春热线》，1998—12—24。

就您的生活和未来而言，下列因素的重要程度如何？ (%)

项　目	很不重要	不大重要	说不清	比较重要	非常重要
保护环境	1.1	1.2	1.6	14.9	81.2
保护动物	1.0	2.8	4.6	32.4	59.2
做一些对社会有用的事	1.0	2.2	6.9	49.8	40.1
帮助那些处于困境的人	0.9	4.3	11.3	50.2	33.2
和父母保持亲密的联系	0.8	1.8	3.2	29.6	64.6
结婚建立美满家庭	1.5	3.0	8.6	21.2	65.7
挣很多钱	1.4	13.8	8.1	49.3	27.5
有漂亮的衣服穿	4.5	45.0	14.1	28.0	8.4
买一套漂亮的衣服穿	2.3	21.8	9.8	41.6	24.4
找到并保持一份有固定收入的工作	0.9	5.6	5.0	38.4	50.1
充分发挥自己的才能	0.7	1.8	3.5	32.0	62.0
接受良好的教育	0.9	2.3	2.8	30.4	63.5
到其他国家旅行	8.4	42.6	19.0	18.9	11.0
有充分的时间做自己想干的事	0.8	6.5	8.9	50.8	33.1
对自己做过的事很满意	1.6	9.2	23.5	42.0	23.7

（续表）

项　目	很不重要	不大重要	说不清	比较重要	非常重要
希望别人把自己当做成人对待	2.9	14.1	13.4	35.6	34.0
一生中至少干两种类型的工作	3.9	24.1	31.0	25.9	15.2
有理想	0.8	2.7	5.0	37.1	54.4
有道德	0.8	1.7	3.0	35.4	59.0
遵纪守法	1.1	3.4	1.8	35.1	58.5
有宗教信仰	19.4	38.2	22.0	12.2	8.2
有共产主义信念	3.6	11.9	18.2	35.1	31.2
事业成功	0.7	2.3	3.5	33.0	60.4
身心健康	0.6	0.7	1.3	3.2	84.2

问卷审定：郗杰英　数据统计：吴鲁平、李广文　摘编：三水①

显然，除“身心健康”非常重要（84.2%）之外，紧接着就是“保护环境”（81.2%）。在中国，长期以来，人们总是强调“人定胜天”，更多的是考虑如何征服自然和改造自然，很少考虑到人与自然的和谐相处。当环境污染日益威胁着人类的生存时，人们开始考虑到可持续发展问题。在现代社会，青少年比成人更容易接受环保意识。

在访谈中，有80%的老师和父母反映，青少年有较强的环保意识。生活在大城市的好多父母告诉我们，在家里如果孩子负责倒垃圾，他们总是将垃圾分类处理之后再倒掉，并郑重其事地告诉父母们要形成环保意识。有些教师甚至预言，在21世

① 郗英杰等：《1998年中国城市青年状况调查问卷与数据》，载《中国青年研究》，1999(2)。

纪，中国的环境保护运动会自下而上地开展起来，青少年走在成人前面，反过来再影响成年人。

总之，我们应当相信当代青少年，相信他们有能力并有责任心，能够创造出远远胜过父辈的辉煌，使21世纪比20世纪更加美好。

（二）中国青少年心中的父母形象

也许可以说，随着现代化和民主化进程，父母对孩子的宽容度日趋增大，代际关系趋于缓和。因此，自20世纪90年代以来，父母在中国青少年心目中的形象不断改善。

1992年，日本一家青少年研究所的一项调查结果在中国引起了轰动。这项调查是在日本、美国和中国大陆中学生中进行的。调查对象是日本15所高中的1 303名学生，美国13所高中的105名学生，中国大陆22所高中的12 201名学生。

问卷调查中的一个问题是："最受你尊敬的人是谁？"

日本中学生心目中最尊敬的人首先是父亲，其次是母亲，再次是历史人物板本龙马。

美国中学生心目中最尊敬的人，居首位的仍然是父亲，第二位是篮球明星迈克尔·乔丹，第三位是母亲。

而在中国中学生心目中，父母排在了第10名和第11名，屈居中国女影星刘晓庆和前英国首相撒切尔夫人之后。①

其实，在20世纪90年代初期，中国中学生将父母排在受尊敬人物名次第10名至11名，并不奇怪。

据1990年10月9日上海《青年报》介绍，上海青少年发展咨询总站对2 500名中学生进行的一次抽样调查表明，仅有1%

---

① 孙云晓、孙宏艳：《新人类的呼唤》，第1版，168页，武汉：湖北少年儿童出版社，1997。

的中学生在遇到烦恼和苦闷之后，会想到向老师和父母诉说。调查显示，遇到麻烦时，40%的中学生找同伴交流；36%的中学生通过写日记来自我解脱；5%的中学生去做心理咨询；13%的中学生想其他办法。[1]

但是，随后几年的调查发现，中国青少年与父母交流的状况在不断好转。1996 年至 1997 年，中国青少年研究中心进行了全国 12 个城市 10 岁至 15 岁独生子女人格发展调查。调查结果显示：80%左右的独生子女"非常愿意"和"比较愿意"与父母交谈，而与母亲天天交谈的独生子女占 20.1%，天天与父亲交谈的占 15.1%。

表 1　独生子女与父母交谈的情况

问　题	几乎不谈	有时谈	经常谈	天天谈
妈妈经常与你交谈吗？	4.8%	38.2%	36.9%	20.1%
爸爸经常与你交谈吗？	11.8%	43.6%	29.5%	15.1%

表 2　独生子女与父母交谈的意愿

问　题	不愿意	不太愿意	比较愿意	非常愿意
你愿意经常和妈妈交谈吗？	3.1%	11.2%	37.2%	48.5%
你愿意经常和爸爸交谈吗？	6.5%	13.1%	36.5%	43.8%

可以看出，第一，将近一半的独生子女"非常愿意"与父母交谈，加上"比较愿意"交谈的独生子女人数，达 80%左右。但是，能够与父母"天天交谈"的百分比分别只有 15.1%和 20.1%。加

① 孙云晓：《当代中学生隐秘解析》，第 1 版，4 页，南京：江苏少年儿童出版社，1992。

上"经常交谈"的，也不过60%左右。所以我们说，独生子女与父母的交流不够充分。第二，与父亲谈话的意愿低于母亲，与父亲谈话的频次也低于母亲。[1]

在1998年，中国9省市青年发展状况调查中，我们又列出青年理想中的父母形象问题，对14岁至28岁的青少年进行问卷调查。

您心目中理想的父亲是：(限选3项)(累加百分比)

(1) 有钱11.2%；(2) 有地位11.2%；
(3) 善于持家16.3%；(4) 有事业追求30.5%；
(5) 有责任心44.9%；(6) 有同情心4.8%；
(7) 善解人意26.2%；(8) 慈祥17.9%；
(9) 知识渊博10.8%；(10) 身教重于言教5.8%；
(11) 对子女像朋友1.3%。

您心目中理想的母亲是：(限选3项)(累加百分比)

(1) 有钱3.9%；(2) 有地位2.9%；
(3) 善于持家62.4%；(4) 有事业追求6.2%；
(5) 有责任心21.2%；(6) 有同情心14.3%；
(7) 善解人意43.1%；(8) 慈祥19.7%；
(9) 知识渊博3.0%；(10) 身教重于言教4.0%；
(11) 对子女像朋友1.1%。

在有关您自己的多数问题的决策上，主要是谁说了算：

(1) 完全由父母决定3.8%；(2) 主要由父母决定28.2%；

---

① 孙云晓、卜卫：《培养独生子女的健康人格》，第2版，134～135页，天津：天津教育出版社，1998。

(3) 说不清 7.8%；　　　(4) 主要由自己决定 55.2%；
(5) 完全由自己决定 5.8%。

您经常与父母发生争执吗？

(1) 从来不争执 11.8%；　　　(2) 多数情况不争执 31.4%；
(3) 说不清 2.2%；　　　(4) 有时争执 51.8%；
(5) 经常争执 2.8%。①

调查显示，当代城市青少年理想中的父母标准，占前三位的是：父亲——有责任心 44.9%，有事业追求 30.5%，善解人意 26.2%；母亲——善于持家 62.4%，善解人意 43.1%，有责任心 21.2%。或许可以说，这是青少年对父母提高素质的呼吁，他们希望父母与自己一起成长。

(三) 世纪之策：两代人相互学习共同成长

在我们的研究成果《向孩子学习》一书出版时，周晓虹教授在他为本书所作的序言中，充分论证了代际关系发生的革命性变化。

自人类进入文明社会以来，不论社会发生怎样的变化，文化传承和社会化的内容有何不同，其传递方向和教化者与被教化者的角色是固定不变的：就文化传承的方向而言总是从上一代人传向下一代人。与此相应，在家庭内部，亲代总是扮演教化者的角色，子代总是扮演被教化者的角色。亲子两代在生物繁衍链条上的前后相继性，决定了双方在社会教化上的不平等性。社会教化过程中的“父为子纲”称得上是一切文明社会传承的基

① 郗杰英等：《1998 年中国城市青年状况调查问卷与数据》，载《中国青年研究》，1999(2)。

本法则。但是，上述法则及其天经地义的合理性自近代以来逐渐开始面临挑战。

亲子冲突的出现，预示了单向的由父及子的传统社会教化或文化传承模式的危机。由于社会的急速变迁，以及面对这种变迁亲子两代的适应能力不同、对新事物的理解和吸收快慢不同，在亲代丧失教化的绝对权力的同时，子代却获得了前所未有的“反哺”能力。

当中国社会从封闭走向开放之时，在急速的社会文化变迁中，很快出现了传统的教育者和被教育者的位置变得模糊甚至颠倒的现象。并且，由于中国社会是在长期的封闭、停滞乃至倒退以后，突然面临开放，面临一个如此现代化的外部世界的，这种强烈的反差使得年长一代从“至尊”到“落伍”的过程几乎是瞬时性的，这也使得在中国，传统的亲子关系的“颠覆”比任何国家都来得突然。

所以，尽管“向孩子学习”或反向社会化不是中国社会独有的现象，但20世纪80年代以后的中国肯定是将这场“代际革命”演绎得最为淋漓尽致的国度。

1. 向孩子学习什么

从反向社会化的角度说向孩子学习，当然是学习孩子的优点，受其积极的影响。孩子对成人的积极影响主要包括两个方面：一是在成年人看来不成熟的社会性，如孩子的童真，原生命形态中尚未受到污染的美好品质；二是孩子正在发展的社会性，特别是那些符合时代精神的社会性。具体来讲，至少有10个方面，如乐于接受新事物新思想、主体性增强、平等意识和批判精神增强、法律意识和自我保护意识较强、公民意识较强并热心社会活动、有环保意识、价值判断求“实”、做事认真、休闲态度积极和兴趣爱好广泛，等等。

当然，今天的孩子身上也存在深刻的弱点，如在克服一定困难取得某项成功方面的动力较弱、在与伙伴交往中容易伤害别人、勤劳节俭表现较差、学习兴趣缺乏或说学习动机较严重扭曲，等等。应当认识到，孩子们的上述弱点犹如一面镜子，映照出学校教育、家庭教育和社会教育的弊端，其根本出路在于素质教育的推行和成功。从另一方面讲，了解孩子是向孩子学习的基本前提。

2. 怎样向孩子学习

向孩子学习有许多具体有效的方法，但最关键的问题还是树立科学的观念，并遵循正确的原则。

首先，应树立五大观念，即现代社会是两代人共同成长的社会、现代教育是两代人之间的相互影响、成年人应当尊重未成年人的权利、向孩子学习是成年人真正成熟与睿智的标志、信息时代的青少年身上蕴藏着巨大潜能，等等。

其次，应遵循五大原则，即向孩子学习的前提是了解孩子，了解时代的变化；欣赏孩子的优点是向孩子学习的主要条件；努力做孩子的好伙伴应成为成年人的追求；向孩子学习应以真诚为本，建立对话式、交互式、融合式的教育模式，等等。

人类的历史早已证明，不了解青少年的教育是盲目的教育，不相信青少年的教育是错误的教育，不尊重青少年的教育是专制的教育。因此，两代人互相学习共同成长，是新世纪教育观念的重大变革，是家庭教育和学校教育走出误区的重要途径，也是化“代沟”为“代桥”的幸福之路。

二　“鸟巢一代”塑造中国新公民形象

2008 年 8 月 22 日，我应邀去人民网与网友讨论奥运与青少年的话题。对话中，大家喜欢把当代青少年称为“鸟巢一代”，因为北京奥运会期间青年志愿者给世界一个全新的形象，成为激动人心的舆论焦点。同月16日，中国新闻社发出一篇新闻评述，题目便是《“鸟巢一代”代替“独一代”》。该文说，一些“80后”出生的中国年轻人正被冠以一个新的称呼：“鸟巢一代”。这些年轻人擅长与外国人对话且爱国心强，北京奥运会是他们人生的一段重要经历。

1. “鸟巢一代”本来就是优秀的一代

所谓“鸟巢一代”说法的出现，主要是因为在迎接北京奥运会的过程中，凸显出当代中国青年的群体形象，他们充满爱国热情，积极投身志愿服务，给国际社会留下深刻印象。我赞成“鸟巢一代”的说法，原因之一是它符合中国年轻一代的感觉与梦想。在我看来，“鸟巢一代”是开放的一代，是时尚的一代，是国际化的一代，是个性化的一代，是追求新道德的一代。“同一个世界，同一个梦想”是他们高度认同的价值取向。他们正在勇敢的实践中塑造中国新公民的形象。

中国青年报8月26日报道，该报调查中心通过新浪网实施的在线调查(3 006名网友参与)显示：47.4%的人认为，所有受奥运会影响的年轻人都是“鸟巢一代”，成为最具民意共识的选项。当问到“鸟巢一代”的关键词是什么，“自信”以55.3%的支持率排在第1位，“和平、和解、和谐”以51.9%支持率紧随其后，排在第3位的是“开放”。接下来，还有九大特质均得到1/3以上网友的确认：理性爱国、友善、有梦想、敢于竞争、奉献精神、快乐、平等交流、责任心强、崇尚参与。

据悉，北京奥运会上，共有170万名志愿者在从事各种志愿服务工作。外国客人感受到了他们的自信和乐观，也通过他们了解到一个真实的中国、发展的中国和友善的中国。一向对中国抱有成见的日本东京都知事石原慎太郎，也忍不住惊呼：“北京的青年志愿者亲切而不卑不亢，和日本的大学生不同，他们对国家前途明显充满了希望，他们让人感到青春的跃动，真是了不起啊！”

奥运会结束后，英国前首相布莱尔在《华尔街日报》发表文章，谈到了他对中国当代青年的看法，他说：“这些人无论男女都很聪明、敏锐、直率，不畏于表达自己对中国及其未来的看法。最重要的是，他们有一种自信、一种乐观主义。你看不到愤世嫉俗，能感受到的是一种站起来勇往直前的精神。这不禁让我想起黄金时期的美国和其他处于上升期的国家。这些人不是生活在恐惧中，相反，他们充满希望地展望未来。尽管中国还有成百上千万人生活在贫困中，尽管还有各种各样的问题——政治的、社会的、经济的——需要解决，但奥运期间中国展现出了这种精神，而这种精神将决定中国的未来。这次奥运会的志愿者团队热情、友好、乐于助人。整个城市给人的感觉与我 20 年前第一次访问这里时相比完全是两个世界。人们对自己的国家及其取得的进步充满了自豪。”

“鸟巢一代”主要指出生于 20 世纪 80 至 90 年代的青少年，也被称为“80 后”和“90 后”，他们曾经备受诟病，甚至一度被认定是“迷茫的一代”和“垮掉的一代”。可是，就好像沉睡的巨狮突然醒来，进入 2008 年，他们在北京奥运会前与圣火在海外传递时的热烈参与，以及 5・12 汶川大地震期间的积极作为，让人们迅速改变了对这一代人的评价。“鸟巢一代”们所表现出来的气势让世界各国的人们印象深刻，媒体纷纷赞誉他们胸怀宽广、激情满怀、肯担当、有抱负，是中国的希望。

团中央第一书记陆昊同志在中国青少年研究中心的谈话中也分析过这个现象，他说，都说 80 后、90 后，早期有很多人悲观，突然间就一个奥运圣火传递，一个抗震救灾，大家就觉得全证明是好样的了，这在逻辑上成立吗？我从来就没有怀疑过一个民族的年轻人，或者青年人不能承担一个民族未来的责任，我从来就不这样看待，不可能的。

作为世界最大的青年组织的领导人，陆昊同志提出了简单而又深刻的问题，那就是应当怎样科学地看待当代青少年。实际上，“鸟巢一代”本来就是优秀的一代人，而不是突然改好了或变好了。他们之所以备受争议，主要原因有两个，一是他们流行的某些价值观和行为方式一时难以被长辈所接受，二是他们被溺爱或管制过紧，非但没有充分施展自己才华的宽阔舞台，许多不可避免的毛病也让社会过于担忧。

2. “鸟巢一代”早已经具备影响成年人的10个优点

应当怎样评价“鸟巢一代”及其代际关系呢？1997年，我与康丽颖教授主持中国青少年研究中心的代际关系研究课题，对当时还在中小学读书的80后进行了研究，并出版了《向孩子学习》专著（1998年12月晨光出版社出版），实际上回答了这一问题。

我们认为，成人的教育和影响仍是青少年社会化的主流，但当代青少年对成人社会化的反向影响日趋明显。生活在信息时代的孩子已经有能力影响成人世界，他们蕴藏的代际超越和进步的潜能比以往任何时代都要大。因此，学习孩子的优点，与孩子一起成长，是21世纪教育观念的重大变革。

“80后”一代对父母一代的10个积极影响

2.1 接受新事物的意识和能力非常强。譬如，在了解和使用电脑和各种新器物方面，“80后”一代起到了对父母的促进、帮助甚至指导作用。

2.2 思维独立、具有批判精神。“80后”一代对事物有自己的理解途径，评判事物的标准往往不同于父母和教师，而且还会想方设法让父母和教师接受他们的评价标准。

2.3 有较强的平等意识。“80后”一代要求自己的人格能够得到尊重，要求教师平等待人，要求与父母平等相处，平等意识已经渗入“80后”一代的心灵。传统的师道尊严等观念对“80后”一代影响很小。

2.4 有较强的法律意识和自我保护意识。在现代社会，“80后”一代不仅了解许多法规知识和法律程序，而且还懂得用法律维护个人利益，他们经常向社会索要他们应该享有的权利。

2.5 热心社会活动，有较强的公民意识。北京的一些父母说，高中学生自行车纳税的比例明显高于国家机关干部。“80后”一代在参加社会活动上往往比父母和教师热心，他们常常带动父母参加一些社会公益事业。

2.6 比成人更容易接受环保意识。在访谈中，有80%的教师和父母反映，孩子有较强的环保意识。有的教师甚至预言，中国的环境保护运动会自下而上地开展起来，青少年会走在成人前面，反过来再影响父母和教师。

2.7 相信事实。“80后”一代在作出某种价值判断时，往往是以他们耳濡目染的事实作依据，平常有些大道理不太能打动他们。

2.8 做事认真。许多时候，成年人做事会圆滑一些，有矛盾则息事宁人，但孩子很坚持原则，敢于说出自己的真实看法，如果认为自己有理就会坚持到底。

2.9 积极的休闲态度。在闲暇时间内，“80后”一代选择多种休闲方式，他们更能接受那些灵活多样的游戏规则。

2.10 兴趣爱好广泛。“80后”一代的兴趣范围空前广泛，从电子游戏到制作网页，从生物揭秘到探索太空，从文学创作到国际象棋，从蹦极攀岩到野外探险等，他们永无止境，永无禁区。

他们的好奇心与勇于探索精神对父母产生了积极影响。

陆昊同志说，许多成年人早期对迪斯科舞一直是有不同意见的，但是后来你在北京大街小巷看到那些老太太跳的比谁不欢啊？为什么？十年前谁想过中国女性现在头发上有这么多颜色？但是你看看头发染色的受众群体一定是从年轻人开始的，逐渐向年长者扩大。你看现在的中国女性头发上有多少种颜色？

细细想想，改革开放30年来，社会的进步与年轻一代的带动是分不开的。当然，"鸟巢一代"绝非完美无缺的一代，即使今天赢得世界声誉，他们也有许多深刻的弱点需要付出坚毅的努力才能克服。

1996年，我与卜卫研究员主持了首次中国城市独生子女人格发展研究。应当说，那次全国城市抽样调查的中小学生都是80一代。

调查显示，中国城市独生子女及80一代人格发展存在五大优势与四大缺陷。

五大优势：

1. 充满自信；
2. 乐于助人；
3. 渴望友谊；
4. 积极寻求发展；
5. 兴趣广泛。

四大缺陷：

1. 学习兴趣缺乏；
2. 勤劳勤俭差；
3. 在伙伴交往中容易伤害别人；

4. 在克服一定困难取得某项成功方面的动力较弱。

我们的这项研究成果发布之后，在国内外产生了广泛的影响，我们也出版了《培养独生子女的健康人格》一书。

在80一代当中，说话、做事不顾忌别人感受，只求个人痛快，也是比比皆是的现象。风起于青萍之末。我们不可忽略攻击性也是由弱而强逐步发展起来的。“己所不欲，勿施于人”。孔老夫子的这八个字可谓金玉良言。

3. “鸟巢一代”与父母一代的四大差别

“80后”作为一个人口概念，是从生育的角度特指在1980年至1989年出生的人群。这是遵循第二次世界大战以后，社会学家把每10年分成一个阶段加以研究的惯例。从数量上看，“80后”是一个庞大的青年群体。根据《中国统计年鉴》数据推算，从1980至1989年的10年中，中国约有2.04亿人出生。

如“从‘80后’的职场表现看我国的基础教育”课题组所说，在一些公众舆论尤其是在网络上，甚至出现歧视“80后”的现象，还有人称其为“垮掉的一代”。但随着时间的推移，人们越来越认识到“80后”一代的正面形象：具有冲击力，具有激情，思想开放，追求民主……尤其是以韩寒、郭敬明、李子悦、麻宁、林萧、施晗等为代表的“80后”文学青年，以姚明、易建联、刘翔、丁俊晖等为代表的“80后”体育明星，以杨惠妍、戴志康、郑立、李想、陈曦等为代表的“80后”商业成功青年，特别是在2008年的反对“藏独”、维护北京奥运、汶川抗震救灾之中，大批“80后”年轻人所表现出的爱国热情与英勇之举，让人们越来越感受到“80后”一代的活力、魅力与希望。

我想起1998年的一项国家级课题调查结果。据课题负责人陈会昌教授介绍，多数中小学教师对现在的学生不乐观，在他们评价学生的话中，70%是批评性的、否定性的；能说出学生品德方面优点的老师很少，认为现在的学生总体上比过去强的老师更少，只占百分之几；甚至在一所学校三个多小时的访谈中，教师们都在指责、抱怨、发牢骚，似乎现在的孩子一无是处，乏善可陈；很多教师认为，现在学生的主流意识越来越淡了，思想越来越发散，越来越多元化，因此，对学生进行思想道德教育的难度也越来越大了。

显然，这些被评价的中小学生，绝大多数为今天的“鸟巢一代”。

对于中国来说，20 世纪 80 年代是翻天覆地的 10 年，是改变命运的 10 年，是发生历史性转折并取得辉煌成就的 10 年。这是举世共认的社会变迁。因此，如何评价这 10 年出生的一代人，同样是一个重大的课题。

毫无疑问，“鸟巢一代”与父母一代有着巨大的差别。“鸟巢一代”是吸吮着改革开放的新鲜乳汁长大的，而其父母一代则从文化大革命的动乱与苦难中走来，两代人的生活经历、价值取向、家庭地位、学习方式都相差甚远。

3.1 生活经历的差别

“鸟巢一代”的父母一般经历了荒废学业与生活困难。他们上山下乡，历经坎坷，成为“从手掌到心灵都磨出老茧”的一代人。他们中年轻一点的，虽未赶上插队支边的风潮，也大都经过“文化大革命”，饱尝了动荡与贫穷的滋味，与下乡知识青年有类似的生活体验。

与历经坎坷的父辈截然相反，“鸟巢一代”都出生于改革开放的年代。他们经历的这些年，是中国历史上最有活力和最实惠的一段时光。他们生活宽裕，学业顺利，享受着父母青少年时代做梦也梦不到的现代文明，甚至出现了高消费的“名牌族”。尽管中国的物质生活水平与发达国家相比有很大差距，可“我们吃了苦不能让孩子再遭罪”的普遍心理，使这一代的父母们宁肯自己继续吃苦受累，也决不能让自己的孩子生活得比别人差。

生活经历的巨大差别，使两代人彼此感到陌生，彼此难以适应。“鸟巢一代”青年作者杨哲第一次挣了一万块钱，给父母买了一块普通地毯，父母心疼地指责他乱花钱，而杨哲却认为这很正常。可见，两代人对金钱与消费观念差别之大。

3.2　价值取向的差别

如果说，“鸟巢一代”生活在开放的时代，经济是全球化的，文化是多元化的，那么，其父母一代则生活在封闭的时代，经济是计划的、与世界脱离的，文化是深受文革影响的。因此，在价值取向方面，两代人的思维方式与行为方式产生明显的差异。“鸟巢一代”讲平等、讲自我、讲享乐，其父母则讲责任、讲集体、讲奉献。

2001年春天，在中国社会科学院青年研究专家的指导下，《新周刊》对“80年代出生者”做了全面调查。调查在北京、上海、广州三地同时进行。

譬如，问“看到男人戴耳环”时的感觉，父母多数会认为“不正经”。可80一代11.9%的认为“有型”；13.2%的认为“可能与他的职业有关”；61.2%的认为“无所谓”；仅15.7%的认为“不可思议”（2001年3月15日出版的《新周刊》，下同）。

譬如，19.9%的80一代赞同“没有爱情的婚姻是不道德的”，其父母仅有5.3%的人赞同。49.5%的80一代认为“恋爱为婚姻做准备，但不一定导向婚姻”，而持此观点的父母仅占10.5%。

我们在1997年的全国中小学生调查中发现，父母认为做人第一重要的是“责任心”，而中小学生却认为第一重要的是“平等”。

大家如果用录音机录下80一代的讲话，可能会发现他们用的频率最高的一个词是“我”，我我我我，很自我。这是父母一代不敢想更不敢做的事情。

“鸟巢一代”视现代时尚为生命。据中国新闻社的报道，北京奥运会共有50万名赛会志愿者和城市志愿者，其中大部分是学生。北京奥组委培训专家魏娜曾经担心这些二十多岁的独生子女会否有持久性。经过一段时间的观察，魏娜发现这类担心是杞人忧天。许多志愿者在7月中旬就已经上岗，当时天气酷热，学生们早出晚归，但都坚持得非常好。她认为经历奥运赛事会增强年轻人的爱心和社会责任感。

事实上，中国新一代独生子女身上体现出的社会责任感可能不逊于他们的长辈。近期北京一份主要针对“80后”大学生的社会调查显示，逾八成的大学生反对以自我为中心的做法，更高比例的学生认为最能体现爱国精神的行为是关心国家的发展前途和命运，其次是热爱、保卫、建设自己的家乡。

在奥运村媒体村负责住宿服务的大一学生赵雅亭说：“人们对独生子女的批评也许有些道理，但不可否认，我们这一代对社会责任有自己的表达方式。”赵雅亭说，她以前在家很少做家务，但现在，她已经能和伙伴应付刷马桶、倒垃圾这类差事，虽然之前哭过鼻子，但现在他们对自己工作感到骄傲。

3.3　家庭地位的差别

“鸟巢一代”尤其是独生子女，大都是家庭的中心，在家庭中特别重要；其父母大都生活在多子女家庭，在家庭里一般都不会“特别重要”。这种家庭地位的差异对两代人的心理与行为均有深刻的影响。

优越的条件，良好的教育，使“鸟巢一代”成为自信的一代。63.2%的人认为自己“比较自信”，23.8%的人认为自己“十分自信”，“不自信”的仅为13%。

幸福使人宽容。

在中小学时代，“鸟巢一代”85.7%的人表示非常愿意和比较愿意与母亲交谈，80.3%的人表示非常愿意和比较愿意与父亲交谈。

“鸟巢一代”的父母42.1%的认为与孩子“亲密”，52.6%的认为与孩子关系“轻松”，5.3%的认为是“依赖”。

当然，“鸟巢一代”中的大批独生子女，也存在着值得关注的心理倾向。

独生子女的心理特征如果用一个字概括，那就是“独”。一位独生女曾给我来信诉说：“14年前的今天，上帝赐予我生命，使我降生到人世。我孤独地度过了14年，其间尝尽了没有朋友的痛苦。我曾经努力地追寻过，可得到的总是失败，以至对失败的感觉由伤心变成麻木了。今天，是我14岁的生日。人人都说生日是最快乐的，为什么在我的脸上却找不到一丝笑意？桌上摆着蛋糕，点着蜡烛，却没有人为我唱祝福歌，连父母都到外地出差了。桌上的蜡烛一闪一闪的，我却没勇气把它吹灭。我有一种恐怖感，仿佛如果把它们吹灭了，就会有灾难降临到我头上……”

独生子女的这种孤独感，是其父母少年时代感受不到的。在多子女时代，虽然穷困和拥挤，却很少孤独，父辈们是在热热闹闹的兄弟姐妹的亲情及争吵中长大的。父辈们兄弟姐妹多、亲戚多、朋友也多，这使他们体验了更多的亲情，学会如何为获得友谊而克制自己的欲望与行为。

除此之外，两代人的居住环境也有巨大差异。如北京的四合院内住户似家族一样往来密切。进入独生子女时代，城市里高楼林立，人际生疏，甚至左邻右舍连名字也叫不出来。这种居住环境的因素，加剧了独生子女的孤独感。

3.4　学习方式的差别

由于科学技术的迅猛发展，特别是信息时代的来临，使“鸟巢一代”与父母的学习方式差异甚大。“鸟巢一代”是视听的一代，是看电视玩电脑长大的，是电动的一代，父母则是读写的一代，是看字长大的，是手动的一代。以卡通为例，“鸟巢一代”无不对卡通津津乐道，而父母却几乎“看不懂”。

1995年，我赴巴黎出席“明日青少年与媒介”国际论坛，几百个专家形成一个共识：“在计算机时代，成年人心怀恐惧疑虑重重，而青少年则无所畏惧满怀欣喜地往前走。”

信息时代动摇了父母与教师等成年人的地位，因为他们未必比孩子知道得多。

“鸟巢一代”早已习惯于在网上搜索信息，在网上游戏、聊天，甚至谈情说爱、看黄色照片，等等。他们获取信息的特点是快、多、广、杂，而许多父母获取信息的特点相比之下是慢、少、窄、纯。试想，这种信息极不对称的亲子关系，父母权威何在？如何施教？怎么示范？

过去是孩子不了解父母，父母很神秘；今天倒过来了，父母不了解孩子，孩子很神秘。有的孩子与父母急了，说父母是“菜鸟”，是“蛋白质”。父母不知所云，还以为什么好东西呢。其实，这是网上语言：“菜鸟”是没本事的人；“蛋白质”是笨蛋、白痴、神经质的总称。

互联网的出现是人类智慧的飞跃，但也可能成为一道比代沟还要深的沟，阻碍两代人及同代人（如城乡之间、有无电脑者之间等）之间的交流。

4. 两代人相互学习共同成长

根据青少年对父母与教师的积极影响，我们倡导两代人相互学习共同成长，并提出树立五个新观念。

4.1　现代社会应该是两代人共同成长的社会。今天，由于社会变迁速度异常之快，两代人都面临着机遇与挑战，两代人鲜明的互补性及共同的使命感和责任感要求两代人相互学习，共同成长。

4.2　在现代社会，教育是两代之间的一种相互影响。A. 孩子可以教育和影响父母与教师，在这里，教育的影响是自下而上的；B. 父母与教师应允孩子对所接受的教育影响做出选择。

4.3　现代社会的发展要求把孩子当做能动的权利主体。父母应当尊重孩子，因为孩子一出生就是一个独立的权利主体，拥有生存权、发展权、受保护权以及参与家庭、文化和社会生活的权利。

4.4　向孩子学习绝不意味着成年人的幼稚或无能，而恰恰相反，这是成人真正成熟与睿智的标志。实践证明，越向孩子学习，代际关系越融洽，教育效果越好。

4.5　成年人应该看到信息时代孩子身上蕴藏着巨大的发展潜能。孩子们获取信息的能力空前增大，而这一切将远远超出成年人的估量。如有的学者指出，这种情形将给我们的生活带来许多深刻的变化。它将改变我们的教育观念，改变孩子的学习方法，改变家庭文化及代际关系等。当然，最需要改变的是我们自己。

向年轻一代学习的五个原则

第一，向孩子学习的前提是了解孩子，了解时代的变化。生活在信息时代的孩子是一本内容极其丰富的书，每一位父母和教师只有潜心研读，才能理解孩子的“十万个为什么”，才能发现孩子的优点。

第二，了解孩子的前提是尊重孩子。孩子是人，是独立的人，是逐步走向成熟的人。因此，成人应尊重孩子生命发展过程中的独特规律，尊重孩子的成长需要，尊重孩子的各项权利，尊重孩子的人格尊严，这是向孩子学习的重要保障。当孩子的言行成人不能理解时，切忌匆忙下结论反对，应三思而后行。

第三，欣赏孩子的优点是向孩子学习的主要条件。在充满失败语言的家庭或学校，是不可能向孩子学习的。与此相反，优秀的父母与教师总是善于发现孩子的长处，并给予积极的鼓励。当然，教育不能没有批评，甚至不能没有惩罚，但越是批评与惩罚孩子，越要尊重孩子，用唤醒自尊的方式促使孩子不断进步。

第四，努力做孩子的好伙伴应成为父母与教师的神圣追求。为此，要与孩子平等相处，像善待自己一样善待孩子，像宽容朋友一样宽容孩子。

第五，建立对话式、交互式、融洽式的教育模式。教学相长，是古老而科学的教育原则。世界从没有像今天这样需要以孩子为师，因为信息时代让孩子如虎添翼。两代人相互学习共同成长，才会使两代人完成终身学习的任务，共同迎接新时代的挑战。

我赞成著名心理学家陈会昌教授的论断："青少年是时代精神的最紧密的追随者，是市场经济社会道德价值体系的探索者和创建者。他们并非缺乏理想抱负，只不过他们的理想抱负不像我们过去那么'远大'、'空洞'。他们比过去更加外向，更富有激情。"

我可以充满信心地说：

"鸟巢一代"和 90 一代是自然真实的一代！

"鸟巢一代"和 90 一代是毛病多多优点更多的一代！

"鸟巢一代"和 90 一代是托起中国新希望的一代！

历史将证明，一代更比一代强！

第二章　代际冲突带给孩子无尽的苦恼

当孩子们进入青春期尤其是上中学之后，他们有一种突然长大了的强烈感觉，而与此同时，他们也发现了父母和老师的缺点。心理学的研究发现，孩子在10岁前是对父母崇拜的年龄，而10岁至20岁则是轻视父母的年龄。追求完美与现实中的不理想的矛盾，导致了中学生们心理失衡的普遍现象，代际冲突也逐渐变得尖锐起来。

一　文化层次的差异导致陌生感

现在，我越来越不喜欢父母，简直到了忍无可忍的地步！

浙江某农村中学高二男生刘振中，与我已经通过几封信了。他梦想着有一天能去云游四方，写一部《徐霞客游记》那样的传世之作，因此，他选择了文科班。其实，他这样选择也是为了争口气。

他在信中说：

这是我的一个秘密。父母和一些人总说我不行，什么人老实、干不了大事、见不了大世面等，我这样选择算是对他们的挑战吧。父母只想我考大学，有好工作，早日抱孙子。我的想法与他们有许多冲突，没法同他们交流，只好悄悄告诉您，您说我的想法怎么样？我还应准备些什么？

现在,我越来越不喜欢父母,简直到了忍无可忍的地步!就说我父亲吧,他这人思想很顽固,不易接受外界与他原有思想相冲突的东西。

举个小例子吧,上次叫我看一篇他写的文章,我很小心地删掉其中一段和另外几句,其实,即使这样文章仍很啰嗦。谁知,父亲看了很不高兴,我一再解释也没用。

今天晚上,他给叔叔写信,把二姑妈家来客的事写了一大段,连来多少人、设多少桌、谁是厨师、谁洗碗扫地都详细说明。我看了信说:"叔叔不会感兴趣的,用'一切令人满意'一句话就行了。"父亲却批评我不懂事。

他的第二张信纸的最后一行写到了纸边上,连日期和签名都只好并排。我说这会给人一种挤压感,应写在第三张纸上。父亲又以节约用纸为由训我,我只有不讲话,因为他是我的父亲,弄不好他会大发雷霆。

每当碰上这种事,他是父亲便更让人感到是一个可悲的不可改变的事实。他虽然是父亲,却不能让长大了的儿子信服,甚至产生强烈的反感,一直到离开他,除此还有什么办法呢?

在许多来信中,中学生们都对父母缺少知识深表不满和遗憾。一方面,他们在飞速成长,每一天都拥抱着新的信息新的知识;另一方面,他们的父母虽然也会进步,看上去却似乎在原地不动。成长的差异加深了文化的差异,父母早已习惯了的说教越来越让孩子难以接受。

我很迷惑甚至绝望,怎么生活在这样一个家庭呢?

江苏某市初一女生修丽在信中说:

我爸爸是很辛苦,但他有时也比较可笑。

有一次，我买了英国女作家夏洛蒂·勃朗特写的《简·爱》，爸爸见了很不高兴，说我太浪费钱。他指指书架上的《三国演义》、《水浒》，一本正经地说："这种书嘛，倒是值得买，因为子子孙孙都可以用。"

听他这么说，我不禁哑然失笑。《简·爱》是世界文学名著，曾经影响了几代人，难道子子孙孙就不能用吗？

每次我挨了骂，总是一个人躲进小房间，看着窗外，哼着悲凉的曲子，眼泪不由自主地涌出来。

我很迷惑甚至绝望，怎么生活在这样一个家庭呢？这难道是命吗？上帝啊，为何给我安排了如此不幸的命运呢？

在我的中学时代，也有过与刘振中和修丽类似的经历，也曾感到委屈。是啊，《简·爱》的价值怎么就比《三国演义》和《水浒》低？把信写得简洁一些怎么不好？多用一张信纸让人看着舒服算什么浪费？这就是中学生追求完美的心理，而其思维方式是直线式的，即：A 是好的，就应照 A 去做，其他选择都是错的，不可接受的。

在现代社会里，这种直线式思维有其重要的作用。当人碰到某件事或得悉某个信息时，第一个反应常常是正确的，但思前想后一番，却往往放弃了积极的选择，而无奈地消沉下来不肯付诸行动，其思维方式是曲线复归式的。即：A 是好的，但照 A 去做可能引起麻烦，不如照老样子做保险，还是看看再说吧。

尽管数不清的事实告诉我们，习惯于曲线复归式思维者，会失去许多珍贵的机会，总处于虽无风险却日趋平庸的境地，但这一类人仍占多数。

也许，这正是制约许多人有效做事的顽症之一——惰性缠身。相比之下，直线式思维者固然显得头脑简单一些，风险也大一些，但成功者大都出于他们中间。

当然，纯粹的直线式思维者也最容易碰得头破血流，因为他们只盯住了目标，却忽略了实现目标的手段。

让我们回到刘振中和修丽的例子上来。

他们的出发点和动机都是正确的，但之所以弄得不愉快，是对父亲缺乏理解和宽容。

父亲愿把自己写的文章和信交给儿子看，说明父亲已经重视儿子的知识水平。父亲不接受儿子的批评，也未必就是父亲的傲慢，更重要的原因是与儿子对于生活的体验和感受不同。儿子对招待客人的细节毫无兴趣，父亲则挺看重并津津乐道。父亲不肯多用一张信纸，也是过惯了苦日子的原因，说到底也反映了与儿子对生活有不同的理解，也就有了处理事情的不同态度和做法。每一代人总有自己的优势与缺陷。长辈应理解孩子，孩子就不该理解长辈吗？

中学生们视我为知己朋友，我也自认为常常站在中学生一边，替他们鸣不平。但在这里，我想对中学生们大喊一句：

在理解和宽容中超越父母吧！

由于历史的原因，多数中学生的父母知识结构和水平不如子女，而且这种差异会越来越大。这是谁也改变不了的现实。我们能因此责怪父母吗？能因此鄙视父母吗？不能。

当然，理解与宽容并非意味着完全顺从父母的旨意，恰恰相反，中学生应该超越自己的父母，这是时代赋予的责任与使命。

具体说来，既要坚持正确的选择，又要尽量避免与父母发生争执；一旦争执起来，也不必“迷惑甚至绝望”，最好的处理是“一笑泯千仇”。

二　孩子们要走自己的路

小学时代，孩子们都爱吹嘘自己的父母如何了不起，可自从进入中学后，他们就结束了对父母的崇拜，而进入了轻视父母的时期。与此变化密切相关的是审父意识的明显增强。

我发现自己长大了，也发现了小时候最崇拜的父母的缺点。

山东一位初一的女生王瑞平在来信中说：

> 不知从何时起，我不再为了一根雪糕大吵大闹，不再为一部动画片着迷，而是追求一种自我的温馨，一次次向父母索求上锁的抽屉和自己的小房间；我不再和伙伴们叽叽喳喳地跳猴皮筋，而是独自躺在青草丛中沉思着；我不再对老师的话洗耳恭听，而是傲慢地回敬老师的训斥。
>
> 我发现自己长大了，也发现了小时候最崇拜的父母的缺点，因而不愿意和他们多说话，宁肯将自己的一切封闭起来不告诉任何人，结果，苦恼越来越多……

从王瑞平的自叙中可以看出，初中生的自我意识还比较朦胧，对父母和教师还有相当程度的依赖，那么，等进入高中，情况就会大不一样了。

高中阶段是少男少女自我意识迅速发展的重要时期，他们对于自我的认识充满了兴趣和紧迫感，觉得自己是大人了，是独立的人了。他们强烈要求自治，挣脱成人的束缚，自由地选择自己的道路。

自然，他们此时的审美意识也达到新的水平，内容也逐渐深刻起来。

不管对方是谁，我都会照自己的想法去做的。

陕西一位高一女生田玲在来信中说：

在学校里，我算是个好学生，但我又和同年级的许多好学生不同，用老师的话来说，我的主意“太正”。

老师还是喜欢听话、稳重、老实的学生，可我做事总有自己的主见。如果，我确认自己的主意是对的，不管对方是谁，我都会照自己的想法去做的。当然，有时还是要讲点“策略”的。

一天，有个男生坐在我的座位上，我要取东西，请他让开。谁知，他不但不让，反而嬉皮笑脸。我火了，猛地拉开桌子，移出一块地方，把书取了出来。

这时，一个沉沉的冷冷的声音在背后响起，我知道是年级主任，于是连头也没回。他说：“田玲真有本事，好脾气，我还当是个小子呢。走过来才认出是个女孩子，哼！”

说罢，冷着脸走过去。我回头扮了个鬼脸，然后捏着鼻子尖声尖气地说：“小女子改过就——是——了！”气得他狠狠地瞪我一眼。

事后，我还是老样子，只不过不在他面前表现。我知道，他喜欢文静、稳重、端庄、温顺的女孩子——淑女型的，可我偏不！

我知道，女人应该有温柔、端庄的一面，但过分的温顺就是软弱，会被别人欺负，所以豪爽、豁达、大胆、热情，也是女孩子不可缺少的。因此，在我身上是七分温顺三分野性，我想这对我将来的事业成功会大有益处的。

我很喜欢这个女孩子的坦率、直爽，便给她回了信，欢迎她继续讲讲自己的经历。

原来，她生活在一个知识分子家庭，父母和哥哥都是大学生，但她并不崇拜父母的道路。

她告诉我说：

再有两年多的时间该走进“黑色的七月”，我成了家里的“焦点”。其实，我并不是把上大学作为最终目标，这只不过是一种途径一个阶梯。我不想做高分低能的学生。

我生活的环境周围，90％以上的人是知识分子。每年都有些大学生进入父母的单位。也许他们是事业单位，基本上还是“大锅”“铁碗”，又没人愿去动它。

他们的工资、职称都是按年头来算。一个年轻人进去就要熬，本事没有，年头到了，也就什么都有了。所以，谁还拼命钻研？

每天，我都能从窗口看见他们三五成群地闲聊胡侃，多可惜，这大好时光！

我早就对父母发誓：哪怕去当工人，也不进他们的研究所！

田玲向我透露过，她准备干一番大事业，让父母瞧一瞧。至于发展方向嘛，她初步打算在公关、金融、城市规划、企业管理或天文和地质等方面选择。她说：“人来世上走一趟不容易，不闯一闯憋屈得慌！”

田玲的思想无疑是顺应了改革开放的潮流，同时带有浓厚的浪漫色彩。对于这样的孩子，最好的帮助不是说教，而是放她到生活中去体验一番，让她自己去感悟人生的真谛。值得庆幸的是，她的父母做到了这一点。

有一年暑假，学校组织去洛阳旅游。有些父母怕路上出事，纷纷阻挠孩子参加，田玲的父母却爽快地同意了。

不料，第一天乘车夜行就遇到了洪水，大客车一下子翻进一条大河里，孩子们险些丧命，幸亏被农民救了出来。这次旅行原定往返共7天，经一路折腾，坎坎坷坷耗了14天。

谈起这次旅行，田玲感慨万千，说：

在这次旅行中，我比别人感受更深。我不但尝试了自立自理的生活，而且还有一个意外的收获——对“钱”有了深刻的理解。

临行前，妈妈只给我60元钱生活费，可老师就收去40元，准备做住宿费和游览费。别的同学手里差不多仍然有五六十元，多的有100多元呢，而我仅剩下20元！

14天，20元，平均每天1.43元都不够，却要包括一日三餐以及冷饮等各项费用，这日子够难过的吧？

这还不是主要的，最让我难以忍受的，是女生们对我的议论和嘲笑。我是班长，平日里与大家都和和气气的，到了艰难时刻她们这样对我，我难过极了。

这时，我变得格外想家，想妈妈，好几次我都在梦中流泪，但终于挺过来了。我想起了妈妈的话：“有出息的人从不跟别人比物质享受。”

到了第10天的时候，其他同学由于计划不周，剩的钱和我的水平差不多了。这时，她们也不再对我指手画脚，“同命运”了嘛。现在想想也可悲，钱在一群少年心中竟与在大人心中的分量相同，看得那样重那样高，这不是很残酷吗？

不过，这次旅行我的收益也是很大的，我亲眼看见亲身体验了边远山区农民生活的艰苦与落后。许多地方没有电，一个七八岁小姑娘穿一条打着大补丁的裙子……

中国还很贫困落后，我们这些城市少年整日幻想美妙的未来，却从未想过农村的同龄人是怎样生活的。我想如果可能的话，应让所有城市少年都体验一下这种艰苦的生活，了解中国国情，懂得自己的责任；不要把目光只留在炫目的游戏机前，不要让心帆只停泊在“好温柔好美丽”的纯情港湾……生活才是最好的老师！

返回家中以后，并不用父母再说什么，田玲的心与父母贴近了，感情融洽了。虽然，她生活的目标没有改变，但她对父母有了新的认识。

她说：“其实，父母待我是很好的，他们尊重我、信任我，鼓励我关心时事、关心社会，鼓励我独立思考。该知足了，毕竟是两代人嘛，经历不同啊！”

对父辈的道路选择持否定态度，不仅仅发生在田玲这一类较幸运的城市少年身上，许多生活在底层的少男少女也发出了类似的呐喊。

我们还在封建的家庭中吞着苦涩的果。女孩子总是倒霉的角色。

河南农村失学少女齐秀秀在来信中说：

我是一只被你们忘记了的离群小雁，孤单单地在蓝天下哭泣。我是被世俗偏见逼迫离开校园的女孩子，可谁能为我讲一句公道话呢？

偶然从《少年文艺》杂志上看到您的文章，不由得对您也愤愤然了，因为您和我父亲一样偏心。您是作家，为什么不写写我这样过早失学的农村女孩子？你知道我们的烦恼和酸楚吗？我曾偷偷买过几本书，却从看不到我们的心声。是的，社会抛弃了我们，你们也忘了我们，学校的同龄人也忘了我们……

我小学毕业已经5年了。5年中哪一天不是日出而作、日落而息？得到的却是一句：“女孩子家没用。”都20世纪90年代了，我们还在封建的家庭中吞着苦涩的果。女孩子总是倒霉的角色，而父亲教给我的最好方法是“沉默”。

父亲太老实了，不知“得寸进尺”怎么讲，卑鄙者什么事都干得出来，你沉默人家还以为是“理亏”“默认”了。但是，父亲的“金口玉言”我是不敢反对的，只好照办。

其实，我心里恨父亲，可这恨中又带着可怜。我恨他在为儿子做牛做马，却叫我也做牛做马。

18岁谁不说是青春年华，可我的18岁却犹如枯叶一样。作为90年代的青年，我想改变过去祖祖辈辈留下的那种生活方式：吃了干、干了吃，再加上睡大觉和赌钱。我们有丰富多彩的精神文化生活。可是，别人听了以为我是在讲天方夜谭的故事……

齐秀秀的路是艰难的，但她毕竟觉醒了，不甘心重复父辈的路，这就有希望。在给我来信的农村少女当中，有些已经打起行李卷，加入了南方特区“打工妹”的行列；有些南方农村的姑娘，则纷纷北上当保姆或干个体；更多的在家乡也琢磨起致富之路，成为建设社会主义新农村的一个富有活力的群体。对她们来说，勇敢地进入商品经济这所大学校，才会望见幸福和自由的曙光。

农村中学生的见识虽不及城市中学生，但他们闯荡天下谋生自立的欲望却强得多。也许，这是一种压力反弹现象，即封闭落后的乡村生活，使他们产生缺氧之感，便拼命想冲出一条生存之路。当他们告别父母，当他们身无分文走进陌生的城市，其实他们的内心承受着巨大的重压。

他们是了不起的。在中国这样一个农业大国，一旦农村的青少年动了起来，这个国家才真正活跃了，焕发出生气了。他们新的思维方式与行动方式，无疑会对父辈产生冲击力，促成一种良性循环。也只有在这种新生活中，农村中学生才会从根本上消除祖辈遗留下来的自卑感，与城里人平等地交往和竞争。农村这种新生活与新的代际关系的发展，将是当代中国最壮观的一幕。

三　成人的伪装使孩子感到厌恶

中学时期是道德信念形成的时期，是开始以道德信念来指导自己行为的时期。

与成年人相比，中学生虽然也受社会生活的广泛影响，但由于学校教育起了主导作用，加上少年人蓬勃向上的特点，中学生更容易接受那些正确的道德信念。

因此，当他们发现父母、教师或其他成年人违背这些道德信念时，往往表现出不可容忍的愤怒。

我的脾气变得怪怪的，对什么都看不顺眼，动不动就生气。

河北某县初二男生王宏智在来信中就表达了这样一种心情，他写道：

自从我升入初二后，仿佛觉得自己前后判若两人。

我有一个美好的理想：为祖国而学习，为人类而学习！真的，这个美好的理想曾给予我无穷的力量，但是，随着对生活的认识，我动摇了，因为我看见的，竟是那样的庸俗、无耻！

父母对于我的希望是将来当官，手中有权有钱。他们生活的第一目标似乎就是追求钱。我却最讨厌当官，也许这是我的偏见，但确实是生活给予我的。

我见到的“人民公仆”都是虚伪的（我认为，只有战争年代才会有真正的“人民公仆”，现在屈指可数）。这些人仗着手中有权有钱，就干法律所不允许的事。

我叔叔是一名执法人员，可在我眼里，他只是一名身穿制服的虚伪小人。真的，我恨这些人，甚至包括爸爸妈妈在内。虽然，我知道他们最爱我（我是家里最小的成员），但我总忍受不了那些歪门邪道。

我哥哥走后门当兵去了，就是我叔叔托北京一个战友办的。叔叔那位战友也是我们县的人。这位“大人物”每次回来，县里许多人便朝他献奴才的媚相，连我爸爸妈妈也不例外。我对这种事虽两年前不反感，现在有了正确的审美观之后，就很厌恶这种事，常常与家人吵起来。

我说：“我叔叔不是一名合格的叔叔……”话刚出口，就挨了爸爸一顿臭骂，什么“狗日的”、“挨刀的”，等等，还吼道：“老子不给你钱，你甭想读书了，去干苦力，省得瞎胡说！”我哑然了。这是什么话？是我错了还是他们错了？

在爸爸妈妈看来，不追求权力和钱就是白读书，是傻瓜。家里人为有叔叔这样的亲戚自豪，我却感到耻辱。一次，他们又谈起了这些事，我恨不得他们全变成哑巴，或我变成聋子。

现在，我的脾气变得怪怪的，对什么都看不顺眼，动不动就生气。有时，我甚至想到死或离家出走。

我发觉我也有些变了，变得自私起来，这大概就是爸爸妈妈影响的“功劳”。我挺害怕，要是我真的变了，那将是多么无聊啊！理想抛弃了，自私主义在心头疯长，人能那么庸俗地生活吗？

中学生们的眼睛犹如一部捕捉力极强的摄像机，每时每刻都在注视着周围发生的一切。青春的热血让他们成为正义的化身，可面对现实的时候又往往束手无策，因而悲愤困惑不已。他们不仅用道德观审视父母，也审视教师，甚至对教师的缺点更难以原谅。

辛勤的园丁，多少人赞美他们，可他们配吗？

四川农村一位初中女生王娟来信说：

以前，我是一名尊敬老师的学生，我爱他们，崇拜他们。可是现在，我最恨老师！什么为人师表、辛勤的园丁，多少人赞美他们，可他们配吗？

期末考试时，班主任为了证明自己的教学质量高，竟让学生去抄！她公开说："不管你们用什么方式考，我唯一的要求是别给我丢脸。"为了方便学生作弊，她把另一位监考老师也拉走了。这位班主任在课堂上也骂过不正之风，口若悬河，义愤填膺，可这件事该怎么说呢？

信念的特点之一，是带有情绪感的色彩，而这种道德情感的激发，既决定于刺激的强度，又决定于主观状态。

在中学时代，由于逆反心理的增强，当他们的道德信念受到冲击时，会迅速地引起从未有过的激情，并可能爆发尖锐的难以调和的对抗。这种对抗虽然并不一定会带来不好的结局，但对于少年人的人生体验而言是深刻的，甚至会影响其一生。

我就是我，有棱有角。也许有一天，这棱角会被磨圆，但起码现在要横是横，要条是条。

甘肃某市初三女生席艳恰好经历了这样一番磨炼。她说：

天下有很多奇怪的事。

从我一上学开始，体育就出奇的好，常在学校运动会上破纪录。三年级入市体校，五年级出省比赛，六年级捧回全国的金牌。那时，生活对于我来说，真是悠悠的白云、清清的小溪、诗和梦的摇篮。

我这人性格很"辣"。我从不认为自己有什么比谁弱，在很多方面我还很傲气，总觉得别人办不到的事自己也能办。只要我下定决心的事，就算是头破血流也决不回头。天大的事，我也顶多咬破嘴皮流点血，也不让泪流下来。

我就是我，有棱有角。也许有一天，这棱角会被磨圆，但起码现在要横是横，要条是条。

小学时，我什么也不懂，万事教练是上帝，我们只管拿成绩，每拿出成绩教练就可以长工资。现在我是中学生了，懂得了我应该属于自己。于是，如果有什么我认为不对的，便不再像以前那样顺从。

在我们运动队里，每个星期都要领营养品，过一段时间还发一次衣服。我们队明明只有七八个正式队员，可教练却报十二三个名单，多领的东西每次都被他堂而皇之地拿走。运动衣现在多贵，一件就是100多元！他不穿，卖掉也可以拿很多钱，营养品他不吃也可以送人情。看到他这么自私，我鄙视他。去年发生的一件事，我与他撕破了脸。

去年，某部来我们市特招体育尖子，人家给的条件非常好，吃住不用掏钱，每月还给60块钱。我当然想去了。可是，人家来要我时，市体校说我不愿去，而对我则说人家不招了。我这个傻瓜还信以为真，后来才真相大白。

爸爸妈妈很生气，带我四处奔走，给我找出路。可是，每当人家愿意接收我的时候，体校卡住我的档案，教练又说我如何不好。

我很伤心，不愿父母为我这样操心。于是有一天，我含着泪求爸爸妈妈别忙了，并且郑重宣布：我要离开体校，回中学读书，从此再也不练体育！

尽管爸爸妈妈劝我，老师也替我可惜，说我在体校哪怕混日子，上高中也绝对保送，可我偏不。我告诉他们，我就是我，我决不为自己下定的决心而后悔，即使我考不上高中，也不后悔。

人们常说：人生能潇洒几回？哪怕潇洒一回都会付出大代价。但我却要潇洒一回，就算这两个字是用刀子拼成的，我也毫不犹豫将它接过来！

我之所以下这样的决心，是因为我觉得市体校根本不配留下我，回到学校时，不知道我心里多难受，还曾消沉过一段时间（但我没让一人发觉），但不久又想开了。于是，天空依然蔚蓝，白云依然轻柔，为了气我们教练，我担任了学生会体育部的部长。

总之，一切一切都说明，并非什么事都是我的不对，实在是外界对我的压力太大。世界这么大，小小的我们有多大力量去反抗？只能慢慢地承受它……

读席艳等中学生的来信，仿佛可以听见那青春的心怦怦跳动的声响，仿佛可以看见那一双双焦灼疑惑的目光，大概只有石头人才不会为之动容。

我由此联想起了自己初中时代的一件事。大约是1970年冬天，我们班一位农村同学得了急病，住进了离我家较近的一所医院。

作为学生干部，我立刻意识到了自己的责任，决定送一床被子去，因为那同学无床位，只好躺在走廊里的长椅子上。可是，当我回家取被子时，爸爸却不同意，说：“送走了被子你盖什么？再说，医院那地方又不干净，传染上病怎么办？”

听了这话我简直呆了：这是我善良的父亲说的话吗？平时让我跟同学好好团结，到了关键时刻就变卦了吗？我又气又急，一扭头跑出了家门，心里骂着：“家是私字的老窝！”当时还在“文化大革命”中，常提“斗私批修”的事。

等我从医院回来，却见爸爸挟着被子走在路上……

这件事过去了近四十年，却时常浮现在我的眼前，父亲那无奈与愧疚的神情，一直让我思索着。因此，席艳他们碰到的问题，也并不是一个简单的问题。

如果仅仅从是与非来判断，王宏智批评叔叔走后门让哥哥当兵、王娟批评老师弄虚作假、席艳鄙视教练的自私自利，无疑都是对的。在一定条件下，他们这种初生牛犊不惧虎的精神，甚至可以被表扬。

的确，他们的所作所为，正是学校教育一向提倡的，也是我们的社会一贯呼吁的。假若人人都像他们那样做，社会一定会变得更加美好。

然而，非常遗憾的是，现实总不尽如人意，就连父母也让孩子们失望。

我在担任中国青年报“青春热线”心理咨询员期间，曾接到几位刚走向社会的青年朋友的电话，说社会欺骗了他们。

我问：“怎么欺骗了你们？”

“我们很单纯，以为社会也是很美好的，却发现很多人虚伪，对别人冷漠无情……”

青年人滔滔不绝地诉说着。

其实呢，社会本来就是复杂的，这是一个客观存在，而我们的教育没有真实地反映其客观存在，只片面讲光明的一面，怎么可能不让学生有一种受骗感呢？

即便说到父母与教师也不例外。小时候，孩子仰视父母，崇敬之情使他们不相信父母也有缺点；长大了，自我意识越来越强，处处想与成年人平起平坐，便开始真正认识父母和教师。父母和教师也不是圣人，而是复杂社会的一员，怎么可能十全十美呢？纵然是举世公认的伟人如毛泽东，也没做到十全十美啊！既如此，两代人为什么不能在心理上相互宽容一些呢？

当然，心理上的宽容并不意味着对是与非界线的否定，更不是说对大人们的错误应心理认同，只是要有勇气承认和面对这样的现实存在，也许，这正是心理承受力的一个方面。

席艳一气之下离开了市体校，并发誓“从此再也不练体育”，以此表示对不正之风的深恶痛绝。少年人有如此决断的勇气，是极不容易的，可算“潇洒”了一回，但是否也可以说这是一种任性呢？

古人早悟明了其中的道理，留下一句名言：“水至清则无鱼，人至察则无徒。”意思是说，水极清澈就没有鱼，责人太苛就没有人跟从他，因此对人不要苛刻地求全责备。由此也可以推出一个道理来，谁想在一个绝对纯净的环境里生存，谁就没办法生存，因为地球上没有绝对纯净的生存环境。席艳放弃了在体育方面的专业训练，可能导致一个终身的失误，这对她本人以及对国家的人才培育都是一个损失。

从席艳的信尾来看，经过一段时间的反思，她已明白了一些道理：“世界这么大，小小的我们有多大力量去反抗？只能慢慢地承受它……”

碰上伤心的事儿，总想立即解决是可以理解的，但有些事一下子解决不了。有些问题好比道路上的一道道大沟，少年固然与大人一样都有填平大沟的责任，但若想一人把沟填平是做不到的，因为你不仅还有赶路的任务，即使专职填沟你也是缺乏经验与力量的。

偏激几乎是每个中学生都具有的心理特点，这与过渡时期的心理动荡性有关，而偏激最容易把他们引向误区。

因此，对少男少女们的偏激情绪给予理解，并引导他们学会全面地看问题，冷静地思索各种矛盾，是父母和教师们的重要任务。

当然，还是那句老话，身教重于言教。你不是圣人并不可怕，可怕的是你装作圣人，因为中学生最痛恨假圣人！

第三章　爱与被爱为何变成了无休止的“战争”

中学生渴望得到爱，更渴望得到理解、信任和尊重。可现实恰恰相反，许多父母在爱的旗帜下，不约而同地实行专制主义。于是，两代人在爱与被爱之间发生了无休止的“战争”。

一　溺爱软化了飞翔的翅膀

他父母对这宝贝儿子的确关怀备至，要什么给什么，只要几小时不见他便会到处找，好像他不是16岁而是6岁！

山西一位15岁的女中学生廖颖，很愿意向我提供素材，她向我讲起同班一位男生的故事。她说：

我们班上有个很怪的男生，既孤僻又无能，还比我们大一岁呢。他是一个独苗苗，无论什么事，爸爸妈妈都会替他做好的，养成了他强烈的依赖性。

当我们谈起自己的将来时，他竟说：“我才不用管呢，我爸爸会给我想办法的。”

他父母对这宝贝儿子的确关怀备至，要什么给什么，只要几小时不见他便会到处找，好像他不是16岁而是6岁！他很听父母的话，父母让他做什么就做什么，没有一点自主性。不过，他倒没有其他独生子女的那种专横，人挺随和，与大家相处得很好。可同学们都嫌他没有爱好，什么都不喜欢干，即使稍干一点事，也是迫不得已。他自己也常说生活没意思，我们都替他发愁……

在许多人看来，溺爱孩子似乎是城里人的专利，而实际上，有些农民对孩子的娇惯也毫不逊色。

<u>我的一举一动，大人们都看得很紧。</u>

贵州某农村中学初三女生周彦霞在来信中，亲笔道出了实情。

她写道：

我的家在农村。

我们一个乡几十个村才有一个小小的书社，而我们能读的刊物更是少得可怜。城里倒是有很多书店，可我从来没有见到过。

从我记事到现在，最远就是到过姥姥家，几乎从不往远处走。我曾梦想有朝一日，去城里的大书店痛痛快快地玩上一天，然后踏着月色，背着沉甸甸的满满的一书包我喜欢的书回家，可至今都不能如愿以偿。

我的一举一动，大人们都看得很紧，我并不怪他们。我知道，他们是为了我好。我也知道，如果我非要去的话，他们也不会拦我，可我不能那样做。

刚放暑假的时候，我与父母商量进城的事，可天公不作美，不是烈日当空，就是阴天下雨，父母既怕我热着又怕我淋着。我已经长大了，不能让大人总为我操心，不去就不去吧，等我考上学进了城，就可以天天泡在书店里了……

读这两封信的时候，我仿佛看到：几只本可在蓝天里翱翔的小鸟，翅膀被糖水软化了，变成了寸步不敢离开妈妈的小鸡雏……这自然是一个悲剧，是溺爱造成的悲剧。

现代少年身心日趋脆弱，常常表现出怯懦、孤僻、任性、自私等畸形心理状态，这对他们的未来是真正的隐患。在拥有 9 000 多万独生子女的中国，这一隐患正变得日益严重起来。

随着物质生活条件的改善，人们逐渐从繁重原始的劳动中解放出来。原本就很少劳动的孩子，变得更加轻松舒服了。许多父母虽然曾吃过苦，却不肯让孩子再遭罪，甚至生怕他们不高兴，尽量顺着儿女，结果使孩子们普遍缺乏“劣性刺激”。

据生理学家和心理学家们分析，缺乏“劣性刺激”正是少年儿童身心日趋脆弱的重要原因。所谓“劣性刺激”，是指令人不快或不舒服的外界刺激，它对少年人是必需的和有益的。

那么，少年人需要哪一些“劣性刺激”呢？至少需要经受劳累、挫折、困难和受批评等方面的刺激。

劳累——除了学习之外，现代少年几乎与劳累绝缘。家务活一般不用他们干，社会公益劳动又微乎其微，甚至连走路都不多，这使孩子们大多不知道什么是劳累。如农村少女周彦霞，烈日当空也怕，阴天下雨也怕，直到初中三年级还没敢进过城；城市少女郑芳已经初二了，还不能骑自行车上街……由于活动量太小，缺乏意志力的磨炼，必然造成他们肢体懒散，肌肉无力，这不仅妨碍了身体的发育，还会影响智力的开发和吃苦耐劳品质的培养，这是形成脆弱自私和好逸恶劳习性的重要原因之一。

挫折——父母过分的保护，固然使孩子暂时避免了挫折，却酿就了更大的危险。其实，让孩子尝尝失败的滋味，对其健康成长是极为必要的。为什么少年人会自杀？很大程度上是因为意志薄弱，心理承受力太低，一碰上挫折便惊慌失措。像廖颖介绍的那个男孩子，时时处处都依赖父母，一帆风顺惯了，一旦遭受挫折与失败，怎么会沉着冷静想出高明的对策呢？

困难——孩子们容易幻想，容易把复杂的事情想得极其简单，除了知识不足，就是很少感到有困难的事，因为困难早被父母克服了。然而，任何真正意义上的成功，都是在不断战胜困难中获得的。困难与挫折是最好的挑战者，迎接它们的挑战是孩子们终身难忘的教育。因此，有远见的父母应该为孩子设置一些困难，并教给他们克服困难的勇气和办法。只有这样，才会培养出身心健康、愈挫愈奋的人才，才能适应未来激烈乃至无情的竞争。

受批评——与孩子成长离不开表扬鼓励一样，受批评惩处也是必要的。现代父母喜欢宠孩子，并为了让孩子有个性，即使错了也不批评，这使不少孩子变得骄横跋扈。这样的孩子长大之后很难被社会所接纳，往往成为不受欢迎的人。其实，由于少年人社会化程度低、是非观念模糊，更需要纪律的约束和适当的批评，而不可让其成为一棵疯长的小树。

当然，让少年人经受“劣性刺激”并不简单，从孩子到父母都要有一个心理适应过程。

谁能压抑住那青春火焰的跳动？

广东一所中专学校的女生徐丽爽给我来过一封长信，谈其开始自立的生活体验。她写道：

爸爸是个转业军人，刚转到地方没几年。他是个诚实、刚毅、英俊的男子汉。但对我来说，则是个威严而对子女缺少温柔的父亲。他已近50岁，依然风度翩翩，现在民政系统工作，很有事业心。妈妈是小学教师，事业心也很强，只是身体不好，常因劳累而腰痛。

我住校，每周末才回家，好想痛痛快快淋个澡，冲去校园给我的压力与烦恼，轻松地听听音乐，吃上一顿爸爸妈妈炒的菜。但是不可能。

爸爸总说:“让你妈妈休息休息,享享女儿的福。你一星期才回来一次,多干点没关系。”

于是,我无论是高兴还是失意,总要顺从地走进厨房。我忘了是怎么学会煮饭、炒菜的,反正下厨房的历史已有5年了。

在学校里,同寝室的女孩子们,父母总会来看望一两次。可是,我爸爸的单位离这儿只有一站路,他却从不肯来看我,问我需要些什么。上个学期,他甚至不帮我把行李送到学校。当然,他自有他的道理:东西不多,自己能拿去的。于是,别的女孩子的爸爸妈妈帮着挂帐子、铺床,只有我一个人默默地干着,像个孤儿似的。孙叔叔,不是我埋怨爸爸妈妈,我只是难过没有一颗牵挂我的心……

在学校里,我努力塑造自己的形象,参加了校广播员的竞选。靠着讲过15年普通话的功底,又加上恰当的自我介绍,我成功了!

可是,现实与我的理想差距太大,我的热情逐渐冷却。简陋的播音室,常常“感冒”生病的录音机,播音器早该退休了。其实,我很喜欢播音,对处于苦恼中的校友们说说心里话,声波免除了面对面的尴尬,让充满青春活力的歌曲回荡在校园上空,让优美的散文诗闪烁在阳光与绿叶之间……校园生活的色彩应该让我们自己选择、自己创造。谁能压抑住那青春火焰的跳动?谁又能掩盖如火如荼的感情表白,或是那柔和月光下灵感突发的朦胧诗……

可是,学校却在限制我们播音员的工作,流行歌曲全成了不健康的东西,实际只多了些love类的字眼。太多的压抑使我不得不对自己说:“别想了,世界就是这样,忍一忍算了吧。退一步说,以你的力量难道可以使这一切改变?”

所以,一切都在沉默中消失,又在沉默中闪烁……

徐丽爽的自叙形象地道出了对“劣性刺激”的抵触心理,这

是很自然很正常的。

中学生几乎难以相信，他们今天抵触的东西，也许恰恰是明天欣然接受的东西，而正是在这个由抵触到接受的过程中，他们慢慢地长大了。

从教育的角度看，应特别重视培养青少年的生存能力，其中的核心部分是：不惧怕磨难而勇于创造。

早在1972年，即中国还处于“文化大革命”时期，国际教育发展委员会主席埃德加·富尔，在提交《学会生存——教育世界的今天和明天》的长篇报告时，致函联合国教科文组织总干事勒内·马厄先生说：

唯有全面的终身教育才能够培养完善的人，而这种需要正随着使个人分裂的日益严重的紧张状态而逐渐增加。我们再也不能刻苦地一劳永逸地获取知识了，而需要终身学习如何去建立一个不断演进的知识体系——“学会生存”。

尽管时隔30多年，这段论述依然是深刻的、适用的。

我们不难发现，许多学历高深的年轻人生活得很糟糕，他们只顾自己，从不肯为别人着想，结果没有人愿与其合作，使其难成大事。说穿了，这些自命不凡的年轻人，恰恰没有学会最基本的能力——生存。今日的中学生难道要重蹈覆辙吗？这值得父母们三思。

二　没有尊重的爱是一种伤害

妈妈的爱让我一天比一天感觉到活着的沉重，我觉得自己快走向反面了。

辽宁一位女中学生蔡功英在给我的信中愤激地说：“妈妈不

是上帝，我不是上帝的奴隶，我也不是小狗小猫！”她为什么如此生气？

请读她的来信：

早就想给您写信了，可整整一个假期都被一些无端的争吵代替了，我也不知道为何老和妈妈争吵。

我不认为妈妈不好，可又觉得她太无理了。假期中收到同学的来信，她非要先看不可，我不给她就大吵大闹，说了好多难听的话，真气人！

妈妈怎么能这样呢？难道我的通信自由都得由她来管着？我和妈妈关系不好也许就由于这些吧，妈妈总以为她一切都是正确的，一开口就骂我不争气。从考试失败后，我常常受到讽刺挖苦，妈妈竟连我的一次失败都不能理解！

我知道妈妈非常爱我，可她只是在物质上给我百般关照，却不知怎样把更深层的母爱给孩子。妈妈的爱让我一天比一天感觉到活着的沉重，我觉得自己快走向反面了。妈妈在家中是很辛苦的，我不想惹她生气，骂我一两次也就忍了，可她天天又唠叨又嘲讽让人怎么受得了？

有时候我好恨妈妈，可这种恨总维持不久就被淡化了，因为我无法抗拒妈妈给予我生活上的关心。有时候，我许久不想见妈妈，不愿跟她说话，心里却责备自己，妈妈对我很好呀。瞧，我就是这么矛盾！

在独生子女越来越多的今天，有这种矛盾的中学生相当多，其中，女中学生又占多数。即使不是独生子女，随着生活水平的提高，溺爱孩子的水平也在不断提高。

我质问父母为什么这样专制。

上海一位15岁的女中学生邹南，曾来信吐了许多苦水，我马上给她回了信，却好久不见回音。

我正纳闷呢，她来信了，说：

您回信这么久没收到我的信，一定奇怪吧？我的父母扣下了您的信！

最近，我才知道这件事。您可以想象当时我有多么气愤，他们这是犯法呀！我质问父母为什么这样专制，他们倒一唱一和，说什么“你不要分心”，“不要浪费时间”，烦死我了！我不相信跟一个我信任的人通信是浪费时间，更不相信讨论我关心的问题是分心，真想与他们大吵一架……

其实，我写给邹南的信以及写给许多中学生的信，内容是很健康的，根本没有什么秘密。

譬如，我信中谈了这样一个基本观点：

大家的来信使我感到，当代中学生独立思考的能力大大增加了，但心理素质并不够强。你们诉说了许多内心的痛苦，如人际关系障碍造成的孤独感，与父母和教师的矛盾等，我很可以理解。

我想告诉你们：真正的出路在于提高自身素质，做一个心理健康的人。按现代科学标准，一个人的健康包括3项指标：一是生理健康，二是心理健康，三是社会功能正常。我觉得，只有具备这些健康标准，才会正确对待人生，才会生活得愉快……

应当说，我是帮助父母和教师做工作，可是神经过敏的父母和教师常常扣下我的信，甚至把我寄给中学生的书（如报告文学集《16岁的思索》）也没收了。尽管如此戒备森严，父母对天天生活在一起的孩子却不了解。

父母对我的管束我可以理解，但他们太过分了！我越来越讨厌他们，我们两代人的心早就相隔甚远了。

邹南在信中写道：

我们中学生早就有自己的一套想法了，但在父母面前却要装出乖样子，不敢暴露任何“不妥的”思想，连看国际新闻也不敢作“挺狂的”评论。否则父母就会轮番作报告。

我没有一个真正了解和理解我的朋友，心爱的日记早已不属于我个人。为了对付父母，我准备了两个日记本，一本专写豪言壮语，另一本才是我的心声。当然，把豪言壮语送给父母，让他们心满意足，而把心声留给自己。

说起来，父母对我的管束我可以理解，但他们太过分了！我越来越讨厌他们，我们两代人的心早就相隔甚远了。

举例子说吧，我听听流行歌曲，他们说是“靡靡之音”；我出去玩，他们也要刨根问底调查一番，看我是不是和男生在一起；最不能容忍的是，他们发现我有两盘新加坡男歌星的磁带，发现我在同学录上“最想去的国家”一栏填的是新加坡，竟骂我：“贱骨头，就喜欢男歌星！”我又生气又委屈，一个人跑到公园里哭了一场。

有这样的父母，我真难过。这些话我只对您说了，因为我没有可以信任的人……

当分析上述亲子冲突的时候，曾有些著名人士替父母们开脱，其主要观点可以概括为两个方面：第一，父母们虽然专制了一些，根本的出发点还是爱孩子的，因此，孩子应谅解大人；第二，如今的社会环境复杂，父母们不管得严一些怎么行？等孩子长大了就会懂得父母的一片苦心了。

我认为，这些观点貌似有理，若从深层剖析开来，则是根本错误的见解，是十分有害于代际关系发展的观点。

固然，父母们是希望孩子们幸福的，但希望能代替实际手段与结果吗？一个缺乏知识与经验的园丁，虽然起早贪黑地修剪树枝，结果却把树弄伤了甚至危及了树的成活，我们是该表扬他的勤奋，还是该批评惩罚他造成了恶果？这难道还要讨论吗？

·

两代人之间出现矛盾，又迟迟难以解决，归根结底，责任主要在父母一方。

1992年2月号的《中国妇女》杂志，刊登了该刊教育部的一篇极有分量的文章《虹——就在共同寻找之中》。这是关于代际冲突的讨论——“寻找心灵的虹”书信征文活动的总结。最值得注意的是，该文得出了与众不同的结论。

文中写道：

这次征文，还有一个预想不到的现象，即征文的作者不是父母多而是孩子多，而且是大大地失衡。要知道，本刊不是儿童读物，也非中学生杂志，却吸引了这么多小读者！这又是为什么？

经过分析，我们想是因为以往的社会舆论太偏向大人了，没有去更好地理解孩子，为孩子着想；是因为在家庭里，父母也没有更好地关心尊重孩子有什么愿望和想法，而只会一味地要求孩子……

看来谁也不会否认，目前我们这个社会有“代沟”存在，互相不理解、不沟通的家庭也很多，矛盾挺尖锐。人们都在试图解决，可收益甚微。其原因就在于没有弄清矛盾双方谁是主要责任者。

……

两代人之间出现矛盾，又迟迟难以解决，归根结底，责任主要在父母一方。因为从教育学原理看，父母是主导者、支配者。这是在有关征文的座谈会上，与会专家学者的一致看法。

北师大教育研究所赵忠心研究员的发言更是一针见血。他指出：如今的父母大多很自私，追求的目标也是错的。我们培养孩子是为什么？是要使孩子幸福。可现在的父母大多是把自己的理想和期望寄托在、强加在孩子身上，是为了满足给自己争光，而不去想孩子应怎样生长才是幸福。

当然，这里还有一个问题，就是父母所理解的幸福和孩子不一样，遇到这种情况，父母又不肯尊重孩子的意愿和选择，问题就不好解决了，正像鲁迅在上世纪初指出的还是成人为本位！

……

《中国妇女》杂志的观点，未必能被父母们接受。他们甚至会感到委屈和不平：我们这么辛辛苦苦地教育孩子，难道不是为孩子好？实际上，父母们很少深入反思自己的所作所为，他们的思维受一种神秘而顽强的力量支配着，就像中了魔法一样。

那么，这“神秘而顽强的力量”究竟是什么呢？

简单地说，在中国长达几千年的封建社会中，人们已经习惯于把孩子视为父母的私有物，由父母来支配孩子的一切成了天经地义的事。古语“天下无不是的父母”，便是其代表性的思想。

直至今日，在许多父母的潜意识里依然认为，自己对孩子享有至高无上的权力，想怎么教养就怎么教养，想把他培养成什么人他就应该成为什么人。

人们也许会感到疑惑：如今，这独生子女都成了“小祖宗”了，全家几代人众星捧月一样待他，他还不自由幸福吗？的确，从现实生活的表面看，似乎并存着两种相互矛盾的状况：一是把孩子当“小奴才”看待。如安徽高一女生净玉洁的遭遇，父母可以随意强制孩子的生活，羞辱其人格尊严；另一种则是把孩子当成全家的“小祖宗”，要什么给什么。关于这一矛盾现象，中央教育科学研究所研究员胡克英先生在答记者问时分析得很清楚。

胡克英先生说：“其实两者具有共通的本质：即把子女看做是家庭的隶属品。”“‘小奴才’或‘小祖宗’被赋予的共同希望都是‘望子成龙’、‘光宗耀祖’、‘子继父业’……在‘小祖宗’与‘小奴才’之间没有什么不可逾越的鸿沟。在现实生活中常会看到，如果孩子乖顺，学习好，‘成龙’、‘成凤’有望，就被奉为‘小祖宗’；不顺心、不驯顺，学习不好，达不到父母的期望，就可能降到‘小奴才’的处境，可谓‘一身二任’了。”(《少年儿童研究》1988年第2期)

一方面是旧的观念，一方面是新的现实，这大概就是竖在两代人之间的那道“看不见的墙”。

既然责任主要出在父母身上，《中国妇女》杂志热心的编者已经在向他们呼吁了：

一方面是旧的观念，一方面是新的现实，这大概就是竖在两代人之间的那道“看不见的墙”。

在呼吁社会作出集体行动之前，我们的父母是否可以先清醒一下自己的头脑，先“从我做起”，更新观念，改进方法，真正从孩子角度想问题，以信任、理解、尊重为原则去促进双边关系。如能这样，那爱的悲哀和被爱的烦恼就不会这么多这么严重了，心灵的彩虹才会出现并长久。

请记住别林斯基的一句名言：充分信任孩子，是父母理性爱的首要条件，是教育成功的保障。

当然，理解是双向的。孩子们也并非不懂事。从大量孩子们的征文中，就有不少反映了这点。请相信，有耕耘，必有收获。

配合这次征文，我们还在北京的两所中学、一所小学近千名学生中进行了一次问卷调查。

在回答“你认为在一个家庭中，下列情况应如何排列：和睦、理解、富裕、平等、好学”时，98.7%的孩子把“平等”、“理解”、“和睦”排在前列。

孩子们的这种热切期盼，我们做父母的是否关注到了？作为父母，如果让你来回答这个问题，你又会做何种回答呢？

……

中学生们应该欣慰，社会还是在逐步理解你们的，《中国妇女》杂志编者的长篇话语多么恳切啊。

就我们国家来说，已专门制定了《中华人民共和国未成年人保护法》。联合国通过了《儿童权利公约》。这些都是对中小学生最根本性的保护。但是，在了解这些法律条文的同时，我们也应该了解自己的父母，认清自己在解决代际冲突中的责任。

从以上分析，中学生可能会受到鼓舞：到底有人替我们讲句公道话了！

是的，你们应当非常清楚：父母实行专制主义是错误的，是可以反抗的。如《儿童权利公约》序言指出的：“为了充分而和谐地发展其个性，应让儿童在家庭环境里，在幸福、亲爱和谅解的气氛中成长。”（注：《儿童权利公约》的儿童概念系指 18 岁以下的任何人）有了这一信念，父母如果再从肉体或精神上虐待你，你会明白是在承受一种错误的折磨。

但是，我仍然要提醒中学生朋友，你们既有反抗父母专制的正当权利，也有理解父母帮助父母的神圣责任——这是一种真正博大的爱，是当代中学生真正值得骄傲的胸怀。

三　封建专制会使青春的心流血

法律观念淡漠的父母们，一般来说，宗法观念反而很强，即把孩子视为家庭的私有物，爱怎么处置就怎么处置。他们这种专横的态度，自然引起孩子的激烈反抗，甚至可能导致难以挽回的悲剧。

妈妈太不讲理，不允许我们说她有错，否则就是不孝。

孔夫子故乡山东曲阜一位高一女生陈虹来信说：

今天，妈妈打了我，用脚踹，用手掌打头，哼，好狠啊！我就坐在那儿不动，张着大嘴哇哇地哭，真是泪如雨下。

你问我多大？16岁，不是小孩子！可妈妈太不讲理，不允许我们说她有错，否则就是不孝。

以前，她打我骂我，我忍着，可人的忍耐是有限度的。如果是我的错，我绝对不吭声，可不是我的错，也要让我忍吗？忍忍忍，不忍了！

我跟她讲道理，她尖声大骂——她有泼妇习气，说我想气死她，她死了我就过年了，等等，把乱七八糟的事全扣我头上。我听气了就顶两句，并且大喊：“你打吧，打死我吧！”事后想想真悲哀，我的命运连小流氓还不如……

我觉得父母太可怜了，他们爱女儿，却不懂得怎么爱，结果爱导致了恨。

浙江宁波初三女生刘燕来信说：

父母只关心我的学习和吃饭睡觉，在这方面他们是天底下最好的人，可他们不关心我需要什么，根本不尊重我。我稍微做错了什么，就免不了一顿打，弄得我的心都麻木了。

在学校，老师给我的评价是活泼，可在家里，我不愿讲话，因为稍不留神讲错了什么，一个巴掌就扇过来。

吃饭时，成天都是中专啦、大学啦，翻来覆去总这几句话，背都背熟了。他们一提起这些，我的肚子就饱了，15岁的我每顿只能吃半碗饭，害得我这么小就有了胃病。

我觉得父母太可怜了，他们爱女儿，却不懂得怎么爱，结果爱导致了恨。有时他们打我，我真想去死，可又缺乏勇气。

我明白了，那些自杀的人并不脆弱，因为死也要有勇气。像我这样活也活不好死又死不成，是最可悲的！

读刘燕的信，我想起了被母亲活活打死的青海女孩夏斐。

除了夏斐已死和刘燕年纪大一些之外，她们的经历差不多。从小学一年级至五年级，刘燕的学习成绩在班里总是第一，“官”也从小队长、中队长升到大队长。进入初中后，她的学习成绩下来了一些。她说：“我好像一面五星红旗，徐徐上升，缓缓降落，生活得越来越吃力了。谁要是说学生不看中分数，那准是假话，我把分数看得比什么都重要，天天都在拼命，可父母怎么还那样狠地逼我呢？”

孩子被父母打死或逼死的悲剧，随时都有可能发生。与此相关，中学生想自杀或离家出走的人数，一直居高不下。

安徽农村一位未留姓名的中学生，在给我的邮政快件信中透露，由于常常遭受父母的毒打，她已经写好了遗书，准备离家出走。

有时候，我几乎天天都在想死，想用什么方法去死。

江西某县初二女生柳琴皎来信说：

真羡慕你，好幸福，有那么多中学生朋友！但是我非常孤独，没有一个朋友。爸爸妈妈也讨厌我，这是为什么？

我真怀疑，我是不是爸爸妈妈的亲生女儿？他们对我一点都不好。

就说今天吧，我发现自己的衬衣小了，也破了，叫妈妈给我买一件，还说不管买次品货还是廉价的，只要能穿就行。但是，我刚一说，就遭到妈妈的一顿臭骂……

我知道，家庭经济收入并不多，哥哥在北京读书每月还要生活费，可我的要求并不高。何况，妈妈自己的衣服非常多，而且经常买这买那，都是买较贵的东西。妈妈太自私了！

有时候，我几乎天天都在想死，想用什么方法去死。可是，我又没有勇气去自杀。死了，爸爸妈妈怎么办？他们毕竟养育了我十几年，但我活着又活受罪，怎么办呢？

也许有一天，我鼓起了勇气，就会离开这个世界。

再说一下我吧，15岁，1.68米，在班上女生中最高。爸爸是数学老师，但我的学习成绩一点都不好。我在班上与男生多说了几句话，别人骂我“臭婊子”。这只是我的一点点小“罪”，还有更大的“罪”我无法说清，请原谅！

中学生的出走和自杀倾向，一直是最让父母和其他教育工作者头疼的问题，也是代际冲突中的极端形式。

中学生的心理特点有一个显著的方面即动荡性，他们思想敏感却又控制力差，爱走极端又不善于调节，敢作敢为又盲目冲动，一旦受挫心理承受力又低。从上面几封信反映的情况看，虽然并未发生什么惊天动地的事，却已使他们脆弱的心流血了。

1992年暑假，我正在家中创作长篇小说《握手在16岁》，接到单位的电话,说一位外地女中学生来找我。我一惊:又是一个出走的少女?

见面之后,果然是出走的女中学生:从山西某市来,高二,T恤衫,短裤,微红的脸庞上风尘一片,亮晶晶的眼睛闪动着询问的目光,脚上却穿着一双拖鞋!

“你就穿着拖鞋跑出来了?”

当时,社会上并不流行穿拖鞋。听我问起拖鞋,她有些不好意思地说:

“从家里溜出来后,才发现忘了换鞋,想回去换又怕父母扣住,只好这样上路了。”

她是从广东《少男少女》杂志上读了我的文章,找到北京来的。

我一边为她切西瓜一边思忖,她碰上什么灾难了呢?可是细细一聊,原来为了一件小事——在她17岁的心中却是一件不得了的事。

我暂且称她小A吧。小A的同桌小B,是位才华出众的男生。小A有些崇拜小B,也有一丝丝爱慕,但小B对别的女生也不错,并不很在意小A,这使小A有些怅然。

小A总想以自己的才能引起同学的注意,可有小B在,她摆脱不掉一种压抑感,每每不成功也不自然。

更麻烦的是,恰在此关头,班主任在班上提醒大家说:“同学们的年纪还小,注意不要发生早恋的问题。”

小A顿时心惊肉跳,以为老师在批评自己。回到家中,偏偏父母也唠叨此类话题,小A更有一种四面楚歌之感,惶惶不可终日,终于逃了出来。

听完她的叙述,我松了一口气,开始帮她作具体分析。只一会儿,她的情绪便和缓下来,脸上露出了笑容,谈吐也轻松了一些。

也许她明白过来了，事情并没有那么糟糕，只是自己太紧张的缘故，即使大人是在提醒自己，她也并没有做什么坏事，权当忠告就是了，况且还不一定是说自己；对小B的崇拜是暂时现象，要相信自己总有一天会超过他，等等。

我还对她说：“中学时代以为天要塌了的大事，长大后很可能一笑了之，因为这世界大路很多，摔个跟头没什么了不起的，希望依然存在。”

小A卸下了心理负担，决定逛逛北京城再回山西。

我怕她父母着急，催她早些上路，她倒变被动为主动了，狡猾地说：“我马上回去非挨揍不可，拖两天把父母拖慌了，我再回去他们就不忍心揍我了。”

瞧，孩子真是研究大人的专家，她把父母心理揣摸透了！

不久，我收到了小A自山西某市的来信，知道她一切转入正常，也就放下心来。

从小A的经历再想上面几封来信，我有一个特别强烈的感受，即中学生太需要一个倾诉的对象了！

如果论起中学生出走和自杀的原因和特点以及预防对策，可以写出一部厚厚的专著。但是简而言之，是缺乏与他们的心灵沟通，使这些受挫的中学生们不堪重负，只好铤而走险了。

中学生均处于青春期，而青春期是精神疾病或心理障碍的高峰期。

以往的研究结论，过于强调中学生心理的闭锁性，即内心世界日趋复杂，开始不大轻易袒露真实心迹。实际上，这只是一个方面，中学生心理同时具有远远超出成年人的开放性特点。

关于这一点，几万个中学生向我勇敢地诉说内心隐秘，甚至有些中学生将几年来列入超级秘密的日记也寄给了我，就是一个极有力的证明。

当然，任何事情都是有条件的，只有中学生认为你是值得信任的并能理解他们的，他们才肯毫无顾忌地道出真情。

代际沟通的最好办法之一是，让每个中学生都有一位或几位值得信任的成年人朋友。这些成年人朋友应具有以下5个特点：(1)熟悉和理解中学生；(2)有丰富的人生经验和良好的品质；(3)肯为中学生保守秘密；(4)与中学生联系方便；(5)作为朋友必须是中学生愿意接纳的。

自然，父母和教师最适合也最应该充当这一角色，但却未必被中学生接纳，只能尽力适应这个角色，而将充分的选择权交给学生本人。同时，在对中学生的态度上，应特别尊重中学生成人朋友的意见。

以江西初二女生柳琴皎为例，她有自杀倾向，并透露她有更大的“罪”无法说清。可以断定，她深受这大“罪”的折磨，自杀倾向与此关系密切。

如果在她身边有一个值得信任的成年人或同龄人朋友，容她放心地倾诉个够，她的精神压力必然大大缓解，自杀的念头也会更加动摇或彻底放弃。

与山西的小A相似，柳琴皎认定的“大罪”，也许根本算不上什么“罪”。推理的根据是：她不过与班上男生多说了几句话，就被别人骂为“臭婊子”，她却认为这是自己的“小罪”；罪从何来？“小罪”既已如此荒唐，“大罪”又将如何呢？显然，柳琴皎过于苛刻地审判自己，把问题的严重程度夸大了，这正是自卑的中学生普遍的心理特点。从这个角度看，她特别需要一位有威信的成人朋友给予心理支持。

当然，同龄人朋友的作用也是极为重要的。

调查表明，当遇到麻烦的时候，40%的中学生找自己的同学和好朋友交流。同龄人朋友具有天然的优势，同样的年龄、同样的经历、同样的角色以及同样的命运，使他们特别容易同病相怜，加上经常在一起的便利条件，时常会形成一个个非正式小团体。

按照只要能够倾诉即可缓解内心压力的规律，同龄人朋友同样具有阻止中学生出走或自杀的作用。

但是，同龄人也存在两个弱点：一是同样爱冲动和偏激，有可能为中学生走极端推波助澜；二是毕竟阅历有限，在关键时刻帮不上关键的忙。

尽管如此，同龄人朋友仍是不可缺少的。观察比较中可以清楚地发现，凡是决意出走或自杀的人，大都是缺少知心朋友、独自一人承受不了内心的压力才以极端方式解脱的。也就是说，他们往往是在一种孤立无援的状态下产生了绝望的念头。

目前，电话心理咨询已成为社会发展的一个新热点。仅以北京为例，短短几年内，已经开办了北京中小学生咨询电话、少年儿童研究杂志社的家教咨询电话、中国青年报“青春热线”电话等多处电话咨询机构。

作为一名咨询员，我多次接到中学生的电话，并为此深感欣慰。第一，中学生逐渐增强了心理咨询的意识，表明其自我意识趋于成熟，进入自觉状态；第二，电话咨询具有及时、自由、保密等优点，可以迅速见效。

总之，务必要让中学生有说话的地方。

我已经两个星期没和父亲说一句话了

湖北某县男中学生丁雪峰给我来信说：

您的回信我已经收到了，非常感谢给我回信。

您知道吗？这一段时间里，我的心情是多么烦躁。

期中考试没有考好，同学们瞧不起我。每天放学时，我是多么想找一个同学一起走啊，可一道无形的不可逾越的屏障始终挡在我的面前，使我不敢靠近他们。

这几天不知怎么搞的，我总想找人吵一顿架，总想摔一点什么东西发泄一下。可是，父亲只会挖苦我和不住地叹气，这让我更加头痛。

我已经两个星期没和父亲说一句话了，真想一死了之……

两代人之间的无话状态，是代际冲突中的最不利因素，犹如一个死结。

1986年9月，在联邦德国召开的“家庭活力和家庭治疗”国际大会上，联邦德国心身医学中心主任里希特教授呼吁：做父母的人及早同子女对话，尽快改变家庭中两代人的无话状态。

里希特教授指出，科学的调查已经证明，家庭中年长者与年轻者之间传统的权力平衡已经发生动摇，子女们比过去更容易离开父母，使父母感到束手无策。现在的子女在比较年轻的时候就显得很坦率，而父母们却不愿听取他们的意见。因此，他认为，父母在对待子女时应有自我批评精神。不善于处理这个问题的人，就会因精神因素而导致疾病。

前面说的成年人朋友（一般不是父母）、同龄人朋友和心理咨询机构，都是帮助中学生排除成长困难的重要渠道，但这些均不能代替家庭的作用。

作为未成年人，中学生与父母生活在一起，与父母的关系自然会对其成长产生重大影响。

马卡连柯说：“没有父母的爱所培养出来的人，往往是有缺陷的人。”心理学家认为：“感情是人际关系最重要的基础，是人际关系的稳定性、深度、亲密程度的主要调节器。”

实际上，与父母的感情一直是中学生热爱人生的重要因素。江西的柳琴皎说：“我几乎天天都在想死……又没有勇气去自杀，死了爸爸妈妈怎么办？他们毕竟养育了我十几年……”

这表明，尽管有些孩子想走绝路，他们却更珍惜父母之爱。

假若父母与孩子双方均主动一些，多一些理解与宽容，是完全有希望化干戈为玉帛的。

静下心来与父母谈一谈，竟有许多意想不到的收获。

四川重庆高一女生沈颖给我的回信，恰好描述了这样的过程。

她写道：

真高兴能收到您的回信，犹如冬日的阳光暖暖地照在我身上，我一下子感到您离我好近好近。

您说得好：“人生在悟。”

我初中时常与父母发生尖锐的冲突，尤其和爸爸仿佛像仇人一样。我常和他因一句话的不和而冷战，有时竟一星期不说话。那时，我在写给友人的信和日记里，常抱怨父母太“迂”，太啰唆，管头管脚……一心想离开家。

最近，我开始强迫自己静下心来与父母谈一谈，竟有许多意想不到的收获。在谈话中我才知道，父母心中拥有和我一样丰富的世界，他们也和我现在一样拥有过年轻。

我父母都是“老三届”的高中毕业生，父亲上了大学，毕业于西安矿业学院，而母亲因 1966 年高中毕业失去了考大学的机会，至今叹息不止。

听听他们经受的政治动荡和多难的青春，我才发现以前自己是多么浅薄！从那一刻起，我在心里暗暗发誓：好好珍惜这个家，珍惜在父母身边的日子。

试想，有了这样和睦的家庭关系，纵然经受一些挫折，中学生怎么会出走或自杀呢？

第四章　和谐的家庭是孩子健康成长的港湾

社会的大变革触发了家庭内部潜在的矛盾，父母争吵乃至离异的动荡，给中学生带来巨大的心理压力，他们被迫作出痛苦的抉择。

一　父母离异冲击着孩子的心灵

据有关部门统计，现在每年离婚的夫妻有150多万对。而十多年前辽宁某城市小学调查，全校1 000多名学生中，父母离异的学生100多人，比例高达10%左右！

如果我们再深入了解一下，会发现父母经常打架吵骂的远不止10%。争吵日趋严重是离婚倾向的表现。因此，一个个家庭如同将要倾覆的鸟巢，小鸟们自然战战兢兢，心中祈求平安。

孩子不能失去母爱，"没妈的孩子像根草"，爸爸，您不会希望我们像草一样吧？

黑龙江某县职业高中女生东方旭日来信说：

我长这么大，从未和我爸爸说过真心话，我恨我爸爸，因为他对我妈妈不好。

他们结婚近20年了。从我记事起他们就打架，特别是爸爸喝了酒后，妈妈必须好好待他，稍有不周，就打起来。在亲友的劝解下，他们才以两败俱伤收场，那时，我们4个孩子都很小，只会站在他们旁边哭。

现在，父母打架的次数少点了，但每打一次，都比以前厉害得多。我们虽然长大了，劝这个、劝那个也无济于事，我的心凉了。

我是长女，弟妹们小，我的痛苦比他们更深。有时，我甚至想过离家出走，可是理智让我不能冲动。为了这个家，我有责任做他们的工作，沟通他们的心灵之桥。

我现在虽然住校读书，但还是常惦记着家里，怕家里再起风波，发生意外。

我有很多话要对爸爸说，可我又不敢，但我要对您说。我把想对爸爸说的话写成一篇日记，寄给您看一看，如果能刊登出去，请用我自取的名字——东方旭日，因为我害怕爸爸看见我的名字。

在这篇题为《说给爸爸的话》的日记里，东方旭日使出浑身解数来感动爸爸。

她写道：

爸爸，请您不要这样对我说："我和你妈妈之间的事你不要管。"

我怎么能不管呢？

我深知您和妈妈的结合使您的心灵受到极大的创伤，因为您与我妈妈之间根本没有爱情，没有感情，或许是只有"恩情"。她为您生了四个儿女，侍候着两位老人，与您在人生的旅途上共同生活了20载，但是您的言行却让她伤心。

您打我妈妈，骂我妈妈，瞧不起我妈妈。作为女儿，虽说我不能与妈妈站在同一个立场上，但确实想为她说些公道话。

在你们婚后的20年里，为了您的事业，为了这个家，为了这四个娃娃，妈妈默默无闻地奉献着，从不计较得失。这是千百年来中国妇女具有的美德，难道就这一点来说，她不值得您爱吗？

妈妈是人，是普通的女人，她有自己的人格和自尊，虽说文化程度极低，却不能容忍别人不尊敬她。您没给予她爱，没给予她温情，这对她来说，精神该有多空虚！

每次当你们打完架，我们这些儿女都十分紧张，因为害怕妈妈有三长两短。孩子不能失去母爱，“没妈的孩子像根草”，您不会希望我们像草一样吧？

女儿在异地求学，心里却惦记着家。

爸爸，为了女儿能安下心来学习，为了您和家人的希望，女儿恳求您温柔些，多体谅妈妈。您没看见吗？妈妈的额头上又爬上了皱纹，青丝里又多了些白发！我们爱妈妈，然而她更需要您的深沉、执著、温柔的爱。

为了这个家，您千万别让妈妈伤心了，好吗？也许，您认为女儿说出了这样的话是不应该的，可是女儿的确热爱这个家，爱我们的妈妈！

爸爸，不知不觉中说出了这么多话。过去我恨您，从不与您说心里话，现在女儿大了，懂事了，不会恨您了。女儿会做沟通您和妈妈之间的心灵之桥，让你们的心灵碰撞出迟开的爱的火花！

衷心祝愿你们从此互尊互爱，携手并肩，创造出真正有意义的壮丽人生，走完美好的人生旅程！

我想，任何一位父亲读到女儿这样一篇日记，心灵都会为之震颤的。

东方旭日上高一，十六七岁，从无知的孩子到开始做父亲的思想工作，帮助父亲指点人生迷津，能不令人感慨万分吗？

可是，震颤也罢，感慨也罢，能从根本上解决问题吗？

对于中学生来说，成人的世界依然是个谜。

表面上看，中学生似乎什么都懂了，东方旭日的日记里便显示了这种自信，而实际上他们只懂得了一些皮毛。打个比方说，他们只见到冰山露出海面的部分，可那仅是冰山的万分之一。

婚姻是人世间非常复杂的关系，既包含文化因素、经济因素，也包含生理因素和心理因素，甚至包含政治因素。

关于政治因素，经历过政治风云和坎坷生活的人，有着痛苦的深刻的体验。与青少年逐渐形成的恋爱观相比，如果说青少年是浪漫的，他们的父母则是现实的；青少年是轻松的，成年人是沉重的。

也许，这正是当今离婚率增高的原因，即当社会的发展使人由注重生存转向注重精神世界完美之时，原本潜在的矛盾被触发了。其实，这也是一种历史的必然。

以东方旭日的日记为例，我们已知的情况是：她父母的结合并没以爱情为基础，因而使父亲"心灵受到极大的创伤"，但他们却在争吵中生活了 20 年，并生下 4 个孩子……

这绝对是一个悲剧故事，一个用 20 年漫长的时光铸成的钢铁镣铐，心灵一旦苏醒，怎么可能不挣扎呢？至于挣扎的方式，自然会因文化修养的不同而不同，有的文明一些，有的粗野一些，但都是同出于一部悲剧。

当然，孩子是无辜的。无论父母如何争吵乃至各奔东西，都必须以保证孩子的生活为前提，这是法律的一贯精神。不过，虽然有法律与道义的存在，家庭关系的破裂难免给孩子造成心灵的创伤。这也许正是悲剧的代价。

东方旭日同学那颗诚挚感人的心，固然会让人动容，却难以从根本上解决问题，因为她稚嫩的肩膀实在挑不起这副担子。

父母日趋严重的争吵是离婚的前奏曲。如果说，东方旭日尚在担心，牛玲则已经体验过那场暴风雨了。

妈妈把我带到了法庭，说："我和你爸爸要离婚了，你愿意跟谁？"

牛玲是广西某市初一女生，她说：

1991年7月13日上午，妈妈把我带到了法庭，说："我和你爸爸要离婚了，你愿意跟谁？"

我一听这话，泪水顿时流了下来。我知道这一个"离"字的含义，它意味着爸爸妈妈再也不能在一起生活了，意味着我从此失去了一个完整的家，意味着我再也不能与爸爸妈妈一起谈天、玩耍、郊游了，我将成为一个孤独的孩子。

这对我是一个多么沉重的打击！就像一棵嫩生生的小苗，正需要阳光和水分时，却忽然遭了暴风雨的袭击。

在法庭上，爸爸妈妈都争着要我，争得面红耳赤。最后，庭长决定由我自己选择，喜欢跟谁就跟谁。

我看看爸爸，又看看妈妈，他俩都用期待的目光看着我，弄得我也不知跟谁好了，因为爸爸妈妈平时都那么爱我。我刚要向爸爸走去时，一回头看到妈妈那含满泪水的双眼，又犹豫地停住脚。

思忖片刻，我毅然扑进了妈妈的怀抱。妈妈搂着我时，一颗颗泪珠滴在我的脸颊上，我也哭了起来。

可我也发现，爸爸掉转了脸，不时用手擦眼睛。"男儿有泪不轻弹"，爸爸却流泪了，他心里一定很难受，可我又有什么办法呢？

……

与东方旭日的父母经常争吵不同，牛玲的父母似乎是在平静中分手的，这常常是知识分子离婚的特点。后一种离异也许让孩子更承受不了，因为他们没有足够的精神准备，却不得不立即作出难作的选择。

从东方旭日到牛玲，我们碰到了一个有挑战性的问题：怎么对待父母的争吵和离异？

首先，孩子一向要求父母理解自己、尊重自己，那么孩子也应理解父母和尊重父母。父母发生了矛盾，孩子如有能力可以适当帮助他们缓和关系，但若是矛盾发展到了准备离婚的地步，则不宜过多干涉了。

要知道，父母作出离婚的决定，一般来说，也是要鼓起极大勇气的，不到万不得已不会轻易这样做的。我们既然爱自己的父母，为什么不尊重他们的选择呢？

其次，父母离婚固然造成了一些痛苦，但这并不意味着世界末日到了。事实证明，在许多杰出人物的成长过程中，都有过父母离婚的遭遇，他们非但没有被挫败，反而更加发愤努力。例如，意大利著名影星索菲亚·罗兰、日本著名影视歌星山口百惠，等等，都是令人崇敬的成功者。

在这里，我还可以向中学生朋友介绍一位离婚者，她叫朱迪·布伦姆，是美国当代著名的青少年文学家。她离过两次婚，生养了一双儿女，对离婚及家庭生活的甘苦有深切的体验，她说：

……

孩子们记住：你的父母在离婚期间和离婚以后也都很痛苦。虽然这并不能减轻你的负担，但却是事实。

开始的时候，尤其是在父母争吵不休，你被夹在中间的时候，要和父母都保持亲密是非常困难的。你可以告诉他们，你不偏不倚，不参与争吵，不想听任何一方讲另一方的坏话。兰迪就学会说：“我不想听这些！那是你们的问题，你们自己去解决吧。”她是对的。那是我们的问题，不是她的。她没和父母任何一方离婚。

有时候，你必须提醒父母，闹离婚的是他们，不是你，你仍然爱着他们。

二　不幸是一所特殊的学校

我曾在《痛苦——快乐之门》一书里说过这样一句话：“不幸是一所特殊的学校，古今中外许多杰出人物都是从这里毕业的。”中学生虽然一般还称不上杰出人物，但在不幸这所特殊学校里，同样会受到深刻的教育。

与有些中学生一心阻止父母离婚相反，也有不少中学生赞成父母离婚，这是一个值得重视的变化。

我真不明白，这么好的爸爸，妈妈为什么还要侮辱他？

湖北某县高一女生朱娅来信说：

孙云晓，我实在不知对你怎么称呼，伯伯？叔叔？哥哥？都不合适，因为在我心里一直把你当做朋友，就直呼其名了。

我现在思绪很乱，不知道怎么对你讲，让我把心中的痛苦全在你面前“曝光”吧！

我出生在一个普通家庭，今年17岁，从小在爸爸妈妈的争吵中长大。我喜欢爸爸，爸爸也喜欢我，但是妈妈更喜欢我，甚至能容忍我所做的一切！

可是，妈妈对爸爸的态度却不大一样，一点爱心都没有，她侮辱他，折磨他。由此，导致了我恨我的妈妈。

我爸爸可以说是世界上最好的爸爸，我崇拜他，我爱他超过爱所有的人，他慈祥的脸上永远带着那悲伤和无可奈何的笑容。

我真不明白，这么好的爸爸，妈妈为什么还要侮辱他？

让我眼含热泪心流血给你举个例子吧。

前几天，为了庆贺姐姐结婚，爸爸去餐馆订了宴席。谁知，妈妈不喜欢那家餐馆，便大骂爸爸，就像一个泼妇一样吼叫着，使人讨厌极了。我可怜的爸爸为止住妈妈的骂，竟自己打自己的脸。

我不知该怎样形容自己当时的心情，更不知该怎样描写当时的场面。血！鲜红的血从爸爸嘴里鼻子里流了出来，可妈妈还没住口，连看都不看爸爸一眼。可怜的爸爸毫无办法了，只好给妈妈跪下了！

谁敢相信，这会是一对共同生活了三十多年的夫妻。我真想大声对爸爸喊："爸爸，跟妈妈离婚吧！你的男子汉尊严到哪去了？你已经被妈妈折磨得不像一个男子汉了！"

婚姻的奥秘是中学生难以理解的，甚至连成年人也未必说得清。朱娅的父母之间的关系多么让人震惊，又多么不可思议。

在朱娅看来，既无情无爱，离婚不就得了？可现实生活中，离婚并不容易。是什么原因让朱娅的妈妈那样专横？又是什么原因让朱娅的爸爸那样懦弱？这其中的复杂而真实的原因，朱娅恐怕既不知也不懂。

因此，孩子们还是不管大人的事为好，你走你的路，让他们吵去吧。

孩子们天生有一颗善良的心，碰上父母争吵，总想充当和平的天使。可是，其结果往往并不美妙，这让孩子疑惑不解。

我不知说什么话才能减轻妈妈的痛苦。

安徽某县高一女生章晓旭来信讲的正是这样的经历。她说：

有一天早晨做饭的时候，爸爸又和妈妈吵嘴了。

爸爸大动肝火，吼道："你给我滚！"这话大大刺伤了妈妈的心，我们和爸爸都在吃饭，她一人躲在房间里哭。听妈妈哭得好伤心，我一口饭也吃不下，走进房间想安慰她几句，可一句话也说不出。

我不知说什么话才能减轻妈妈的痛苦。于是我想，假若姥姥、奶奶、婶婶来，她们会怎样说呢？她们一定会说："别哭了，夫妻哪有不吵嘴的？他性子坏你就忍……"

可这样有效吗？这只是让妈妈暂时止住哭，把苦水往肚子里咽。不能这样做，痛苦的人只有把心里的苦水全部吐出来才会痛快的。

因此，我靠近妈妈说："妈妈，我知道您受了很多委屈，我看得清清楚楚。您想哭就哭吧，想说就说吧，把委屈全说出来！"

妈妈哭着说："要不是为了你们三个孩子，我非走不可！"我急了说："妈妈，您不能走，家里不能没有您！您看厨房现在是什么样？碗没有人刷，馍面酸了也没有人弄，还有我们三个谁照顾？"

妈妈叹了口气，又默默地走进了厨房……

孩子不愿失去母爱，这是非常自然的事情，但看了章晓旭的信我却想提出一个问题：孩子们为大人想过吗？

父母固然应尽抚养子女的责任，但绝不等于失去个人追求爱情与幸福的权利。孩子以厨房乱和他们需要照顾为理由挽留母亲，从一个侧面反映了他们只为自己着想的习惯性思维，这实质上是对母亲的又一伤害。

如果说，父亲的打骂是硬枷锁，那么，孩子的哀求则是软枷锁。难道母亲就不是自由平等的人吗？

值得欣慰的是，理解和尊重母亲的选择的中学生越来越多了。

许多人都觉得离婚太可怕了，而我却认为离婚是幸福的起点。每一个人都有权利掌握命运，享受人生。

四川某市高二女生夏雨来信说：

我叫夏雨，刚改的名字，是不是很有诗意？名字是我自己取的。

我从小生活在一个不怎么幸福的家庭。父母由于性格不和，几乎天天吵架。每次父亲喝了酒，总免不了和母亲动手。我的家庭也许特殊了些，因为父亲是没文化的人，而母亲却是有点知识的医生；父亲烟酒全沾，一点不管家，母亲省吃俭用一心为家。

也许，许多人以为这样的夫妻并非不能相处。可是，父亲生性软弱，思想狭隘，母亲在"文化大革命"中被迫害时，他更是胆小如鼠。母亲的心渐渐凉了，终于导致了最后的离异……

当然，他们结合的基础本身就有问题，无法谈及感情。我这人生性敏感，加上生活环境的影响，很早熟。

当母亲提出离婚时，我当即表示支持，因为这样我再不用去听无休止的吵骂，再不会为阴影担忧。

许多人都觉得离婚太可怕了，而我却认为离婚是幸福的起点。每一个人都有权利掌握命运，享受人生。

如果一个人始终没有能抓住幸福，在他（她）临离开这个世界时，他（她）会后悔的。没有爱的家庭何必维系？

父母离婚后，母亲又在寻找她的幸福了，她又要准备结婚了。对方是一个非常不错的人，我也很喜欢和尊重他。母亲又开始注重打扮了。她本来身体很差，现在看起来好多了，而且也没有以往那么苍老了。

生活中每个人都渴望爱。我为母亲能重新寻找到幸福而自豪。父亲呢？我想，虽然他已很难找到母亲那么好的女人，然而，我认为他自己也是幸福的，因为，每个人都有自己的思维，他也许有一种解脱的愉悦吧？

我谈完了家庭的一场婚变，您怎么看呢？

读了夏雨的来信，我被她的善解人意和对母亲的理解感动了。尽管，几万封来信让我难以逐一回复，而她也一再声明愿做一个不在意我是否回信的朋友，我还是及时给她回了一封挺长的信。从此，我们成了不见面的信友，相互通信十多封了，这使我逐渐地了解了她。

其实，夏雨与母亲的冲突也是相当严重的。她曾告诉我：

母亲36岁才生的我，我与她之间的代沟太宽了。她以前常偷偷翻我的抽屉，看朋友给我的来信，甚至骂我："天天信！信！信！看你将来没工作，谁会管你！"每当听到这些话，我心里都烧得慌。我不想过多责备她，真的，不想，因为她是为了我好。虽然她专横、不近人情，而且常常大声吵骂不尊重我，但这就是她的思想体现，人与人之间其实是可以相互理解的。

有一阵子，母女间的"战争"又升级了。

夏雨来信激动地诉说道：

沉默是金！百忍成金！的确，我在沉默，我在忍耐。云晓老师，我真恨这个家！我一生最大的不幸便是有这样一位专横的母亲！我从不在乎生活学习中的太多不顺心。因为我太善于理解生活。但是，母亲却不断地刺伤我，使我恸哭，使我悲哀。中国的礼教总要子女孝敬父母，可我的母亲哪里像个母亲？是的，她养育了我，但她又何尝不在日日摧残我的精神！丰足的衣食保护不了我忍受“精神虐待”的心灵。也许以后我会原谅她，那是以后的事，但眼下我不能不坚决反抗……

从夏雨的一封封来信，我可以明显地感受到青春期少女心灵的动荡不安。她向我坦率地讲述过自己的初恋——与母亲的冲突常常以此为轴心展开。

记得，她还讲起一位挺优秀的男孩子向她求爱的故事，那男孩子向她发誓一辈子对她好，她却平静地婉言谢绝了，并且说：“不要轻易说出‘我爱你’这三个字，也不必用誓言束缚自己，还是让我们轻松地生活吧。”

我知道，她的理智与她的特殊经历有关——父母的离异给了她一份特殊的营养。

我之所以感动，是尽管与母亲的“战争”不断升级，但当母亲作出离婚选择之时，夏雨毫不犹豫地支持了母亲。暂时放下与母亲的尖锐冲突，去理解和尊重母亲作出的重大选择，夏雨表现出一个少女的果敢胆识与宽广胸怀。

因此，当她问起我对她此举是否赞同，问及父母离异的孩子如何走自己的路时，我曾搁下创作的笔，给她写了一封长信。

无数痛苦的事实表明，有些父母婚姻的维持比离异更加有害于孩子！

我写道：

在我的报告文学集《16岁的思索》出版后，许多读者写来诚挚恳切的信，其中，不少中学生谈到了父母离异带来的痛苦。因此，我很愿意与你讨论一下这个问题。

诚然，天下没有一个孩子愿意失去父母。孩子尚未长大成人，怎么能缺父爱母爱呢？即使长大成人，每个人也都渴望父母双全，以享天伦之乐。这是人之常情。

但是，生活中偏偏有那么多不尽如人意的事情。就拿你来说吧，你一定也渴望家庭幸福，可是父母天天吵架，又怎么会有幸福可言呢？

在我从事文学创作的前10年(1980—1990)里，从未计划去写离婚题材的作品，却无意中碰上好多个父母离异的孩子。于是《16岁的思索》一书里，就有了《最重要的——致父母离异的少男少女》、《孙佳星的故事》及其续篇《在妈妈的新婚之夜里》等文章，都是写遭受父母离异之苦的孩子。

一种颇为流行的观点认为，父母离婚对孩子有害。因此，应千方百计地避免离婚成为事实。在这种观点的影响下，许多人包括孩子在内，都成为离婚的反对者。

我承认，的确有些父母在离婚问题上，是轻率的，不负责任的。然而，就整体而言，我认为"父母离婚对孩子有害"的观点，是含糊不清的、有极大片面性的观点，甚至可以说是真正"对孩子有害"的观点。无数痛苦的事实表明，有些父母婚姻的维持比离异更加有害于孩子！这其中的滋味，你不是已经尝够了吗？

婚姻对人生的影响是巨大的。婚姻幸福是人生幸福的重要内容，它离不开婚姻自由这个前提。只有结婚自由而无离婚自由，就不可能真正实现婚姻自由。

所以，父母自然要履行关心和爱护子女的责任，孩子也应理解和尊重父母的选择。由于某些复杂的原因，父母的感情破裂，已经失去了互相爱慕共同生活的婚姻基础，只有通过离婚才能解除双方的痛苦。

在这种情况下，离婚非但不是不道德的行为，而是重新寻求幸福的必要手段。从这个意义上说，你觉得离婚是幸福的起点，是完全正确的。甚至应当形成一种观念，父母离婚不是丢人的事，而是抛弃痛苦追求幸福的勇敢行为！

在这里，对于你坚定地支持母亲提出离婚，我向你表示特别的敬意。

旧中国男尊女卑，男方有“出妻”的权利，而女方即使遭受虐待和摧残，也无权提出离婚，致使许多妇女痛苦终身，有些人为此轻生自尽，含恨而死。

新中国提倡男女平等，婚姻自由，任何一方都有权利依法提出离婚。虽然，公民的这种权利得到了国家法律的保护，但由于旧观念的深重影响，妇女迈出这一步往往比男人艰难。因此，我觉得，在父母感情破裂到该离婚的地步时，孩子们特别应给母亲以帮助。

作为一个有婚姻生活体验的作家，我非常清楚，这样做绝不意味着轻松。人是有感情的，子女对父母总有依恋之情，一旦失去父亲或母亲，心灵难免会受伤流血，但是，冷静地想一想会明白，父母离异的痛苦有时是手术过程中的痛苦，只有忍下这种痛苦，才有长久快乐的希望。

至于“今后的路该怎么走呢”？尽管，每个人的情况不同，路的走法也不会完全一样，但最基本的有两点是需要把握好的。

首先，要学会自立自强。在《最重要的》那篇作品中，父母离异的职业高中学生赵昂，说了一段很精彩的话：“我觉得挺幸福的。父母离婚比不离婚给我的爱还多，因为那时候，他们一个唱白脸，一个唱红脸，而现在都唱红脸。再说，父母亲不在身边，一切都靠我自己拿主意，也放得开。我是独立的有充分自由的人！当然，有时回到家里见不到父母也有些怅然若失的感觉。但是，与独立与自由相比，又算得了什么？最重要的是自由、自尊、自强！”

可以说，赵昂父母的离异结束了三个人的痛苦。我在作品中写道："在同龄人中，赵昂的自立意识和自立能力都是比较强的，而这一切几乎都是在经历了父母离异之苦后获得的。"

其次，要正确对待父亲或母亲的再婚。赵昂的爸爸妈妈都再婚了，他曾为之流过泪，但终于明白了不应干涉父母的婚姻自由，因为"我们都是自由人"。他安慰妈妈说："我只希望您幸福，只有您幸福了，我才感到幸福。"著名小歌星孙佳星甚至促成了妈妈的再婚呢。

再者，父母离异不等于世界末日的来临，而极可能是一次再生的机会，你尽可以昂起头走路。

路在你的脚下。

未来与希望都属于强者！

这封近两千字的长信，大致代表了我对离婚问题的观点。我之所以如此认真，完全是夏雨的勇气感染了我，迫使我必须认真思考，并且严肃地作出回答。

写完这封信意犹未尽，在创作长篇小说《握手在16岁》的时候，我又以夏雨为原型，写了小说中的一章《十字架下》，从文学的角度进一步表现了父母离异过程中的少男少女们的生活。可以说，那里融进了许多深层的思考，如造成父母离异悲剧的历史性原因以及孩子对这段历史的审视。

三　简单的思维无法认清复杂的世界

心理学家大都认为，父母离婚对少年人来说是一种家庭危机，更是一种心理危机、一种痛苦的经验。还有人将父母离婚比做一个"狂暴的世界"，处在这种环境中的少年人难免不受创伤。

其中，"第三者"即父亲或母亲有了外遇的问题，往往会使矛盾复杂化，并造成孩子的心理障碍。

一般来说，中学生们一旦发现父母之间出现了“第三者”，会立刻表现得怒不可遏，而实际上又不知所措，只在心里蔑视招来“第三者”的父亲或母亲。

有时，我真想把妈妈赶出家门！

云南某农场中学高二女生罗琼在来信中说：

虽然我有母亲，却从未感受到伟大的母爱是什么滋味，我们的家庭随时都面临着破裂的命运。

妈妈几年前有了外遇，一直对她那一位很忠诚，从不间断他们不正常的恋情。

爸爸知书达理，是一位优秀党员和优秀胶工，由于过度为那些橡胶树操劳，才 40 岁的人已经白发苍苍了。妈妈愚昧无知，整天只知吃穿打扮，难怪别人都说妈妈比我年轻。

妈妈常常借恶语辱骂爸爸，甚至厮打爸爸，而爸爸则忍气吞声摇头叹息。其实，爸爸只是为了不让我们完全失去母爱，盼望着妈妈回头。

有时，我真想把妈妈赶出家门！无奈我现在的生活到底还是用爸妈的钱，先忍下这口气，等我工作了，一定不养妈妈！

……

我很怀疑，罗琼的家即使在外貌上不破裂，而实质上已经破裂了，她能得到母爱吗？罗琼的爸爸又有什么幸福可言呢？善良的人常常是懦弱的，这使他们难以摆脱厄运。

爸爸有了“第三者”之后，恐惧和难过一直缠绕着我。

山东某县 15 岁的女中学生魏玉萍也碰到了难办的事，她在来信中说：

我爸爸是个乡镇企业的工人干部，妈妈是典型的家庭主妇。一个偶然的机会，爸爸认识了一个长相漂亮的寡妇，便让她当自己的秘书，后来又提升她当一个分厂的厂长。那女人在我爸爸面前步步高升，妈妈却在爸爸的心中日趋下降。

我知道爸爸有了"第三者"之后，恐惧和难过一直缠绕着我。

我曾想找爸爸谈谈这件事，可一直找不到机会，因为他经常出差，而我又在外地上学。

偶尔见了爸爸，我又不忍心说他。在家里说，怕伤害已经劳累过度的妈妈，怕她受不了这种刺激；在单位说，怕影响爸爸的威信，丢了他的面子。我只能把这件事埋在了心里，却又不能不想。

我监视过爸爸，也提醒过爸爸，可他……这成了我的巨大精神负担。我承认，我不具有电视剧《十六岁的花季》中白雪那种勇敢精神。我们农村也根本不具备表现出勇敢的条件。

每天，我都在很复杂的家庭生活和精神生活中学习，成绩日趋下降。老师的批评、同学的白眼、父母的责骂、姐弟的嘲讽，使我度日如年。

一个农村孩子受到多大的委屈啊！我觉得好累好累。于是，我想到了死，是的，死！

安眠药买来之后，我哭了，痛痛快快地哭了，但哭后我又陷入了沉思：死能解决问题吗？后来，我又想了许多许多。安眠药放下了，我也由原来活泼开朗的姑娘变成了另外一个人。

现在，我已经对爸爸的事不感兴趣了。我发誓努力学习，让知识来充实自己……

随着市场经济在中国的迅速发展，许多人进入了原先陌生的领域。他们在创造物质财富的同时，也在创造精神财富。与此相适应的变化，自然包括了人际关系乃至婚姻关系的变化。

这是一个无情而又有情的现实。新生活不仅仅给人带来欢乐，也给人带来痛苦，也许后者是更为深刻的。

魏玉萍的信便涉及了新生活带来的影响。

乡镇企业是振兴农业的重要支柱，也是中国经济最有活力的因素之一。作为乡镇企业干部，魏玉萍的爸爸必然受到新生活的刺激，因此，他不但让漂亮的寡妇当秘书，还提拔她当分厂的厂长，等等，引起了女儿心理的高度紧张。这件事本身就值得深思。

首先，仅从魏玉萍叙述的事实看，她爸爸聘用漂亮的寡妇仍属于正常工作范围的事，那女人未必就是"第三者"。漂亮无罪，寡妇无罪。只要对乡镇企业发展有利，为什么不可以聘用？既聘用当然接触就多，往往会引起人们的误解，这在农村尤为普遍。我们中学生不应囿于世俗偏见，去对父亲搞什么"监视"。这只能自寻烦恼。

其次，生活中的确存在着婚外恋的现象。且不说夫妻不和容易产生婚外恋，纵然夫妻恩爱也不一定完全可以避免，这正是人的情感复杂的方面之一。中学生毕竟缺乏这方面的经验，虽然从极好的愿望出发，想帮助父亲或母亲走出情感的沼泽地，其结果往往事倍功半，或者令人啼笑皆非。况且，就父母的自尊心来说，也最不希望孩子过问大人这种隐私。我们何必自讨无趣呢？

再次，我们应当相信父母，同时也相信社会。假若，父亲或母亲作出了有违道德的行为，子女当然有权利批评，社会也会给予制约的，而社会的制约一般比子女的制约有效得多。因此，我们不必惊慌失措，也不必想去做那根独撑大厦的栋梁。从从容容走自己的路是最要紧的，更何必去寻短见呢？

魏玉萍曾想自杀，在危险关头被一句疑问唤醒了——"死能解决问题吗？"这疑问提得好！一个人自杀固然也需要勇气，但那种勇气往往是一股愚昧之气或盲目之气。因为父母再怎么不对，也并非标志着世界从此失去希望，我们自己干吗自毁自灭呢？

没妈的孩子，同学们都不正眼瞧你，很凄惨的啊！

黑龙江某县15岁的女中学生李萍来信讲述了另外一种情况。她说：

孙老师，我讲一个故事给您听，这可是一个真实的故事啊！

有一个六口之家，两个女孩子，两个男孩子，本该是一个幸福的家吧，事实恰恰相反。

爸爸爱喝酒，酒后耍酒疯，很厉害。这且不说，他的工资从不往家里拿，都花销在饭店里了，因为他与别的女人乱搞一气。回到家里，他还要妻子和孩子们下跪，受他侮辱打骂。结果，这个家被他搅散了，四个孩子失去妈妈……

他最小的女儿6岁便跟着姐姐住校了。本来，学校是不收6岁儿童的，但因为她没有妈妈，学校破例收下了她。从此，小姐妹俩在学校度过了日日难熬、令人心酸的日子。

爸爸还是老样子，自己总进饭店大吃大喝，让孩子啃豆饼，冬没棉衣，夏没夏装。幸亏老师们的关怀，他们才一天天地活了下来。

孙老师，您相信吗？我就是那个最小的女孩，也是天下最苦最苦的女孩！没妈的孩子，同学们都不正眼瞧你，很凄惨的啊！6年中有多少难忘的事，6年后又有多少变化，真是一言难尽……

这么不幸的女孩子，居然在信中为我折叠了一只大雁，并附言说："孙老师，您看这大雁多有趣呀，两边一拉，它还会飞呢！"

我捏住大雁的头和尾轻轻一拉，它的一对长翅膀果然扇动起来，让人生出无尽的遐想。我知道，它象征着李萍的心，一颗渴望幸福渴望飞翔的飞。

我们应当感谢李萍所在学校的老师对她的关怀，但同时也要运用法律来保护其正当权益，这是更重要的帮助。

《未成年人保护法》第二章专门就“家庭保护”作出明确规定：“父母或者其他监护人应当依法履行对未成年人的监护职责和抚养义务，不得虐待、遗弃未成年人；不得歧视女性未成年人……”

关于父母离婚后子女的抚养教育问题，《婚姻法》更是有一系列专门规定，如第三十六条规定：“父母与子女间的关系，不因父母离婚而消除，离婚后，子女无论由父或母抚养，仍是父母双方的子女。”

《婚姻法》第三十七条还规定：“离婚后，一方抚养的子女，另一方应负担必要的生活费和教育费的一部分或全部，负担费用的多少和期限的长短，由双方协议；协议不成时，由人民法院判决。”

李萍才 15 岁，仍属于未成年人，也尚未独立生活，完全在法律保护之内，应当理直气壮地争取自己的合法权益。如果父亲仍不尽其应尽之责，也可以勇敢地向法院起诉，或请共青团、妇联等组织的权益保护部门帮助解决。任何父母离异的未成年人，均享有这种神圣的权利。

当然，法律并不能解决所有的问题。

父母离婚给孩子留下的心灵创伤是不可避免的，也是多方面的。据一些研究资料表明，至少有以下四方面的不利影响：

(1) 在心理发展方面，父母离婚的少年儿童往往表现出较多的不良行为与犯罪行为，他们的攻击性较强，道德发展水平较低，多相信命运、机会，缺乏自信。

(2) 在人际关系方面，父母离婚的少年儿童往往显得孤独、冷漠，并表现出敌对与依赖性的社会行为。在父母离婚两年后，女孩子往往变得较为沮丧，男孩子往往变得不受同学欢迎，也表现出攻击性、反抗性、强迫性行为。一般认为，这是由于父母离婚使他们产生了情绪与行为困扰。

(3) 在生活适应方面，父母离婚的少年儿童显得过于成熟，因而影响了日后的生活适应。另外，少年儿童正处于性别角色发展的关键期，由于父母离婚使其失去了向同性或异性父母认同的机会，这对他们性别角色的发展构成不利影响，很可能会伤害他们未来的婚姻及与异性的关系。

(4) 在学习知识方面，父母离婚造成少年儿童情绪困扰也对其学习产生不利影响，如离婚父母自顾不暇，无法有效督促子女温习功课；家庭环境变化，无法安心学习；同学关系不稳定，受排挤，因而妨碍学习；情绪不稳定，干扰了学习，等等。

不过在我看来，以上分析的不利影响，主要指父母离婚过程的影响，因为离婚过程往往是冷战或热战的过程，争执、吵闹甚至厮打和法庭相见，会给孩子以强烈刺激。一旦离婚，便进入相对平静的时期，也是心灵创伤逐渐愈合的时期。如果主观努力一些，加上改善了客观环境，父母离异的孩子不仅可以避免以上不利影响，而且可能像摘除了肿瘤的病人一样，比原来成长得更健康更有活力。这是我从生活中得出的结论，也是与专家们的分析有所差异的认识。

第五章　师生关系的实质是师生双方的解放

师生关系本应是滋养学生人格健康而和谐发展的一块绿洲，然而，由于教育的某些恶性循环，却使师生关系处于尖锐的冲突状态。

一　师生关系是未成年人最重要的关系之一

天门县一名学生为何服毒自杀？

1986年9月26日，《光明日报》以黑体字《天门县一名学生为何服毒自杀》为标题，刊登了记者对此事件的调查，指出这是片面追求升学率、教师粗暴教育方法的结果。

记者写道：

15岁的李正兵是该县（即湖北省天门县）龙华中学初中二年级学生。

由于该生基础差，学习成绩一直跟不上去，纪律性也不很好。班主任冯德厚老师忽视过细的思想工作，稍不如意，就训斥责骂，罚其站课桌示众，甚至将其赶出教室，这些做法伤害了他的自尊心。

1985年10月12日，在每周一次的班会上，冯德厚老师为了整顿纪律，要求全班80余名学生每人拿张纸，检举几天来表现差的学生。

次日晚自习时，冯老师到班上公布检举结果，并规定：凡是被检举的学生，罚抄语文习题若干道，有几票就抄几遍。结果，全班多数同学被罚，其中以李正兵得票为最多，19票。冯德厚老师说："李正兵，你干脆不要来了，我几时通知你，你就几时来。"

10月14日，李正兵来到学校，但不敢进教室，只在校园里徘徊。9时许，李正兵端了一盅"一六〇五"农药来到教室北窗下，对教室里的同学涂杰说："我手里端的是药水，我敢喝下去。"说完一饮而尽。同学们急忙和老师一起将他送往医院，经抢救无效于次日身死。

事件发生以后，天门县教委对此事件作了处理，给予冯德厚老师行政记过处分，并调离龙华中学。

今年(1986年)3月，湖北省教育委员会也就此事发出通报，通报指出：李正兵服毒一事"所反映的问题，在我省带有普遍性"，"沉重的学习负担压得学生抬不起头来，使学生的思想和健康受到极大的摧残，个别人甚至成了片面追求升学率的牺牲品"。通报要求各教育行政部门和学校，端正办学思想，做好师生的思想政治工作，从李正兵事件中总结教训，防止类似的事故发生。

我想，对于李正兵服毒自杀之事的发生及处理，冯德厚老师可能会感到冤屈不平。

试想，他如果对班里的纪律不管不问，当一个视而不见的好好先生，怎么会有学生自杀呢？他又怎么会受处分和被调离呢？他那么严加管教还不是为学生们好吗？我们可以从这些不平之感中看到，有一只无形的大手在推着他走，神差鬼使，让他同样成为片面追求升学率的牺牲品。

再说李正兵之死，固然是"老师粗暴教育方法的结果"，同时不也表明了他心理承受力低吗?

用心理学的说法,这是一种"蛋壳心态"。所谓"蛋壳心态",是指个性十足、争强好胜,但经不起任何波折和外界干扰的脆弱心理,这在独生子女中是一种比较普遍的现象。冯老师的手段是错误的,你可以从心里蔑视,也可以在行动上反抗,为什么一步退进地狱里去呢?

往深一层想,找出为什么会有冯老师与李正兵这一对矛盾的原因,是更有必要更有价值的。与历史和社会相比,任何个人的责任都是微乎其微的。

尽管,有识之士一再呼吁:"要体现尊重学生自尊心的精神","教师应该多懂一些青少年心理学,以便更好地了解学生",可是,现实生活中类似冯老师的粗暴做法,依然屡屡发生。

我们的班主任老师是个非常专制的人

江西某县高二女生艾春的来信,感慨万分地诉说了与班主任的矛盾。她说:

> 我们的班主任老师是个非常专制的人,因此外号就叫"专制"。
>
> "五四"前夕,学校要发展一批团员,我的同桌杨敏写了申请书,并填了表,我们俩高兴了一个晚上。但是,第二天,哭肿了眼睛的团支书告诉杨敏,班主任意见一栏没通过。我们大为懊恼。我怂恿杨敏找"专制"谈谈,杨敏去了,也是红着眼睛回来。
>
> 原来,团支书已经被骂了个狗血喷头。"专制"说:"无组织无纪律,不把我这个班主任放在眼里。你以为你这大团支书厉害吗?我随时可以撤销你……杨敏来了还会有好果子吃吗?"于是,她入团的事就彻底吹了。
>
> 前天,又发生了一个重大事件。开学时,我们每人交了10

元钱班费，全班共有500多元，准备买电风扇。现在天热了，教室里像个大蒸笼，那难受劲儿就甭提了。于是，大家纷纷催班长买电风扇，谁知，班长竟说没钱了！大家傻了一样。这学期只开过一次晚会，看了两场电影，500多元就没了？我们开了两节课的班会，也搞不清这钱到底怎么花的。因此，有同学投信于"校长信箱"，告了"专制"一状。

"专制"得悉后，大发雷霆，连课也不上了，训斥我们说："这像什么话？竟怀疑到我头上！我对得起大家，没功劳也有苦劳。我就这么可怜？贪污你们这几百块钱……"

他还扬言一定要查出这是谁的杰作，看在同学的面子上，不追究刑事责任，但一定要向他赔礼道歉，否则别想拿到毕业证。教室死了一般的静，没人看他一眼。他又说，过去的事算了，不加追究，希望大家团结，如果僵下去，吃亏的还是我们，教不好课他不负责，等等。

其实，谁稀罕上他的课？有人提议全班联名写信要求换班主任，可大家慑于他的"淫威"，又听说校长对他的"拍马屁"很满意，也就不了了之了。

碰上这种老师真倒霉！孙老师，您说我们该怎么办？不久，我们就面临决定命运的高考了，如果照此下去，后果不堪设想！

真正的教育都是以人为核心的，真正的教育都是以人为本的，没有尊重就没有教育。显然，有些教师是不合格的。按照国家对于教师队伍的管理指示，没有师德的人是没有资格当教师的。

如果说，江西的艾春所述，主要反映了老师的专制，而安徽某县高三男生丁强的来信，则披露了该校语文老师张的野蛮行为。

丁强写道：

孙大哥，您不知道我是怀着怎样的心情在给您写信。

首先我想说明几点：第一，我所叙述的事完全真实，您尽可以调查核实；第二，我的叙述中的人物用的全部是真实姓名；第三，您在调查时，请千万不要出示我的信件和我的姓名；第四，引用时，请不要说出事件中人物的真实姓名（**为了尊重他的要求，有关此信涉及的人物皆用化名——本书作者注**），否则，我会恨您一辈子的，我实在怕啊！请您仔细地看下去，人物语言除实在无法表达外，全部是原话（我恨当时没用录音机录下来）。

1991年4月20日，星期六的上午，第一节英语课。英语老师走进教室，将上节课测验的试卷放在讲台上。

还没来得及说上课，就听见“咣当”一声，教室的前门猛然推开了。一个身材魁梧、戴着一副棕黄色近视眼镜、上着黑西服、脚穿黑皮鞋的人，几个箭步冲到A、B两个男生面前，两只大手一手抓一个学生的衣领拎了起来。

这个人不是别人，正是我们的语文老师——张。只见他怒气冲冲，脸涨得通红，声嘶力竭地怒吼（我的描述并不过分）：“是哪个小杂种刚才喊我名字的？讲！是哪个小狗日的？不是你们？不是你们是谁？老子刚才分明听到有人在喊老子的名字；一抬头，你们站在窗前看着我笑，不是你们是谁？”

说罢，张老师又窜到讲台，当着全班76个人的面大声怒骂：“你们都是狗日的？你们都有大（父亲）有妈!？你们难道不是人日的?！是狗日的?！你们大、妈都不是人啊?！告你讲，老子在楼下分明听到了你们两个小狗日的喊老子名字。怎么啦？老子教坏你了？跟你讲，这件事我跟你们没有完。哪个喊的自动给老子站出来，不然，你们这节课谁也别想上！”

这时，同学们发出了抗议的声音。

张老师凶狠地说："你们还了得？噢，以为我是好惹的、好欺负的……"

英语老师早已经走了。

同学们都从惊愕中醒了过来，纷纷嚷着："这事与我们有什么关系？凭什么不给我们上课？""就是，凭什么？""哎，你听到A、B喊了吗？""没有啊！我在跟前根本没听到，他在三楼下面怎么听到的呢？"……

这时，A、B走出教室到办公室去了。

事后A说，他不想影响别人上课。张也出了教室。

顿时，班里擂桌子、跺脚、吹口哨、哄笑、拍巴掌、叫喊、议论乱作一团，简直比一锅粥还一锅粥。

在办公室里，张老师操起扫帚，用它打B，B没敢言语，B平时相当老实厚道，寡言少语，忍气吞声。要打A可就不同了，A虽然与B都是农村的孩子，但A在初中和高一时是闹事者，有几次打架都有他的份儿，但他从高二起转变过来，曾在校会上被教导主任表扬过。A说："你要是打我，我就还手。"结果，张老师被老师们拉开了。

下课后，A去找校长，校长劝张老师息事宁人，张不答应，非要找出喊他的人不可。

上午第三、四节课是张老师的语文课。他首先来了一场"精彩"的演说式"独白"。

他说：

"语言是一种符号，它代表着一定的含义。作为符号本身是没有感情色彩的。同样，张××三个字也是一个符号，它表示我这个人；既然是符号，人人都是可以喊的，但是作为语言来说，是具有一定的感情色彩的。因此，符号在不同的情况下也具有感情色彩。

"张××三个字代表我这个人，也就代表我的尊严。当他们

(指A、B)喊我名字时,那种'嘲弄'的神情,就使这个符号带上了感情色彩,成为一种侮辱……

"我可以告诉你们,我家姐弟四人,我是老二,脾气最大。我发起火来,他们都得让着我,连父母也得让我三分。

"那有人说了:你是教师嘛,应该忍让,应该讲文明。谁说的?噢,你们是人,教师就不是人了?你们对我们讲文明,我们才对你们讲文明呐。

"我可以告诉你们大家:A、B说不是他俩喊的,那就请他们找出来是谁喊我名字的,找不出来,对不起,你们的毕业成绩语文平时成绩零分!不是说讲'费尔泼赖'(公平)吗?我们就来一次'费尔泼赖'。好了,我本来打算上课的。现在搞得我连课也不想上了,你们把这份卷子做一下。"

A找了他的大哥,被他大哥狠狠训了一顿,他大哥也认为是A喊的。星期日晚上,A的大哥来学校找到了张老师,谈了将近两个小时;10点左右,又将A、B带到张老师家。张仍然坚持:如果A、B不说出谁喊的,他就按照他说的办——毕业成绩语文零分!

请亲爱的读者朋友谅解我如此大篇幅地摘录了以上两封来信。之所以这样做,首先是为了便于剖析师生冲突的症结何在;其次,也觉得这两位中学生敢于冒犯师威吐露真言实属不易,应借此广而告之,让教师们听一听学生们的心声。

从某种意义上讲,对未成年人来说,师生关系是最重要的关系之一。学生的主要任务是学习,而教师是学生学习的导师;因此,师生关系是存在于学校这一社会组织诸多关系中的基本关系。中学生已经意识到师生关系的重要,所以对教师的期望值很高,这也是他们最热门的话题,一旦受挫失意,反弹便格外强烈。

师生关系对人的一生都会产生难忘也难以替代的影响。那么，学生喜欢和讨厌什么样的教师呢？在我的手边恰好有两份资料可以对照一下。

学生喜欢什么样的教师呢？

1988年12月2日《青年参考》载文《理想教师的12种素质》中介绍说：

(1) 友善的态度——“她的课堂有如一个大家庭，我再也不怕上学了。”

(2) 尊重课堂内的每个人——“她不会把你在他人面前像猴子般戏弄。”

(3) 耐性——“她决不会放弃，直至你能做到为止。”

(4) 兴趣广泛——“她带给我们课堂以外的观点，并帮助我们把所学到的知识用于生活。”

(5) 良好的仪表——“她的语调与笑容使你舒畅。”

(6) 公正——“她会给予你应该得到的，没有丝毫偏差。”

(7) 幽默感——“每天她会带来少许欢乐，使课堂不致单调。”

(8) 良好的品行——“我相信她跟其他人一样会发脾气，不过我从未见到过。”

(9) 对个人的关注——“她会帮助我去认识自己，我的进步赖于她使我得到松弛。”

(10) 伸缩性——“当她发现自己有错，她会说出来，并会尝试其他方法。”

(11) 宽容——“她装着不知道我的愚蠢，将来也是这样。”

(12) 有方法——“忽然间，我能顺利念完我的课本，我竟然没有觉察这是因为她的指导。”

学生讨厌什么样的教师呢？

1991 年第 2 期《海外星云》杂志介绍了一项调查，发现被学生讨厌的教师有以下特征：

(1) 经常训人；
(2) 过严；
(3) 情绪不稳定和不好；
(4) 留做不出来的作业；
(5) 不耐心，没有同情心；
(6) 不和学生在一起；
(7) 讨厌学生；
(8) 服装不整齐；
(9) 不笑；
(10) 爱说坏话；
(11) 体罚学生；
(12) 不公平；
(13) 一名学生出事，责备大家；
(14) 偏爱；
(15) 教法不好；
(16) 不易接近。

令人寻味的是，正反两种调查却得出了同样的结论，都把宽容与尊重人列在首位。

由此可见，人格平等是师生关系的第一准则。尤其是对待渴望自立的中学生，没有人格平等做前提，教育是难以奏效的。因为，教育是否有效的根本性标志之一，是教育者能否让受教育者自动地敞开心灵之门；假若受教育者处于对抗状态，心灵之门紧闭，教育者的说教或训斥连废话都不如。

著名教育家苏霍姆林斯基有句名言:“有时宽容引起的道德震动比处罚更强烈。”为什么呢?宽容并非是对错误的否认,而是意味着对人的理解、信任与期望,其效应是唤起犯错误者的自觉,调动起他本身的力量去战胜错误,这不是棋高一招吗?

以上批评的三位教师,虽然情况不尽相似,但有一个共同的致命弱点——不尊重学生,缺乏宽容心。

以安徽那位张老师为例,且不论学生是否直呼其名,那样野蛮地侮辱一个班的学生,本身就是一个不能原谅的错误。与学生讨厌的教师16个特征相对照,简直就像从他身上概括出来的一样!

当然,学生叫老师的名字,在中国是被视为不礼貌的行为,而实际上,这算得了什么了不起的罪过?值得如此大动干戈?张老师的推理是:学生是人,教师也是人;学生讲文明了,教师才能讲文明。这无疑是把教师降到了连学生也不如的水平,是一个荒唐的逻辑。

吕敏在《教育论丛》1991年第3期上深刻地分析此类现象。他指出:

师生关系的实质是师生双方的解放。把教师和学生从传统的强制教育的观念与体制中解放出来。

马克思指出:“任何一种解放都是把人的世界和人的关系还给了自己。”(《马恩全集》第一卷,443页)师生关系的解放,就是把“人的世界和人的关系”还给教师与学生,就是改变师生关系中“目中无人”的局面,用师生间的人格平等,相互热爱尊重与合作,来改革培养人的过程,全面探索人的发展问题。

……

有的教师的教育观依然被传统的陈腐的教育思想禁锢着,还没有冲破教育中权利主义的羁绊,对学生的人格进行无端的“教育侵略”，这只能使学生产生屈辱感和逆反感。学生只有亲其师方信其道，这种做法只能使学生背其师而逆其道……

如今，我们的学生时常会面临着“教育侵略”，怎么办呢？

我想，作为现代的中学生，不应乖乖地被征服，而应学会变被动为主动，拿出主人的胸怀与气魄来。就像艾春和丁强这样，不甘心青春被摧残，奋笔疾书与之抗争，这是值得钦佩的举动之一。同时，还可以学习用法律来维护自己的尊严。

师生关系的改善、民主权利的保证，是师生们共同的责任。虽然，教师是主导的一方，但是学生仍可以起重要的促进作用。其中，维护法律尊严是基本方面之一。

保障未成年人的合法权益，尊重未成年人的人格尊严，适应未成年人身心发展的特点，教育与保护相结合，正是未成年人保护工作的四大原则。

《中华人民共和国未成年人保护法》在“学校保护”一章里规定：

“学校应当关心、爱护学生；对品行有缺点、学习有困难的学生，应当耐心教育、帮助，不得歧视。”“学校应当尊重未成年学生的受教育权利，不得随意开除未成年学生。”

“不得对未成年学生和儿童实施体罚、变相体罚或者其他侮辱人格尊严的行为。”

法律如山非儿戏。据悉，美国的父母和教师不敢作出侮辱未成年人的举动，即使孩子犯了错误，大人也不敢打。大人是怕孩子吗？不，他们怕法律，并且有了较自觉的法律意识。中国的孩子为什么不也学聪明一点呢？也许，借助法律的力量，我们可以较快地走向平等，走向民主。

二　代际冲突也是社会进步的一种推动力

几乎没有一个青春期的孩子不为代际冲突烦恼，而其父母和教师更是为之格外操心甚至于痛心。但是，从客观上说来，代际冲突也是一把双刃剑，它在给我们带来许多矛盾和痛苦的同时，也悄悄地推动了社会的进步。历史证明，代际冲突大的社会是进步大的社会，代际冲突小的社会是进步小的社会。

让我们先来读两封中学生的来信吧。

我们在成长，总会磕磕碰碰，付出一些代价，这怎么会没有烦恼忧愁？我们不可能像动物园里的大猩猩那样无忧无虑地生活。

重庆市高二女生叶兰在信中说：

当我给您写第一封信时，我有一种预感，一定会收到您的回信——我相信我的第六感。果然，收到了您的回信。在这封信里，我想写下我的困惑。

我们的老师总希望把我们琢磨透，但他们总不能如愿以偿。

许多老师总爱这样对我们说："我不仅当你们的老师，也愿当你们的朋友，希望你们能对我说心里话。"这些话开始挺让人感动，可真的交谈起来，老师又板起了那副高高在上的面孔，让我们不由得敬而远之。对于一个思想上根本不想成为我们的朋友的老师，我们如何能对他们说心里话呢？

我们曾遇上一位无话不谈的老师，一起谈生活、谈社会，平等地争论问题，又一起无拘无束地大笑。

可是，当我们谈起烦恼忧愁的时候，这位老师竟说："真不明白你们现在的中学生，整天吃得饱穿得暖，又不操心家务，还有什么烦恼忧愁可言？"

我们一下子愕然了：这就是平时最了解我们的老师说出的话吗？诚然，当代中学生是有一些人沉醉在轻歌曼舞中，是有些人自寻烦恼，但那只是极少的一部分。我们正是风华正茂的季节，不免"书生意气，挥斥方遒"，也不免会用偏激的言论抨击一些社会现象。我们在成长，总会磕磕碰碰，付出一些代价，这怎么会没有烦恼忧愁？我们不可能像动物园里的大猩猩那样无忧无虑地生活。

由于受到港台文学的影响，我们在狂流中站不住脚了。有同学写作文用了"年轻的我"这样的句子，老师说这样的句法是完全错误的，因为形容词不修饰代词。但是，我们不服气，举出一些杂志的句子给他看，如"潇洒的他"、"漂亮的她"，等等。老师更气愤了，说："这些全是错的！现在一些编辑和作者不负社会责任，用一些错误语法，混淆了中学生的概念。你们今后读书要多想一想，多问一问，避免发生这一类错误……"老师说得对吗？我们疑惑不解。

上曹禺的《雷雨》这一课时，老师说不同阶级的人不可能产生真正爱情，我们全班同学都持反对意见。

老师举出《红与黑》中于连的例子，我们则举出《永恒的爱情》为例子，证明真正的爱情可以逾越阶级界限。老师说这只不过是一部电影而已，《红与黑》不也只是一部小说吗？反正争了半天，谁也没说服谁。

……

15岁的胡明明虽然比叶兰小两岁，来信的语气却冲多了，颇有些火辣辣的味道。

我们的早熟远远超过了你们的想象，我们懂得的也远远超过了你们的想象。

胡明明说：

《16岁的花季》是我迄今看到的最好的青春片，可还是不能反映真实的我们。

为什么我们要把“小虎队”作为偶像？为什么我们喜欢流行歌曲？为什么我们喜欢到拥挤的地方打游戏机？为什么要变着法儿气老师和父母？为什么喜欢与众不同？只是因为真的没人理解我们！

16岁绝不是单纯的年龄，我虽然只有15岁，早已感受到了这一点。

我们的早熟远远超过了你们的想象，我们懂得的也远远超过了你们的想象。你们认为是大人的事，我们都在不知不觉中明白了。

该怎么跟您说呢？我真的不认为你们能真正地理解我们。我们最大的问题并不是像《16岁的花季》中所说的早恋、家庭不和，还有寄人篱下。虽然，那里也反映了大人们对我们的不理解，不过实在太少。我们最大的问题是不被大人所接受和承认，还有考试和出路。

我们当中不少人看过的书和录像带，大概比你们大人都多，更不必说音乐磁带了。

我这人也是这样，接触的东西太多太杂。从童话到老子、庄子、历史人物传记、世界名著、科幻小说、侦探小说、武侠小说、军事理论，等等，甚至连菜谱都看得起劲。

我有一阵儿对希特勒崇拜得五体投地。后来又想归隐山林，然后又想做福尔摩斯，真可笑！

也许，正因为没人指点吧，我不断改变着观点。书看得太杂了。我们常常把歪理当真理，我们自己还不知道。我常想，大人们到底比我们大在哪儿？

每个人都要经过青春期，为什么一定要让成年人来理解一些属于我们青春的孤寂？何必！他们的理解真有那么重要？

……

我在跟踪采访当代中学生的过程中，有一个突出的感受：为什么老师们普遍认为如今的中学生难教？很重要的原因是教育出现了畸形局面——对象是复杂的而教育是简单的。

自中国实行改革开放政策以来，随着大众传播媒介广泛地进入中小学生的生活，他们获取的信息量骤增。

一般来说，学校比较注重课本教学，而教师本人除了教学和操持家务，精力所剩无几，去涉猎社会文化信息的时间远不及学生。因此，师生之间发生了交流短路的困难。

广而言之，所有成年人包括笔者在内，若想以圈里人的身份进入中学生领域与其对话，都是相当艰难的，主要是缺乏共同语言。

据中央教育科学研究所等单位在20世纪90年代初进行的一项调查表明，社会文化市场的日益繁荣，已对中学生的课余和校外生活产生极大影响，并向学校教育提出了挑战。

当时，电视、录音、录像、电子游艺、游艺场等新的文化娱乐方式，强烈地吸引着中学生。据调查统计，中学生闲暇时间平日平均为1.81小时，星期天和节假日平均每天3.75小时。中学生接触社会文化生活更加广泛。放学之后，他们常去的地方如下(每人填3项)：

(1) 41.5%去书摊或书店；

(2) 49.4%去同学家；

(3) 29.5%去电影院；

(4) 26.5%去博物馆、图书馆、少年宫等文化场所；

(5) 8%去电子游艺室；

(6) 32.3%无目的逛大街。

由此可以发现,中学生参加文化活动,已由过去的集体为主转向个人或小群体为主;活动地点由以校内为主转向以校外和家庭为主;大众传播媒介成为中学生接受社会文化信息的主要渠道。

有57.4%的教师认为,中学生接触社会文化信息的主要渠道是电视、广播、报刊等大众传播媒介,其余依次是同学、教师和父母。复杂多变的社会信息通过各种渠道直接、快速地传递给中学生。

在多种渠道中,影响最大的是电视。被调查的11 647名城市中学生中,92.2%的家庭有电视机,11.8%的家庭有录像机。中学生看电视的时间,平均每人每天为1.05小时,有83.1%的中学生每天都看电视,22%的中学生每天看电视的时间在2小时以上。电视的内容涉及社会、政治、经济、文化等各个方面,而且直观、形象,对中学生具有更大的影响力和吸引力。许多中学生喜欢的书籍、歌曲,往往是先从电视中得到信息而流传开来。

以上社会文化背景的分析,为我们理解前面两封中学生来信,提供了一把钥匙。

在以往研究少年社会化的时候,专家们一向认为主要依靠学校教育和家庭教育。现实情况恰恰相反,中学生接受社会文化信息的最主要来源,首先是大众传播媒介和同龄人群体,其次才是教师和父母。试想,与信息不灵的人交流,中学生怎么会有浓厚的兴趣呢?

除了信息获得量的悬殊之外,在对这些社会文化的内容评价方面,教师、父母与中学生的认识也往往存在明显的差异。

16岁真好,16岁的一切在几十年后的一个黄昏,独自回忆起来,是美好得能让人流泪的。

上海高一女生鹿鸣的来信，谈了自己对流行音乐的感受，大致可以反映出城市女中学生的心态。

她是给我写了长几页的信之后，才把话题转到流行音乐的。她写道：

嗨！侃了那么一大通，的确很激动。一方面，我为你的真诚所感动——“我伸出了友谊之手，谁来握住我的手？”另一方面，刚听完张国荣告别演唱会的录音，为他那一遍又一遍的《风在起时》所感染。

于是乎，我写下了这些文字，真痛快！

女孩子也不一律是文静，文静的背后藏着一颗洒脱的心、果断的心。

16岁真好，16岁的一切在几十年后的一个黄昏，独自回忆起来，是美好得能让人流泪的。16岁的我敢于说真话，而60岁的我是否还敢于坚持真理呢？未必。

16岁的我可以在深秋的晚上，暂时抛开ABC，披上一件厚厚的牛仔衣，在长满法国梧桐的街上散步，思考一些问题；可以坐在楼梯口痴痴地等待，等待的无非是一种熟悉的感觉罢了；可以蜷缩在床上听各种流行音乐，享受一份静谧的滋味；可以和同学们在踏青的路上大唱《逍遥游》……

是啊，这一个年龄，一切都只属于这一个年龄！

我会和同学们大谈姜育恒的孤独、王杰的凄凉、张国荣的深沉、谭咏麟的浪漫、席慕容的清丽、三毛的独立，也谈足球和政治……谈各种各样我们这个年龄所感兴趣的每一个话题。

不是吗？我们的生活是多彩的，是有青春气息的，而不是一天到晚为感情所困扰，我们有我们的世界。

我们也迷惘，也困惑，面对世界上太多的不公平，太多的不可思议！我们也孤独、也寂寞，否则，姜育恒、王杰、高明骏不会受中学生如此的欢迎！在寂寞的时候，一遍一遍地放姜育恒的《寂寞的缺口》，那知音般的感觉，只有在这种年龄的人才能感受！

但是，我们更多的，是把孤独、寂寞投入繁忙的学习中，尽可能让它冲得淡一些——“把寂寞当做调料”。

在彷徨中，我们奋斗，为青春奋斗。告诉自己：要坚强，女孩子的坚强是可贵的，为了做好一生的准备，16岁的青春必须奋斗。

当港台流行歌曲刚刚在内地中学生中传唱时，就引起了教师们的恐慌，有些教师干脆斥之为“靡靡之音”或“黄色歌曲”，禁止学生演唱。可是，许多反对中学生唱流行歌曲的教师，根本感觉不出什么“姜育恒的孤独、王杰的凄凉、张国荣的深沉、谭咏麟的浪漫……”甚至连这些歌星是何方人士或何种经历也搞不清楚。在一种无知状态下横加指责，中学生怎么可能不与其发生冲突呢？

知识对每个人都是重要的，对于教师来说更为重要，因为知识因素是教师影响力的支柱之一。知识渊博，论证科学，才会有说服力。中学生批判意识不断增强，尤其重视这一点。

我们应当怎样看待流行音乐

在我们的《少年儿童研究》杂志上（1992年第3期），曾发表过一篇访北京师范学院（现改为首都师范大学）音乐系教授姚思源的文章，专门分析流行音乐问题。

姚先生从事音乐教育近半个世纪，并于1990年在第19届世界音乐教育会议上宣读了题为《学校音乐教育应追求审美境界》的论文。他认为，音乐的功能是多方面的，它可以潜移默化地渗透人的一生，对人的情绪、思维方式、情感、价值观都有很深刻的影响。

“流行音乐”、“流行歌曲”和“通俗音乐”、“通俗歌曲”是一回事，在港澳一带叫“时代曲”，简称“POP”。姚先生主张，流行音乐不能作为教育的内容，也就是说，学校教育不能依靠流行音乐。但是，他认为流行歌曲中有好的东西，也有坏的东西，不能一概而论。

流行音乐好的一面在哪里呢？它通俗、易被人接受，歌词贴近生活，表达的是个人生活、理想和内心世界，而且音域比较窄，一般人都可以唱。再一点，它具有很大的娱乐性，人们茶余饭后都可以娱乐，而它适应于不同层次的人，儿童、中学生也可以接受。

中学生为什么特别喜欢流行音乐呢？原因是多方面的。首先，流行音乐本身具有强大的攻势，很容易吸引人。你不找它它找你。其次，流行音乐有很强的宣泄性。现在的中学生负荷太重，活得太紧张，他们渴望通过流行音乐释放一下自己的内心压力，这种宣泄的需要是很自然的。第三，中国内地过去的音乐太单调，抒情歌曲被斥为“软歌”而被封锁。改革后，新的音乐形式走进了我们的生活，人们有些饥不择食。第四，外来的冲击，尤其是港台一些歌曲，像一阵强大的旋风，不仅在成人中形成很大的冲击波，也冲进学校的高墙，对中学生们产生了深刻的影响。

关于流行音乐存在的问题，姚先生也有独到的分析。

音乐的作用并不是立竿见影的，它是逐渐渗透和扩散到人的思想、意识中的。歌词好理解，我们可以看出它本身内容的好评。而一些轻音乐、小夜曲、奏鸣曲则偏重“非具象性”，它是通过音乐语言本身来表达情感的。流行音乐往往曲调缠绵、疯狂、压抑，表现了人的无助、哀怨，甚至绝望。这种颓废情绪对中学生和小学生的心灵会有所损伤的。

另外，音乐本身最注重情感。现在的流行音乐讲“宣泄”。

可是，音乐并不是简单的宣泄和身体上的乐感，不能简单地追求感官刺激。那种疯狂的感情上的歇斯底里并不是美，对中学生身心影响也不好。

比如，澳大利亚有个 Kiss(接吻)乐团，每次演出破坏性都很强，以至于警察出动。中小学生因此受到影响，在身上画满了 Kiss 乐团的油彩，大呼小叫。这种举动不但没有审美价值，而且超出娱乐范畴。更有甚者，有些团体与吸毒、同性恋联系在一起，这些对中小学生的影响就更可怕。

总之，问题的关键是我们学校正常的音乐教育没有搞好。据杭州教育科学研究所调查，只有 20%的孩子认为他们是从学校、老师那里得到音乐教育，而 80%的孩子则认为是从传播媒介中听音乐、受教育。

1992 年 2 月号《少年文艺》(上海)发表了一位中学教师写的报告文学，题为《中学生流行缠绵曲》，立即引起了中学生们的争议。该刊 6 月号上的"读者·作者·编者"专栏，刊发了三封读者来信，其中两封长信都是持反对意见的。

为什么父辈唱就是高雅的享受，我们唱就是"低级庸俗"呢？

湖北武汉市武钢三中高三学生陆文雅说：

看了《中学生流行缠绵曲》心里实在不敢苟同。作者举的例子虽多，也只是茫茫大海中的几滴水珠罢了，不能单凭几个小例子就否定了流行歌曲。

你真正了解流行歌曲的排行动态吗？《真的爱你——献给母亲的歌》、《大地——献给父亲的歌》、《朋友》、《跨越彩虹》、《战胜心魔》、《逝去的日子》、《生日快乐歌》……如此这般，还有许多，难道这些宣传父母之爱、朋友之情，宣传亚运会的歌，都是"无病呻吟"吗？

说到“情呀爱呀”什么的，我们父辈所珍爱的《红梅花儿开》、《深深的海洋》、《莫斯科郊外的晚上》……有几首不是抒情缠绵格调的？为什么他们唱就是高雅的享受，我们唱就是“低级庸俗”呢？

《黄河大合唱》、《长征组歌》，《祖国颂》确实好听，我们中学生对于美好的东西也是向往和追求的。但时代在前进，生长在改革开放年代的我们，已不满足于唱过去的这些老歌了。

流行歌曲里有糟粕，这点我不否认。但中学生并不是没有分辨能力的，糟粕我们定会除去。任何事物都不可能洁白无瑕，为什么独独苛求流行歌曲呢？

应当说，陆文雅的评论道出了喜欢流行歌曲的中学生们的典型心态，其中也包含某些叛逆性情绪，这是完全可以理解的。因此，与他们分析流行音乐的利弊，最好采取讨论的方法、说理的方法，而不宜武断行事。只有平等、客观，得出正确的结论，才能令人信服。

三　侵犯隐私就是侵犯人格尊严

老师却当众看我的日记，还不时用眼瞥我，我觉得像被剥光衣服一样耻辱！

山东某县初二女生孟玮来信说：

大概是我从不在乎与男生说笑，从不把那条“男女生之间不要太随便”的班规放在心上，老师总担心我会出什么问题。只要我周围有男生，过不了几天，老师总找我谈话，要我注意影响。

说真的，老师有时说的话简直让人不能容忍。听她那意思，好像我是妖怪，是飞女，好像我就要和拖手仔“拍拖了”。我真不明白，跟男生说几句话，开个玩笑，就那么严重。倒是这期间发生的另一件事，在我的心中划下一道深深的伤痕！

那一天的自习课上，我正在整理书本，冷不防被身后一个同学抢走了日记本。我急忙向他要，正巧被老师发现，她走过来要了我的日记本。

我以为老师会给我，可她却看了起来。我马上站起来说："老师，那是我的日记，你不能看。"可老师却不理睬我，一转身又看了起来。老师每翻动一页，我的心就像被刀刮了一下。

日记是个人的秘密，不经本人许可，别人无权翻阅。可是，老师却当众看我的日记，还不时用眼瞥我，我觉得像被剥光衣服一样耻辱！

过了一会儿，老师合上了日记，我想这回总该还我了吧？可她竟拿走了。

老师一走出教室，我真想大哭一场，可同学们都注视我，我只得咽下泪水，强装出微笑和他们说话。

放学回家后，我马上给老师写了一封抗议书。

第二天，老师倒主动找我了，要我到她家去。我心中有气，路上故意磨磨蹭蹭。也不知为什么，我狠狠地用拳头擂墙，默默地看着鲜血慢慢地冒出来流到地上，竟觉不出疼痛，只用手绢胡乱包了一下，就去听候审判了。

以前，虽然我曾抡起凳子与男生打架，但在老师的眼里，我起码还算一个好学生，因为我的学习成绩名列前茅。她还没看到我的另一面，粗野无羁的叛逆者；她也没有见到我那么多违犯班规的"罪状"。

总之，我有许多出格的事儿都暴露在日记里，让老师连锅儿端了！

说起老师"教育"我时的那副模样，真好像明天我就得进拘留所！

从那天起，一向快乐的我沉默了，心也冷了许多，从来不会恨别人的我，心中开始仇恨一个人。

中学生给我的信中，谈老师强行收看日记的事不少。

湖北一位高一男生刘军说："我们的班主任太可怕。他逼我们写周记，写心里话，然后交给他，供他大发感慨。我们只好编些谎话来骗他。我们活得太累了！"

四川一位初二女生秦柳青更惨，她的日记不但被老师看了，而且被老师向父母通报，从此，日记本被父亲锁进了箱子。秦柳青哀叹道："我的心变得好碎好碎。"

其实，尽管中学生对老师看自己日记如何不能容忍，但老师此举多出于善良之心，出于一种责任感，这一点，中学生本人也是承认的，但他们却在感情上无法接受，心理上坚决排斥。从良好的动机出发，得到极坏的结果，不少老师常常扮演这种尴尬的角色。

出于自我保护的本能，每个人都需要享有隐私权。隐私是公民不愿告诉别人的或不愿公开的个人私生活，而隐私权则是公民依法享有的不受他人干涉的权利或自己的私生活不受他人侵犯，他人不得非法公开的权利。

我国法律虽然对隐私权规定得不够具体，但在宪法中规定了"中华人民共和国公民的人格尊严不受侵犯"，我国民法通则也规定了"公民的人格尊严受法律保护"。在未成年人保护法第四章"社会保护"中，专门规定了一条："任何组织和个人不得披露未成年人的个人隐私。"

日记当然属于个人隐私的范畴。为什么当老师公然翻阅学生日记时，学生有一种被剥光衣服的感觉呢？就是隐私权被剥夺引起的心理失衡，人格尊严受到侵犯所致。因此，法律保护公民的人格尊严不受侵犯，就包含着保护个人隐私权不受他人侵犯的含义在内，说明公民的个人隐私是不准别人非法公开的。

中学生的隐秘世界自然是应当受关注的。

实际上，就中学生而言，个人隐私一般并无重大的利害矛盾在内。如他们视为超级秘密的日记，在成人眼里往往根本算不上秘密，看了又怕什么呢？

然而，所有强行看或偷偷看中学生日记的成人，又毫不例外地遭到他们的激烈抨击。这是为什么呢？首先，有是否尊重个人隐私的问题，即对人的尊重问题。在此问题上中学生远比成年人更敏感更容易冲动，因为他们的隐私范围是极有限的，自然是寸土必争。其次，有心理承受力的差异问题，即与成人的差异。成人毫不在意的事，在中学生眼里可能是惊心动魄的事，也许是第一次经历的缘故，他们要悄悄地记录下来，反复地思考着，这其实是一个自我心理适应的过程。等他们长大了，也会回眸一笑：哦，当初真可笑！

心中有秘密的人，往往活得不会轻松。因此，中学生虽然想掩饰自己的秘密，同时又想找知心人诉说自己的秘密，以减轻内心的负荷。许多中学生肯把几年来的日记寄给我，或交与同龄朋友看，便是一个证明。

但是，一般情况下，中学生不愿意让老师和父母看自己的日记，因为教师和父母处于管理者的角色，正是孩子们最提防的角色。既然如此，教师和父母不宜采取强制行动为好，否则便会加倍地增加教育难度，造成两代人之间的三尺寒冰。

让中学生无法容忍的事情，除了日记被看之外，还有老师对学生的非法搜查。

在学生和老师之间有许多矛盾，最让人气愤的是人身自由被侵犯。

湖南某市男中学生史运良来信说：

如果说校外是个大社会，那么校内就是个小社会了。在学生和老师之间有许多矛盾，最让人气愤的是人身自由被侵犯。

我们中学大部分学生住校，宿舍里有时发生丢东西的事。

一天，班主任毛老师把我和另一位同学叫到宿舍里，那气氛如临大敌。毛老师命令我们打开箱子，说是看看别人丢的东西是否和我们有关。

我没做声，另一位男生却被老师态度所激，拒不开箱，并跟他激烈地争吵起来，说老师是非法搜查，没有搜查证就不开箱。

毛老师是铁腕人物，学生怎么说得过他？他最后通牒式地问：“到底是开还是不开？”后果我们都是明白的，只好屈辱地服从了。其实，那位男生和我一样，箱子里没什么东西，更没有别人丢的东西。

这件事在同学们中引起翻天的影响。

在极大的愤怒之下，我和那位同命运的男生都把此事经过写了出来，准备寄给《湖南日报》和教育局。本校是文明单位，出了这样的事，教育局岂能坐视不管？

可是，校领导告诫了同学们，劝大家千万别往外写信，这文明单位的牌子若砸了如何如何麻烦，等等。结果，这件事不了了之，可惜那封许多男同学都签了名的揭发信，也不知落到哪儿了，但这件事在我们的心中是永远难忘的……

类似的信还有好多，其细节惊人的相似，反映了某些教师相同的弱点——法律意识淡薄。

记得报纸上曾发过一条消息，东北某工厂一位认真负责的副厂长，因指使人对职工非法搜查，被职工们起诉上了法庭，受到了法律的惩处。教师们也应从中吸取教训。

我国宪法第三十七条规定：“中华人民共和国公民的人身自由不受侵犯。”第三十九条还规定了“禁止非法搜查”。这些都是为了保护公民的人格尊严。从某种角度上说，这些法律规定本身已具有丰富的教育因素：人只有受到尊重的时候，才会真正受到教育。

四　失去公平也就失去了信任

在我收到的来信中，抱怨教师不公平的呼声十分强烈，说明这是学生最敏感的问题之一。

有些老师的那张脸那张嘴对同学也很有分寸：对优等生一张嘴便是花，完美无缺，而对差生一张嘴就是无能废物。

安徽某市初三男生田力在信中说：

我是一个农村孩子，进到城里的中学念书。我发现，老师对同学是分等级的。当然，对好学生多照顾一些是可以理解的，这在哪个学校都一样。可是，差生的日子在班里也太难过了！

平时，排座位按分，评“三好”按分，参加什么活动也按分。就连老师的那张脸那张嘴对同学也很有分寸：对优等生一张嘴便是花，完美无缺，而对差生一张嘴就是无能废物。好端端的同学被折磨得成天抬不起头，活着总也没劲。

由于这个原因，同学关系也很难处。班里的同学们化分成阶级：优等生、中等生、差等生。三个阶级之间平日素不往来，互相似乎也不认识。偶尔井水犯了河水，便是矛盾——“阶级矛盾”。

孙叔叔，请您告诉我，如今的老师和同学到底怎么啦？

在中学生看来，老师的不公平有多种形式，有的以成绩区分学生，有的以容貌区分学生，有的以性别区分学生，有的以地位区分学生，等等。田力无疑是被按成绩分的，或许还有城乡差别的因素在内。

我恨上帝为什么对我如此不公平，把女孩子的所有缺点都集中在我的身上！

自认为相貌丑陋的女中学生刘慧萍，是浙江农村人。她在来信中诉说道：

我从小学开始爱上了写作。上初中后，每次老师布置作文，我都努力写好，盼望老师能发现我，给我一个好评语，但是一直没有。

到了初二，我们的语文老师调了，新来的老师让我们每人写篇记叙文，并说全年级要评比。结果，我的作文幸运地排在前5名。

我不知道自己在前5名中排第几，老师没告诉我，我也不敢去问。在我们这里，一个学习成绩不那么好的学生，刚有点儿进步就去问老师，会遭到同学们的讽刺和嘲笑的。但不管怎么说，进入了前5名总是让人高兴的。

也许，老师给我排评比成绩时，不知道我是个丑女孩，笨头笨脑的。过了一段时间他知道了，再有什么参加市区作文竞赛的机会，也不让我去了，而那些前5名之后的同学倒去了。

这件事，我敢怒不敢言：谁叫自己相貌生得这么丑？谁叫自己的父母没有地位，只是贫苦的农民？我恨上帝为什么对我如此不公平，把女孩子的所有缺点都集中在我的身上！

孙老师，像我这样的学生在农村是很多很多的。在别人眼里，我们极平常极平常，可我们内心非常复杂，又有太多的幻想和太多的敏感。我们做任何一件事，都梦想着成功后让人钦佩，让人改变对自己的看法。然而，我还从来没成功过。

没有朋友安慰，更得不到老师关怀，我这个丑女孩太孤独、太可怜了！

……

刘慧萍的自卑感太强了，这可能是她走向成功的最大障碍。在此之前她来过一封信，只说自己悲观之极，并未说明原因。我给她去了一封信，鼓励她勇敢地面对人生，冷静地分析自己的处境，她才回了这样一封信。尽管她说的事在一般人眼里算不了什么，她却“心里好矛盾好矛盾”，“差点儿又没勇气说出来”。

就刘慧萍来说，也许是过于敏感和多疑了。老师没让她去市区参赛的原因，一定就是因为她长得丑吗？不一定。她的成绩不稳定，偶尔进了前5名固然可喜，但从此成为参加市区比赛的条件，恐怕也难以确立。为什么不可以挑选别人呢？敏感有时是自卑的表现，而自卑往往使敏感发生错误的判断，因为心理因素使其判断倾斜，难以得出客观的结论。

当然，在现实生活中，相貌丑的女孩容易被人冷落，这也是无可否认的事实。爱美厌丑是人的自然心理趋向。但是，在对待学生的时候，老师则极需要调整这一趋向，爱护每一个学生，使孩子们心理平衡。有时候，老师在无意中流露出来的偏向，会像锋利的刀子一样刺伤学生的心。

相貌丑的人尤其要自信。容貌虽无法选择，气质却可以逐渐养成，而气质比容貌更有魅力，更具有深刻的意义。以人的交往而论，越往深处发展，越会发现气质的价值，而越不在意容貌丑俊。

我同班主任并未发生那类“事情”，但我对那个老师的评价却越来越低，甚至觉得讨厌，处处躲着他。

其实，被老师偏爱的学生内心也未必安宁。河北某县高一女生叶红梅的经历正是如此。

她说：

我是一个多愁善感的女孩，许多事情憋在心里不对人说，独自默默叹息。

上初三时，班主任是一位刚调来的男教师，30多岁，身材高大魁梧，给人的印象很严厉。同学们都挺怕他。

可能是由于初一、初二是优秀班干部的原因吧，初三我仍然当班长，与班主任接触的机会就多一些。班主任对我也特别关心。

有一段时间，我的数学成绩下降很快，内心烦躁不安，精神不振。班主任找我谈话谈到晚上11点半。作为我来说，当然非常感激老师的关怀，但父母却一遍遍教训我，说我是个女孩，要注意……原因是那次谈话是在班主任家里，而他的妻子并不在。

令我烦恼的是，班主任上课时老是有意无意地看我，使我很不自在。开始，我仍认为这是老师对我的关心，尽量装出若无其事的样子。但是，我的眼睛却从不敢与他对视，每次听他的课，总感到一双眼睛在我脸上捕捉什么。于是爸爸妈妈的话让我担心和害怕起来。

特别是后来，有点芝麻大的小事，班主任也把我找去问这说那，还想给我开小灶。每次收的卷子很多，他总先挑出我的批改。为此，同学们嫉妒地攻击我："老师净偏向你！"我心里很难受，也很矛盾。

直到初中毕业，同班的好朋友才告诉我，说他们一直为我担心，但又怕影响我的情绪才没实说。

我同班主任并未发生那类"事情"，但我对那个老师的评价却越来越低，甚至觉得讨厌，处处躲着他。升入高中后再回母校，我都从未正面看过他，因为我心里很乱很乱。和我一同回去的同学个个兴高采烈，可我却沉默和不自然。临别时，才低头对班主任说一句："老师，我们走了。"然后，匆匆地离开了。

如今，这段记忆还在我的内心深处，沉思时老是想起，还是那种说不出的复杂情感，搅得我内心不宁，学习成绩由第3名下降到第18名……

我相信叶红梅讲的是真实的经历，也是真实的感觉。与她相类似的情况，其他女中学生的来信也谈起过，有的程度比她还严重一些。

我想，学生总习惯于神化老师的形象，一旦碰上意外情况，就产生种种困惑不解。其实，老师也是人，也有七情六欲，并不会因职业的神圣而改变多少。

从叶红梅说的情况看，那位男老师对她的确偏爱，甚至萌动着一种超越师生关系的情感。但男老师的心里也会是矛盾的：一方面，他在放纵自己，屡屡作出偏爱的举动；另一方面，他也在克制自己，毕竟受过相当的教育，毕竟有师德的影响，等等，因此，并没有完全失去理智。

到了初中阶段，几乎所有的学生都出现了叫做副性征的新的男女差别。由于性腺的不断发育，性激素的分泌也多了起来。这样，他们更强烈地自我意识到了男女的差别。

由此，在与年轻的异性老师的交往中，他们会变得格外敏感一些。作为中学生来说，应当对老师做到爱慕而不失礼，感激而不放纵，尤其不宜与异性老师建立秘密关系。

一般来说，不宜单独到异性老师宿舍里去长谈。譬如，那位男教师在妻子不在的情况下，把初三女生找回家谈到深夜11点半，显然是不妥当的，难怪学生父母不放心。说透一点，在那种时空条件下，更容易酿成危机，而这危机常常是少男少女所意想不到的，更谈不上什么经验。

叶红梅所以至今内心不宁，也许是对那段经历尚未认识清楚，所谓模糊是指她无从界定那份情感，也无法驾驭那份情感，因而心中像塞了一团棉花。

其实，她应该庆幸，庆幸避开了可能发生的麻烦，庆幸自己增长一点经验，庆幸自己开始了新的生活。具体到对那位男教师的态度，该感激的自然要感激，不该发展的关系不能发展，以磊落大方代替沉默拘束为好。

前面三封中学生来信集中反映了教师不公平待人的问题，我们可以清楚地看到，这些问题已经极大损害了教师的形象。

学生讨厌什么样的教师

在所有的优秀教师标准当中，几乎都有公正这一条，而在学生讨厌的教师特征中，毫无例外全有偏爱这一条。1987 年第 9 期《辽宁教育》刊登一篇文章，指出影响师生感情沟通的 10 个因素：

(1) 跟学生接触少；

(2) 对学生缺少热情；

(3) 做事不认真；

(4) 缺乏兴趣爱好；

(5) 偏爱；

(6) 不善将心比心；

(7) 讲话不注意，挫伤学生的自尊心；

(8) 不能宽宏大量；

(9) 对学生关心体贴不够；

(10) 为人不实在。

偏爱名列第五位。若细细推敲一下，第(1)、(2)、(9)条均与偏爱有关。因为偏爱者往往有如下特征：跟少数人接触多，跟多数人接触少；对个别人过度热情，对多数人缺少热情；对个别人关怀备至,对多数人并不关心。

优秀的教师具有权威性,他们对事物的评价如准则一样,对学生有深刻的影响力。这样的老师即使批评学生,学生也会心悦诚服,依然敬重老师。这种权威性来自何处呢?首先来自科学性,其次便来自公正性。

有公正才有希望,有公正才有是非,有公正才有人心,有公正才有正气。难怪乎,连封建时代为了笼络人心,还宣扬“王子犯法与庶民同罪”,就是发现了不公平不能平天下的规律。

偏爱和公正恰恰相反。偏爱无希望,偏爱无是非,偏爱无人心,偏爱无正气。在一个人身上失去原则,在众人面前就失去了说服力,也就失去了权威。其结果,必定引起学生与学生之间、学生与老师之间的矛盾,而这些矛盾的裂痕越大,离心力越强。

从另一个角度讲,老师出于爱或其他原因才偏爱某一学生,一般是可以理解和原谅的,但过分偏爱必定酿成苦果,甚至连被偏爱者都会忍无可忍。河北女中学生叶红梅的经历便是一个很好的说明。

中学时代是渴望自立的时代,而自立的含义是靠自己的真才实学自立,靠在公平竞争中获胜才能让社会承认和接纳。如果靠老师特殊关照,即使获胜又有什么光彩的?

得不到同龄人的承认,对中学生来说是最痛苦的。因为他们的命运毕竟是连在一起的。从这个意义上讲,偏爱和不公正实乃害人之举,当力戒之。

五　从坏处想人是代际沟通障碍的一块顽石

从坏处想人的思路是制造冤案之路。写下冤案这两个字,我的心里沉甸甸的。

中学生——诗的年龄，怎么会有冤案？师生关系纵然有些紧张，能制造出什么冤案呢？

可是，手里这几封放不下的来信，又让我无法避开这两个字，因为那是中学生的血泪与呐喊！

请读者忍住性子，先读完两封来信。

江苏某县初三女生何玉翠在信中说：

在您收到的中学生来信中，我这封信一定是最不显眼的；从字迹到文笔和内容，这封信一定是最平淡的。可是，您无论如何得读下去，千万要读完！

初二时，我们班换了位刚毕业的女老师当班主任。她年轻、自信，写一手好字，颇有才华。直到现在，我也不否认她对工作很负责。可有一天，我忽然发现她是最让我无可容忍的一个老师！

早自习秩序乱，班主任让班干部轮流值日监督，发现谁不遵守纪律，就让其大名载入“值日史册”。

班长值日那天，由于我向同学询问一个单词，他就把我的名字记了下来，我知道后很恼火，说：“他可真‘负责’，迟早有一天会后悔的！”

本来，我是说等我值日那天，也要抓他的“小辫子”，这完全是一句气话。谁知，这句话惹下大麻烦，并从这件事改变了我整个人。

第二天我走进教室，班里像炸开锅一样热闹。我一问，同学们乐呵呵地说：“大班长的书包昨天没带回家，今早一看，书包带子被人割断了。”由于班长平时爱打小报告，同学们对此都幸灾乐祸。

“何玉翠，跟我到办公室一趟！”我的背后传来班主任的声音。班里一下子静了下来，所有的目光都投在我身上。我一进办公室，班主任就问：“班长的书包带子怎么回事？”她声音很重，脸上没有一丝表情，冷得让我心寒。我回答：“我怎么晓得？”俗话说：没做亏心事，不怕鬼叫门。我心里很平静。

“不问你问谁？不是你还有谁？你昨天放学后是否留下来打扫卫生了？你昨天是否说过‘要让他后悔’？你是否被记名了……”班主任劈头盖脸的一连串问话怔住了我。

我大声说：“你……我，我没干！”这时，办公室里的老师们都围了过来。班主任依然目不转睛地盯着我，问：“那么，你真能说明自己没问题？”“我没有一点点问题！”听我大声嚷着，她又问：“真的没有？”

最大的痛苦和委屈，莫过于被人冤枉和诬蔑，而眼下冤枉我的，却是我平时尊敬的老师。

我激动地大叫起来：“没有！就是没有！我已经说过了，不想再重复！老师，你凭什么诬蔑我？就凭我说过的一句话？就凭你的猜度？还是凭你的自信和自负？”不知什么时候，泪水已沾湿了我的脸颊，我的唇已被咬出了血。

班主任也失去了往日的矜持，说：“你住口！你还不知道你做的事有多愚蠢！你的报复手段令人多么无可容忍！我看你应好好检查一下自己了！”说罢，她“嚯”地站起身，走出了办公室。其他老师也上课去了，只留下我一个人呆呆地站在那里。

检查吗？我不需要检查！我的心里坦坦荡荡的，我没有错，我不甘心背上这个“莫须有”的罪名！

可是，有谁相信我？我站了三节课后回到了教室，同学们竟用异样的眼光看着我。当我走在校园里，背后总有人对我指指点点。

从此，我失去了往日的天真和活泼，变得阴郁和沉闷。我是班里的文娱委员，也是学校的文艺积极分子，可我再也不热心那些事了，我的心里结了冰……

青春期像变化莫测的夏天一样，一会儿是晴空万里，一会儿是狂风暴雨。

一年之前，东北某县女中学生荷洁与我建立了通信联系。她是校刊的主编，春风得意，雄心勃勃。谁想一年后，她又来信时，已是满纸辛酸泪，行行坏消息。

我知道自己长得很漂亮，这是个错误吗？许多男孩子给我写所谓的“情书”，这是我的责任吗？

荷洁的父母是当年响应毛主席号召下乡的知识青年，也同样宠爱自己的孩子，使女儿几乎一帆风顺。荷洁，名字雅气，人也漂亮，又是尖子学生，几乎要达到幸运的顶峰，却骤然被击了个七零八落：校刊停了，她恨得发疯；“情书”多了，惹来一身麻烦；成绩下降，压力成倍增加；最难忍的是班主任老师那张嘴……

她写道：

我知道自己长得很漂亮，这是个错误吗？许多男孩子给我写所谓的“情书”，这是我的责任吗？

我懂得如何处理，与他们真诚地交谈，不超越同学的界线。可是住宿——糟就糟在这里，高中的和社会上的男孩子常常来找我，在校外堵我，我已经应付不了了，因为他们固执得很，不像本班男生那么容易说服。

我检查自己，平时没有疯疯癫癫，没有刻意打扮，而是尽量遮掩，为什么惹来这么多人？宿舍纪律一点不严，寝务老师不守职，外边的人可以随便来打扰我，我只有到处躲。这样，我的学习成绩慢慢落了下来。

幸福的是初二的班主任是个“理解式”的老师，把我领回家住。可这是长久之计吗？

过了些日子，我谢绝了老师的保护，又回校住宿了。

偶然，小说一样的奇遇，我结识了六个朋友：三个男孩和三个女孩。各自不同的经历和学历，使我们成了好朋友。真诚纯洁的友情唤回了我掩埋的童心，我们一起野餐、爬山、钓鱼……我快乐地忘了一切。

这段友谊是我生命之歌中最动听最难忘的一个小插曲。我们的友谊让别人怀疑和嫉妒，但我们什么都不在乎。为了证明友谊是清白的，我们七个人形影不离。

是的，这也有错，我的学习成绩直线下降，老师开始警告我了。但是，暑假中我仍与那六位朋友通信。

升入初三后，换了校长的夫人当班主任，我的一生也由此改变。她竟在班上公然说我“年纪小却懂得勾引人”，“苍蝇不叮无缝的蛋”，“出了事才甘心哪”……我差点儿晕倒。我不相信这肮脏的话能出自一个年年被评为省优秀教师的人之口！

事情并没结束。校长三天两头把我和其他三个女孩弄到教导处写检查(后来才知道，又是为他的夫人评省优秀教师收集材料)。他们几个人围着我们像对犯人一样厉声斥问，可我们能写什么呢？他们逼我们到深夜。

最可耻的是，校长和夫人居然说，只要我们承认是让社会青年——另外三个男孩子勾引的，就不再加罪我们。有个女孩为了保全自己就照此说了，他们胜利了，“罪证”到手了。

我惊呆了，我不能诬陷那3个男孩子！我们之间只有友谊，根本不存在“勾引”。我彻底绝望了。人间还有“真诚”吗？我们清清白白却被扣上罪名！我不服，可我又能怎样？

我流着泪写下了一份遗书，悄悄地走了。

是的，我才16岁，生命刚刚开始，我不想如此轻生，可这世界已难容我存在。明知很愚昧无知，明知自己还留恋人间，也只有此路可走了。

也许是我死的勇气不足，也许爸爸妈妈发现遗书及时，他们千方百计把我找回了家。我累了，倦了，就此休学。

第二年春天，才进入另一所中学。新的班主任不听一切谣言毅然收下了我，我当然要拼命地学习和施展才能。

我每天向学校的“校园之声”投稿，主持这项工作的老师发现了我。她是朋友式的老师，听我讲了过去的经历，并不在意。我们重新办起了校刊，我仍任主编，自编自写自画，影响越来越大，由免费发行变为订阅后仍供不应求。生命再一次显出迷人的光彩，我又找回了自己。

谁知，半年之后，世道又变了，天昏地暗。原来那所中学的校长调来此校，他在全体老师会上点我的名说：“A中不要的学生你们当宝贝，把B中搞得乌烟瘴气！”（这是班主任告诉我的）不久，班主任换了，校刊停了，我的主编也没了，我再度陷入苦海之中……

青春期是人的第二次诞生期，这是人生中很关键而又很脆弱的时期，自然也是各种矛盾乃至精神病的高发期。

正如日本著名心理学家依田新教授所说：“青年意识到自我，珍视自我，想拼命地保护自我。此外，感受性敏锐，对于评价和承认的要求很强。因此，足以压抑自己的自主行为或伤害自尊心的事，对青年来说是难以忍受的，不少人由此产生出愤怒的情绪反应。自我被不安所笼罩，就产生恐惧的情绪。”这一分析恰好说明了青春期心理的一个重要特征，也对上面两封来信的心理背景作出了客观揭示。

为什么中学生对于别人的评价和承认格外注意呢？随着自

我意识的强化，中学生开始重新审视自己和周围的人，试探着走向未来的道路，并不时地检验自己的种种能力，而这一切的综合体现是重新塑造自己的形象。

中学生的这种良苦用心，甚至在衣着和谈吐上也能充分地体现出来。譬如，某个中学生当众摔了一跤，尤其是在异性面前露出了狼狈相，会使他内心十分难过，因为这破坏了自己的形象。

由此小事可以推想，当何玉翠被老师指责为“报复”和“愚蠢”，当荷洁被老师指责为“勾引人”，她们怎么能不愤怒呢？这些指责犹如重炮一样，足以摧垮任何人的形象，让他们在社会上无法做人，更不要说单薄的中学生了。

她们坚信自己是无辜的，却被深深地伤害着，被逼到了绝路上，岂能不全力抗争？如此一来，师生关系便成了敌对关系，教育没播种爱反倒播种了仇与恨，这不能不说是教育者的失败。

先以荷洁为例。由于漂亮等原因，经常受到男孩子们的打扰，她已经困难重重，渴望有人来帮她排除干扰。此时，校长夫人接任班主任，又关心荷洁的处境，这本是一个极好的契机。可为什么一触即崩了呢？关键在于校长夫人从坏处想荷洁，认定是她“勾引人”，这怎么能谈得拢呢？离开了信任这个基础，人与人永远无法相互理解。

读两个中学生的来信，我有一个最痛切的感受：当中学生引出麻烦的时候，教师最重要的不是训斥，而是首先给学生说话的权利！

即使在执行法律的庄严时刻，当事人也享有申辩的权利。中国的民事诉讼特有的原则中，就有保障当事人平等地行使诉讼权利的原则；辩论原则；支持受害人起诉的原则，等等。双方当事人就诉讼中争议的问题，有权进行辩论，这既是当事人的一项诉讼权利，也是人民法院审理民事案件必须遵循的准则。

事实也充分表明，只有让人讲话，才会避免造成冤案。犯了罪的人尚且有说话的权利，犯了错误或被冤枉了的学生为什么没有说话的权利呢？不许人讲话，却强行定罪，这不是黑暗的专制行为吗？

批评是必要的，尤其对那些一帆风顺的学生，适当的批评好似维生素于人的健康一样必要，但批评需要艺术。

首先，批评要以尊重事实为前提，切忌未经调查就下结论。何玉翠的班主任失误即出于此。她的推理是：何被班长记了名字怀恨在心，扬言要让班长后悔，恰好值日时发现班长的书包，便动手割断了书包带子……这完全是依据平常经验判断的，照此定论极容易冤枉人。班长得罪人多，为什么不可能是他人所为呢？

因此，批评必须走出盲目自信的误区，先调查后下结论，准确、适度地进行批评。

其次，批评要以对人的关心和爱护为基础，以爱为中心，以情感人，以理服人。

前面两位老师的批评，一开口便陷入了被动，因为她们的态度是质问式的或训斥式的，一下子使双方处于尖锐对立的状态，这是不明智的。

可以说，批评的第一目标，是解除受批评者的心理防御，即打开可接受教育的大门，而达此目标除了爱心之外，别无良策。

再次，批评要以唤起人的觉醒与信心为目的。对人来说，成功是希望，失败也是希望，因为失败暴露了成功的障碍，一旦排除，希望即在眼前。

从这个意义上说，批评既应着眼于认识错误，也要着眼于改正错误，让学生实实在在地感受到希望所在。只有在这样的时候，批评的效果才显示出来——批评是爱的特殊方式。

老师冤枉学生，自然应负主要责任，这是毫无疑问的。但是，在流不尽的冤屈泪中，也不难发现中学生的明显弱点。

一是遭受挫折时的心理承受能力较低。何玉翠受冤屈后，“从此失去了往日的天真和活泼，变得阴郁和沉闷”；而荷洁受冤屈后，“流着泪写下了一份遗书”，准备离开这个世界。

在人生的道路上，谁都难免会受一些冤屈，受一些挫折，这固然是不幸的事情，但也是经受磨难的好机会。古今中外的历史均证明，只有那些承受得起大磨难的人，才会有大作为。

二是抗争精神不足，抗争手段不多。师生在人格上是平等的，在法律面前也是平等的。既然是老师冤枉了自己，就要坚决申辩，决不屈从压力。如果与老师谈不清楚，可以找教导主任或校长；如果涉及法律，也可以考虑向法院起诉。未成年人保护法第十五条规定：“学校、幼儿园的教职员应当尊重未成年人的人格尊严，不得对未成年学生和儿童实施体罚、变相体罚或者其他侮辱人格尊严的行为。”这是共和国赋予未成年人的神圣权利。

当然，提倡抗争是指与不公正抗争，是为了坚持真理而抗争，而不是处处与老师作对。提倡抗争与尊敬师长是不矛盾的；明明是老师错了也一味屈从，并不是尊敬师长的表现，倒是一种奴性。在中学时代完全没有反抗，师长说什么就是什么，大多数是缺少独立心和创造力的表现，这绝不是师长们所期望的。

第六章　向孩子学习的五个观念

信息化时代动摇了父母与教师的权威地位，面对一个陌生的世界，成人与孩子是平等的探索伙伴。

一　现代社会是两代人共同成长的社会

1998年夏天的一次经历，恐怕是李红茹刻骨铭心的。她难以理解，那些天使般照顾过她的大学生们，怎么会拒绝她的讲演而且唇枪舌剑地对她？

《中国教育报》在《教育内参》上曾反映过李红茹的境况："全国新长征突击手李红茹曾任北京61中学团委书记、少先队大队辅导员。她忘我地工作，经受了风湿性心脏病带来的生死考验，挑起了团队工作的重担。

"李红茹坚持长期在中学生中以英雄中队为教育载体，开展以争当英雄式的好少年、做未来的人民公仆等为主题、丰富多彩的'迈好青春第一步'教育和基础的共产主义教育……

"李红茹被授予北京市优秀少先队辅导员、优秀团干部称号，获首批颁发的五四奖章。在1987年全国优秀团干部中名列榜首，被授予全国新长征突击手称号，被请到中南海与中央领导座谈照相，赴全国各地巡回报告40多场……"但是李红茹多年来处境窘迫，已经多年没有工作，每月拿着中教二级基本工资，勉强维持着低水平的生活。

李红茹早就没了父母，四十多岁还没结婚。年轻时过度劳累患了心脏病，要做大手术。中国青年政治学院的大学生们闻讯当了“志愿者”，精心护理这位20世纪80年代的教育劳模，与她结下了深厚情谊。

当《中国青年报·冰点》记者张可佳前来采访时，记录下李红茹讲述的一个个难忘的故事：

“我手术后第十天才有大便的感觉，干燥得没办法又不能灌肠，因为太虚弱。你看这伤口……”李红茹撩起衣襟给我看，一道近30厘米的刀口从脖子下边直到肚脐上边。

“刚拆线刀口特别疼，又好几天没吃饭，大便不敢使劲也使不上劲。我一解就是两个多小时。小黄跪下一条腿蹲在我面前，让我把头搭在她肩上，她的脸正顶着马桶边上。后来累不过去干脆双腿都跪下了。你想想……”说到这儿李红茹满眼泪花，“时间长了，同病房病友的家属进来看我们，都惊得不得了，看见我们俩汗水和泪水合在一道抱在一起……”

“我心里实在不忍，说什么也不拉了。小黄只是说‘我没事儿我没事儿’，两手撑着我的肩膀劝我再坚持一会儿。后来她给我用了开塞露，用手给我的肛门上药能多起些作用。小徐是个男孩子，帮不上忙，后来他想起找个方凳放倒在床边，把便盆放里边，比上厕所方便些。等我解完他再进来拿去倒。这么一个个清秀漂亮的姑娘，一个个宝贝似的独生儿子，哪做过这种伺候人的活儿，就是他们爸爸妈妈也没享过我这个福啊！”

也许，正因为感念大学生的厚爱，当大学生们举办“实话实说”座谈会邀请李红茹参加时，李红茹不仅来了，还准备了厚厚的讲演稿。

然而，据1998年10月6日《中国青年报·冰点》报道，她的讲演多次被打断。

记者张可佳写道：大学生们的问题越来越尖锐，场上气氛活跃。

“现代社会中人与社会之间是有契约关系的，我得到因为我付出了。您付出了那么多您得到了什么呢？”一个学生问。

“今天的劳模李素丽就得到了一套房子，而我那个年代只有证书和奖章……”李还没有答完，另一个问题跟上来：“您认为这十年社会变化大吗？您的变化大吗？您是否跟上这时代变化了？”

“当然所有的变化都很大，我也在变。”李停顿一下接着说，“我现在也会要求在发表的文章上署自己的名字，去问我的稿费寄了没有，过去我是不敢问的。”李又停下，想再举一个例子，但又一个声音打断了她的思路。

“你认为你从自己特殊的经历中应该记取些什么？”“我不会揣摩领导的心理，我只知道自己干、干、干。”李的讲稿中没有准备这些内容，回答得有些犹豫，她转了话题，“同学们，我有很多很多话要对你们讲，请……”

李红茹继续述说着自己的人生感受和所遇到的不公平待遇：“我生活十分贫困，经历了极度的痛苦，而今没有事业，没有人生，没有家庭，最最不堪忍受的是我没有奋斗的岗位。”说到这里她失声痛哭……

显然，学生们的关注点和昔日劳模有着相当的距离，没容李述说下去，又一个问题端出来：

“您今晚最希望得到的是什么？”

“我希望你们能够明白我的原动力是什么，我追求的事业是永恒的，我的生命也由此得到永生！”

正在康复的女教师激动得欠起身子，声调提升了八度。有学生热烈鼓掌。

“这是真诚的掌声吗？”我问身边拍手的男生。

"您要相信她的每一句话都是实话,她真是很崇高的!"这是一副纯真的面孔,"虽然我们没法学她。"他十分诚恳而平和地告诉我。

"为什么?"

"我要做的不是她那样的人,我们还要有生活上方方面面的满足感,她的生活太简单枯燥了……"

"她只要醒着就要讲,你别想劝她。"学生会前任主席徐钊对我说,他曾三次到医院护理,对李的坚强和意志力深深敬佩。

台上的李红茹把话筒贴近嘴边:"同学们,我有许多许多话要对你们说,请你们让我把话讲完!"

问题仍如潮水般涌向李红茹:

"你成功了吗?"

"在事业上我成功了。正确对待人生的坎坷磨难,我成功了。在最苦的时候我真想把这些荣誉证书都烧了,但我没烧,因为能够证明我成功的只有这些;我想过死,但我没死,如果死了我就是一个失败者。是奥斯特洛夫斯基的名言吹散了我心头的迷雾,我要扼住命运的咽喉……"

"你事业成功的标准是什么?"

"你获得五四奖章时心情坦荡还是激动万分?"

"你认为你的每一步都很扎实吗?"

"你作了那么多演讲是否有片面性?你讲你的困惑和你的生活吗?"

"荣誉和光环给你带来不公的境遇,这是社会性问题还是特殊的偶然的?"

"你有没有被利用的感觉?对新闻界炒作劳模你有什么评价?"

深感遗憾的是李红茹,她不能理解曾经与她朝夕相处、待她胜于亲人的大学生们今天为何这样尖刻,这样不留情面,不让她把心里话说完。

走出会场天已经漆黑，和大学生们一起下楼梯我听到一句：

“她是个地地道道的好人，但在社会面前好像还是个孩子。她说她除了教育事业以外不做任何其他的事，怎么行得通呢。”

说这话的是只有21岁的女孩冯孜，学校青年志愿者协会理事长。

据悉，李红茹酷爱教师职业。当张可佳问大学生：“如果李红茹来当你们的老师怎么样？”年轻人异口同声地回答：“我们不会选她的课！”

他们曾这样问李红茹：“李老师，你认为你的问题出在社会体制上还是个人身上？你觉得自己对这个时代的变化做好准备了吗？对你今天的遭遇我们深表同情和惊讶，但你有没有反省一下自己是否没与时代同步发展，有没有落伍？”

年轻人问得多么切中要害啊！

也许，每一位父母和教师都应当这样问一问自己。虽然，我们可能没有李红茹那样典型，但现代生活中的点点滴滴，不正给成年人以同样的启示吗？

在计算机时代，许多成年人心存疑虑和恐惧，不知所措，而青少年却满怀欣喜无所畏惧地向前走。

1987年4月，我赴巴黎参加“明日青少年与媒介”国际论坛大会。结果，几百名专家形成一个共识，即在计算机时代，许多成年人心存疑虑和恐惧，不知所措，而青少年却满怀欣喜无所畏惧地向前走。细想一下，我们不得不叹服，这是一个近乎普遍的事实。

在我的家里，计算机掌握得最好的是女儿。

虽然，她妈妈几年前曾下过一番苦功夫，通过了国家的计算机考试，可面对新变化，又成了生手，一片茫然。

我总顾虑自己英语水平低，难以掌握计算机，上网水平更差。

可是，中学不学英语的女儿却毫无惧色，放学回来就打开计算机，什么都敢碰一碰，还成了网上常客。女儿学习日语，喜欢日本女歌星安室奈美惠，便经常在网上拜访自己的偶像。

熟悉网络的女儿无可争议地成了我们的老师，因为不向她学习我们常常寸步难行。我相信，我们家出现的情况是许多家庭的缩影。

在当今时代，社会变迁速度异常之快，不仅儿童面临着发展问题，成年人也面临着完善自我，迎接社会选择的挑战，面临着一个学习与接受继续教育的问题。

面对未来的尚不知晓的世界，成人已难以告诉孩子这是什么，那是什么，因为孩子不懂的，成人也不懂；成人懂的，孩子亦已明了。

在这个时代，孩子用五年时间学到的东西，可能与成年人花许多年时间掌握的东西差不多。因此，当成人和孩子共同面对未来世界时，他们应该是平等的探索者。共同的使命感和责任感要求两代人相互学习共同成长。

关于这一变化，我们课题组成员康丽颖在访问北京师范大学副校长、博士生导师谢维和教授（现为清华大学副校长）时，得到了较明晰的回答。

谢教授指出，从社会学的理论上讲，成年人向未成年人学习有这样三个方面的理由：

(1) 现在青少年接受的社会压力大，他们要获得自我发展，对社会反弹非常大，他们会自觉不自觉地提出自己的想法，其中有很多想法值得成人学习，而成年人面对着生活的压力也要接受未成年人的影响。

(2) 现在成年人的生活方式和生活结构都发生了变化，随着闲暇时间的不断增多，他们将越来越多地接受未成年人的影响。因为成年人在正式的工作社会中占优势，他们控制着工厂、机关和学校。在闲暇时间里，成年人没有优势可言。孩子则有很大的优势，他们更能接受那些灵活多样的游戏规则。成年人为丰富自己的生活，在休闲方式上要向孩子学习。

(3) 一位曾获诺贝尔经济学奖的学者对自由的理解很耐人寻味。他认为，在人的理性的有限性和社会的不确定性都比较大的时期，人的自由程度才会增大。现在未成年人理性的有限性很大，社会的不确定性也很大，所以他们比较自由。同样成年人也面对着一个充满未知与挑战的社会。两个社会群体都比较自由，双方都面临着选择，在选择过程中，两代人要相互学习、相互借鉴。

在未来社会，学习和教育将伴随人的一生，孩子和成年人都面临着社会化问题。成年人面临着发展社会化，面临着完善自我、迎接社会选择的挑战，他们也面临着一个学习与接受继续教育的过程。现在的成人继续教育与过去有很大的不同。过去人生前一阶段的学习能维持后三十年工作需要，现在只能维持几年的需要。过去成年人完成的继续教育是“量”的增加，现在不仅是量的增加，还有“质”的变化。他们需要学习不同的知识来适应社会，适应职业的变化。

信息化决定了两代人的双向社会化，成人“化”孩子，孩子也“化”成人。

二　现代教育是两代人之间的相互影响

人们常说，家庭是孩子的第一所学校，父母是孩子的第一任教师。这一传统说法无疑是很重视教育的。

那么，什么是教育呢？据《实用教育大词典》[1]解释：教育是培养人的一种社会活动。在中国，教育一词最早见于《孟子·尽心上》："得天下英才而教育之，三乐也。"从广义上说，凡是增进人们的知识、技能和身体健康，影响人们的思想品德的活动，都是教育。

教育的作用在于：(1)传递已有的知识、经验和社会规范，使人类社会得以延续；(2)根据社会政治经济制度和生产力发展的要求，培养相应的人才，促进社会的发展与进步；(3)在阶级社会中，培养具有统治阶级意识的统治人才，为巩固阶级统治服务；(4)社会成员通过不同程度的教育实现个体的社会化和社会地位的变迁。

上述定义是目前国内较为规范的表述。虽然定义中并未明确谁是教育者，但实际生活中，成年人教育未成年人已成为天经地义的事实与观念。

为了配合"向孩子学习"的研究，同时向社会传播这一新的教育理念，自1997年10月至1998年12月，《少年儿童研究》杂志社与《光明日报·家庭周刊》、《中国教育报》、《中国妇女报》联合举办了"向孩子学习"征文活动。

在1997年11月16日的《光明日报》第三版上，发表了一位名叫季烨的母亲的文章《儿子的应对之道》。

儿子说了一句让我瞠目结舌的话："难道你们六个人里就没有一个想过退回去，找条好走的道走？"

这位母亲写道：

大概是三年前吧，我写了一篇小文《那一年我们18岁》，写

---

① 王焕勋主编，北京师范大学出版社，1995年10月出版。

“文化大革命”时我们徒步串联的事情。在那一段时间里，我经受一生中最艰苦的磨炼。

写完了给儿子看，想听听他的意见，当然也想让他受受教育。其中有一段，写我们穿越雁北高原一个叫石门峪的峡谷：沟里全是山洪冲积的大大小小的石头，根本无处下脚，只能踩在圆咕隆咚的鹅卵石上，硌得脚心生疼，鞋底儿又薄。进沟不久，我就像裹脚老太太一样，5个脚趾紧紧抠着，恨不能倒过来用脚背着地，换换疼痛难忍的脚心……就这样我们终于走完了这条长约30华里的石门峪。

看了这段，儿子问：“你们长征队一共有几个人？”“6个。”然后儿子说了一句让我瞠目结舌的话：“难道你们6个人里就没有一个想过退回去，找条好走的道走？”

我愣着，半天，完全想不起来应该说什么。是呀，我们6个，无论“出身”怎样、“觉悟”高低、“表现”如何，不管是公认能吃苦耐劳的还是大家都很看不起的“娇气包儿”，就真没有一个人想过退回去，找条好走的路。可是儿子就这样想，他觉得再自然不过了。这时候他正上高一。

这件事给了我一个很猛烈的冲击。

我突然明白了，不能总把儿子的那些举动当成他的淘气，不听话。我们之间确实存在着所谓“代沟”，时代不同了，我们的想法、甚至思维方式都存在着巨大的差别。

我们这一代有很多他们没有的长处，但是，我们自己不也承认，我们脑子里有很多框框，习惯于循规蹈矩，从而犯了许多错误吗？为什么一定要让他走你为他安排的路呢？他的种种表现，不就是他对你种种干涉、限制的反抗，而且是他们这一代人特有的聪明的反抗吗？

于是我就很少再强制、再干涉了。事实证明，他确实是很有主见，并且很有判断力的。

文理科分班之前，他经过一番社会调查，排除了我“学理工稳妥”的意见，也不在乎“功课不好的才学文”的时议，自己选择了文科，要学法律。

毕业的时候，有保送的名额，虽然专业不那么合适，但保险得多。他考虑了一个晚上，说：“与其不做后悔，不如做了后悔。”毅然放弃了保送的机会，去拼一把。

结果经过努力，考上了北大法律系。这几件事使我对他大为佩服。他长大了，那种潜在的素质终于成为了他的优势。

现在，不是他把下巴颏儿依在你肩上的时候了。说真的，就是你想靠在他身上，踮着脚尖也几乎够不着他的肩膀了。

如果说此文中的儿子影响母亲还比较婉转，在《名片“风波”》一文中，儿子影响父亲则近乎尖锐了。

在《光明日报·家庭周刊》1998年7月25日第六版上，作者李顺生讲述了“风波”经过。

儿子的话像一发炮弹，打得我心里好痛，脑袋也嗡地叫了一声。

这位父亲写道：

我把收存的各式各样的名片拿出来逐一琢磨，取长舍短，精心设计，确定出自己名片的图样：整体为白底，正面主体内容是姓名、单位、职务，并附通讯信息；背面主要内容是近几年在报刊获奖的一些情况，并载社会职务。我在文印部坐镇督制：选纸型，定字体，排顺序，正标点，看效果，直到满意为止。

忽然有一天，儿子郑重地对我说：“爸！你的名片不好。”儿子是不是开玩笑？我不经意地问：“咋不好？”“把在哪儿获奖都印上去，送人家看，不谦虚！”

儿子的话像一发炮弹，打得我心里好痛，脑袋也嗡地叫了一声。

我业余写作二十多年，十多年前开始在报刊上发表作品。每一个文字的发表都不是容易的，每一次获奖更不是轻易得来的。我笔墨耕耘的辛苦，儿子哪里会有深刻的体会！

尽管我对儿子的看法不能苟同，但是他能够这样尖锐地看问题，毫不含糊地表达意见，面对自己一向敬重的父亲也未予丝毫原谅，又令我由衷惊叹——儿子多年来接受的多半是灌输式教育，还没有踏入纷繁复杂社会的经历，一件事情的好与不好，一个人的谦虚与否，他能够揣度得准确吗？或许正是这种“初生牛犊”的精神，才使他这样悍而不惮、直而不婉的吧！

妻子下班回来了，我心里一下子暖暖的。孩子总是跟娘近，让妻子给儿子解释几句，问题也就解决了。万没有想到妻子和儿子结成了“统一战线”。

她说：“我最了解你，最体谅你，也最支持你。你在棉站上电大，我在家里刨树锯板，请木匠做书架，赶个驴车给你送去。你往报纸上写稿，投十次二十次投不中，我鼓励你别泄气，自管写，锯响总会掉末儿。你的辛苦就是我的辛苦，你的成绩也是我的成绩。但是我也觉得你这样做不大好。人人都在社会上奋斗，人人都有自己值得自豪的成绩，咱的这点成绩算得了什么啊！舞文弄墨的人最讲名誉和面子，可也最容易损失面子。谦虚使人进步。你不妨考虑考虑，儿子的话是不是有点道理？”

莫非偏差出在我这儿？我不得不努力把头脑冷静下来，反复体味儿子的意见和妻子的话语，认真地对这一次名片“风波”进行反思。

显然，这两个儿子的评论都影响了母亲和父亲的思想活动。换句话说，孩子教育了父母，并取得良好的教育效果。当然，父母水平如何是决定孩子影响大小的重要因素。

提出“现代教育是两代人之间的相互影响”，依据是什么呢？我们课题组成员刘秀英访问了北京师范大学中文系儿童文学教研室主任汤锐副教授。

汤副教授指出：

今天的孩子在接受社会环境的影响并对这些影响作出选择时，与成人社会的选择是有差异的。这种差异主要表现在以下几个方面：(1)相对于成年人的谨慎保守和下意识的排斥心理，孩子会怀着积极和好奇的心理，这种心理使他们面对新事物时，完全处于一种开放状态，更容易接受和适应新事物；(2)成年人面对社会环境的影响时，更多地会选择那些与自己的习惯经验相符合、相容的事物，而孩子会更多地作相反的尝试。

在知识经济时代，学习和教育将是一个终身的过程。孩子和成年人都面临着社会化的问题，在共同成长过程中，两代人之间会产生一些相互影响。

成年人与儿童都处在个体成长的漫长过程中的不同阶段。而所谓共同成长，实际上是一个交流的过程，即一方面成年人将自己所走过的成长道路展示给孩子，作为一种可供参照的经验和教训，这对儿童是很有益处的，应该说孩子们最初的和最基本的观念意识都是从成年人那里得来的；而另一方面，儿童以其对新事物的敏感和快速接受的实践，也为成年人适应当代社会提供了一个中介和桥梁，因为所谓“新时代”不可能是一个抽象的东西，它要有所附着，实际上大多数成年人正是从孩子身上感受到新的生活方式、新的思想观念的冲击的。

比如许多父母为孩子购买电脑，以利其学习，而电脑带给孩子的却不仅仅是功课的进步，更重要的是把他带入了一个新时代。于是很快父母们就发现，孩子从知识眼界到思想观念都与他们有了较大的差异，而正是这种差异令成人意识到他们的孩子已经比自己领先一步于时代了。

从“现代社会是两代人共同成长的社会”，到“现代教育是两代人之间的相互影响”，涉及了一个根本问题即人的社会化。

社会化是“生物人”（即“自然人”）转变为“社会人”的过程。《社会学大辞典》①解释道：社会化是社会和个人两个方面合力的过程。从社会方面说，社会延续需要培育一代一代的新人，就要进行社会教化，使社会成员认同社会发展方向，从而使其行为方式达到相当程度的一致。从个人方面说，任何个人要进入社会，取得社会成员的资格，就要接受社会的教化。个人在社会生活中，学习和掌握社会生活的知识、技能，熟悉社会的风俗、习惯、道德、法律，确立生活目标和价值观念，从而达到与社会一致，取得社会认可的地位，成为一个具有“社会资格”的人。

可以说，社会生存环境与个人的生存需要的统一，社会与个人的统一，人们在社会互助中的统一，就是人的社会化的实质。

与上述理论相关，社会学与教育学认为，在儿童由“生物人”变为“社会人”过程中，成年人尤其是父母与教师是其重要的教育者。这自然是正确的。

然而，在我们的研究中发现，在信息化时代，孩子不仅仅受父母和教师等成年人教育，他们也在深刻地影响甚至改变着成年人。也就是说，两代人的社会化既有共同性又有双向性。共同性指两代人共同成长，双向性则指两代人相互影响。

换句话说，两代人双向社会化的过程，既有成人“化”孩子的一面，也有孩子“化”成人的一面。《儿子的应对之道》和《名片“风波”》两个故事，已经形象地展示了儿子“化”父母的片断。

我们需要承认这个事实：在现代社会，教育不再是成年人对

---

① 中国人事出版社，1995年6月出版。

未成年人所独享的一种权力，它是两代之间的一种相互影响：(1)子女可以教育和影响父母，在这里，教育的影响是自下而上的；(2)成年人应允许儿童对所接受的教育影响作出选择。

只有当尊重儿童权利在全社会蔚然成风之时，向孩子学习的时代才会真正到来。

三　成年人应当尊重未成年人的权利

按照许多人的传统观念，儿童是家庭的私有财产，他们丝毫无权利可言。现代社会的发展要求人们改变这种看法，要求把儿童当做发展中的独立的人，把属于他们的权利还给他们。

只有当孩子成为一个能动的权利主体时，他们在成年人的眼里才不会是无知无能、任人摆布的被动的生命体，他们身心发展的巨大潜能才能得以发挥。同时，只有尊重未成年人的权利，成年人才有可能在平等的基础上，发现并学习孩子身上的优点。

我曾碰到这样一件事。

大约是 1998 年的夏天，那时，我的女儿在北京某中学读初三。

临放暑假时，偶尔碰到了女儿学校的校长，校长特意给了一个参加夏令营的名额，我自然感激不尽。

回到家里，我告诉了女儿这一喜讯，不料女儿反应平淡，还抱怨说为何不征求她的意见。

又过了一些日子，学校通知营员交费 1 600 元，并参加培训。仅仅 6 天的夏令营，收如此高昂的费用，让人有些感慨。可是，校长特意给的名额，怎好说不去呢？

于是，我们依然鼓励女儿去参加夏令营。

谁知，女儿交了钱，参加第一天培训回来，坚决地说：“这个夏令营骗人！6 天日程改成 5 天，钱还要增加，活动又没啥意义，我不去了！”

到这个时候，我真正感到了矛盾，也开始仔细思考是非曲直。尽管有许多为难之处，可是，女儿毕竟有选择的权利。况且，女儿有理有据，怎能强迫她违心服从大人的安排呢？于是，在与妻子商量之后，我回答女儿：“去不去参加夏令营是你的自由，你有选择的权利。如果执意不去，你要负责向老师解释清楚理由，并独自办理退营手续。怎么样？”

没想到，女儿爽快地答应了，很利索地办好了一切善后手续，全没有大人顾虑的那么多难堪和麻烦。

通过这件事情，我对孩子刮目相看了。

成年人已习惯了委曲求全，自己应有的权利也不会珍惜。可是，孩子却截然不同，他们重视自己的权利，决不像父母那样窝窝囊囊生活。因此，成年人应向孩子学习，而首先要做的就是尊重未成年人的权利。

早在 1990 年 8 月 29 日，中国政府正式签署了联合国《儿童权利公约》。1992 年 3 月 2 日，全国人民代表大会批准该公约，公约于 1992 年 4 月 1 日正式对中国生效。这就意味着中国政府承担并认真履行公约规定的保障儿童基本人权的各项义务。

在今日中国，儿童(指 18 岁以下的任何人)自出生起，就享有《儿童权利公约》所赋予的各项权利。其最基本的权利可以概括为四种，即生存权——每个儿童都有其固有的生命权和健康权；发展权——充分发展其全部体能和智能的权利；保护权——不受危害自身发展影响的、被保护的权利；参与权——参与家庭、文化和社会生活的权利，等等。

然而，尊重儿童权利远未成为普遍的事实，侵权事件反倒屡屡发生。这不仅无法向孩子学习，甚至会导致摧残儿童的悲剧一幕接着一幕。

在1998年第4期《少年儿童研究》杂志上，发表了卜卫研究员介绍《儿童权利公约》的文章《儿童的权利》。卜卫兼任国务院妇女儿童工作委员会儿童权利培训专家组成员，在分析不尊重儿童隐私的案例时，她写道：

对一些父母、老师来说，儿童没有隐私可言。1996年全国大中城市中小学生调查表明，近30%的父母经常检查孩子的日记和通信。

一位少女曾在日记中写下了自己的性幻想。其母发现后，不仅不认为自己偷看女儿的日记是不对的，反而激烈地批评女儿，并威胁将日记交给老师。女孩被迫跳楼自杀。

这位母亲至少犯了两个错误：第一，侵犯女儿的隐私权，未经女儿允许看了女儿的日记；第二，非法向外人披露女儿的隐私。正是母亲的愚昧和无知杀死了自己的女儿。

许多孩子为了防备自己的父母偷看日记，准备了两个日记本，一个是写给父母看的日记本，尽是要好好学习之类的话，另一个则是自己真正的心里话。

有的母亲还给媒体写信说，女儿指责她看日记是违法行为，她不相信，要问一问媒体怎么说。

任何一个社会都可能产生侵犯儿童隐私的行为，所以儿童隐私才需要特殊保护，但是，不尊重儿童隐私的行为如此公开和普遍，父母对有关权利和法律如此无知，确实是教育者需要深刻反省的问题。

为了进一步讨论清楚这个问题，我们课题组的成员弓立新访问了宋庆龄基金会副主席马联玉先生。

马联玉副主席说：

向孩子学习这个问题研究有更深层次的东西，那就是成年人作为教育者要真正承认被教育者的反向作用，其中有对孩子权利尊重的问题。在我们封建伦理学中，更多强调的是师道尊严，做得不够的是没有充分认识到孩子的权利。

我们承认反向作用，就必须保障儿童的权利，尤其是参与权。中国人传统心理是爱护孩子，比喻成祖国的花朵，但其中也包括了花朵是娇弱的，需要成人呵护，花朵没有自己的想法，只是一味地被动接受就行了的含义。宋庆龄把孩子比喻成明天和未来，未来比花朵重要，它有主动发展的权利。

如果把这样的观念普及到社会，承认反向作用，就有了引导问题。现在某些教育的失败，其实好多内容和方法都是正确的。但为什么效果不好、孩子有逆反心理，就是因为没有平等对待，师生矛盾也多缘于此。教育者往往没有真止地平等看待孩子，总觉得我是为了你好，但对于孩子来说，他们未必真正需要这种关心。

现在，父母对独生子女的爱是好的，关心生活质量，但同时父母对孩子也要求过高，期望过高，彼此不平等。夏威夷有个儿童哲学研究机构，他们认为学生不是被动的，学校的工作应是培养兴趣，教给方法，养成习惯。因为知识更新太快，社会已发展到全社会的人都必须终身学习，所以小学阶段主要不是给孩子知识，而是培养兴趣，使学知识成为孩子们的习惯。

或许可以说，只有当尊重儿童权利在全社会蔚然成风之时，向孩子学习的时代才会真正到来。

“回家问问孙子”或“回家问问儿子”，不是长幼失序，而是反映了我们正在经历一种历史性的变化。

四　向孩子学习是成年人真正成熟与睿智的标志

1998年6月24日《人民日报》在要闻版的头条位置，发表了该报原总编辑范敬宜先生的一篇评论，题为《赞“回家问问孙子”》。

范先生写道：

近来常和老同志们一起开会，讨论问题时往往会涉及某些当今的新领域、新学科、新知识。什么知识经济啦、知识产权啦、信息高速公路啦、计算机软件的使用和管理啦，等等。有时遇到难题，一些老同志便很自然地说“等我回家问问儿子”，或者“等我回家问问孙子”。

开始听到这类话，觉得很不习惯：当了一辈子知识分子，甚至是有点名望的知识分子，到头来怎么还要“回家问问孙子”？后来仔细想想，忽有感悟——这不是长幼失序，而是反映了我们正在经历一种历史性的变化。

“回家问问孙子”，首先说明当今世界科学技术正在一日千里地发展，我们的知识越来越跟不上时代的车轮。而儿孙辈这方面的知识正在或者已经大大超过我们。回想一下，我们在小学、中学、大学时代学的那点科学技术知识，比起今天的青少年，真是幼稚、肤浅得多了。今天，许多家庭都出现这种情况：当爷爷、当父亲的使用电脑远不如还在小学读书的娃娃熟练。这是社会的进步，不服气还真不行。

“回家问问孙子”，还说明了社会观念的变化。过去，老年人经常用这样的话训斥儿孙：“你懂得什么？”“我走过的桥比你走过的路还多！”现在很少听见这类倚老卖老的话了，逐渐取代的是“不耻下问”。这是因为老年人已经承认自己的现代科学技术知识落后于形势，迫切要求迎头赶上，不再以“下问”为丢面子。这也是时代的进步。

其实，即使在科学技术高度发达的西方国家，“回家问问孙子”也属于正常现象。据说，由于现代科学技术发展太快，法官审理案件时也经常遇到自己不懂的专业知识。在这种情况下，法官也往往只好宣布暂时休庭，回去请教专家或问问儿子、孙子。这是一位法律问题专家告诉笔者的，想来所言非虚。

这样说，当然不是贬抑老年人。老年人有老年人的长处，有许多宝贵的经验值得年轻人学习。我只是想强调一点，在日新月异的科学技术面前，知识更新的迫切性越来越突出地摆在老一代面前。这已成为一个世界性课题。美国有些五六十岁的老博士，为了重新武装自己，又去攻读新的博士学位。因此，要想更好地跟上时代步伐，我们必须努力地学习，虚心地学习，包括向自己的第二代、第三代学习，否则，即使想“发挥余热”，这余热也越来越有限了。

从这个意义上说，愿意“回家问问孙子”是值得赞美的好现象，比起老是慨叹“人心不古”、“一代不如一代”要积极得多，有价值得多。

范先生此文无疑是一篇具有远见卓识的佳作。

信息时代给我们带来了众多便利，也动摇了父母与教师的权威地位。稍具常识者即可发现，如今的父母和教师假若处处想以师长自居，随意教训孩子，已经越来越困难了，他们普遍惊叹“现在的孩子不听话”。

在这种状况下，只有较高水平的父母与教师，才会认清孩子的优点与潜能，因势利导，产生良好的教育效应。说到水平高低，最突出的区别点即是有无向孩子学习的意识。

在 1998 年 10 月 1 日的《家教周刊》上，一位名叫朱建国的父亲，发表了题为《女儿是我师》的文章。

你还是个老师呢，怎么连知错就改的道理都不懂？你向她承认错误，不会影响你的高大形象的……

他写道：

小女今年9岁，转到新学校不久，就结识了一位新朋友张文，两人几乎到了形影不离的地步。

半学期很快过去了，学校公布了期中考试的成绩，女儿的语文、数学成绩都低于班级平均水平。这使我甚感惊讶。女儿在原先小学读书时，成绩一直名列班级前茅，这次怎么考得这么差？会不会是成天和张文在一起玩耍、疏于学习的缘故？

次日，我又从侧面了解到，张文是班上的一名差生，这更证明了我的猜测是正确的。于是我和妻子轮番对女儿进行了教育，什么“跟好人学好人”啦，“近朱者赤，近墨者黑”啦……说到底，就是要女儿和张文断绝朋友关系。

可女儿硬是不听我们的“忠告”，说这次没考好，是由于自己未能适应老师的教法和考试时粗心所致，与张文没有任何关系。她还向我们提出了严正抗议：请不要随便责怪、冤枉别人。

从女儿愠怒的脸色中，我似乎看到了她那颗纯真的心灵。原本想教育教育女儿，不想倒被她教育了一回。

一日，妻发现新买的一块手表不见了。想想这几日除张文到过我家外，并无外人来过，偷表人不是张文，还会是谁？联想到女儿期中考试的成绩，联想到那次“目无长者”的“反教育”，我立马把她叫到跟前，狠狠地训斥了她一番：“……从今往后，你再和她玩，休怪我不客气……”

女儿啜泣着忙不迭地点头，完全没有了上一次的“反教育”精神——一块新手表对一个孩子来说，毕竟是一件贵重物品。

一个月后，妻子在整理房间时，发现那块新表静静地躺在沙发下面。此时，我和妻子的心中不是物品失而复得的惊喜，而是一种难以名状的愧疚——冤枉了一个清白的孩子。吃晚饭时，我把找到手表的事告诉了女儿。女儿听后，显得出奇的平静。原来，她一直就没有认为手表是张文偷的，并且还一直瞒着我们和她保持着密切的关系。

女儿向我提出了向张文道歉的请求，我没有答应，觉得这样做太失面子。

一个星期日的下午，女儿打电话约张文来我家玩。看着张文进门时畏惧的神色，我的脸上火辣辣的。

女儿把我叫到房间里，对我发起了宣传攻势："你还是个老师呢，怎么连知错就改的道理都不懂？你向她承认错误，不会影响你的高大形象的……"在女儿的再三劝说下，我终于鼓足了勇气，郑重地向张文表示了深深的歉意。

女儿笑了，从女儿甜甜的笑靥中，我又一次看到了她那颗纯真的童心。

这一现象绝非偶然。

在对待孩子交友方面，父母最容易犯的错误就是以自己的喜好为孩子选择朋友。

中国城市独生子女人格发展调查发现，81.6%的父母要求孩子选择学习好的同学做朋友。显然，这与受中国古语"近朱者赤，近墨者黑"的影响有一定关系。

实际上，学习并不是孩子生活中的一切，交往的目的之一是取长补短，怎么可能只交学习好的朋友呢？

由此可以看到，两代人的观念差别较大，子代对亲代的影响也变得普遍起来。

伴随着信息时代而来的“文化反哺”现象，动摇了传统社会里长者为尊的地位，成人世界遇到了比以往任何时代都剧烈的来自子代的种种反叛和挑战。

关于这一点，在我们课题组成员方梅访问南京大学社会学主任周晓虹教授时，周教授作了较全面的阐述：

在现代社会，成人和孩子同步接触信息，而且孩子们由于对新事物具有较高的敏感性和接受能力，较少受旧有价值观和行为模式的束缚，以及在语言和器物（如电视、报刊、互联网络）接触上的优势而第一次获得了从媒介、广告、市场及生活本身取得信息的便利和对生活意义进行解释的权威，在对成人进行“文化反哺”（反向社会化）方面具备了可能性和现实性。

“文化反哺”作为一种与传统的文化（社会化）模式相对应的新型文化传承模式，在城市家庭，尤其是居住在城市中的移民家庭更为常见（如进城的民工家庭中）。

我在做北京的浙江村的研究时就发现了这么一种现象，那里的家庭权力在父母四十岁左右就已经开始向十八九岁的孩子交接了。这在一般家庭里不常见的现象，为什么会出现在那种家庭呢？道理很简单，就是因为他们是移民家庭。在这种家庭中，子女对新环境有更深的认同，他们对新生活的把握（主要指对服装、鞋的新的流行款式的把握）以及他们与北京人交往的能力都强过他们父母。

因此，他们的父母尽管只有四十岁多一点点，但还是将自己的权力——家庭的权力、决策的权力移交给了子女。

这种发生在子代与亲代、孩子与成人之间（这里的孩子也可认为是年轻的一代）的“文化反哺”现象所涉及的内容和范围是极其广泛的，包括价值观的选择、生活态度的认定、社会行为模式的养成以及对各种新的器物的了解和使用，而且在文化的表层（行为或器物的层面）更为明显，如对新事物的选择、电脑的使用。

面对孩子们提出的新的价值观念和生活式样，成人世界经历了由最初的反对到逐渐认同的过程。

1985年，一位父亲给了孩子二百元钱做衣服，但有个前提，不准做西装。而到了1988年春节，大年初一父亲将孩子喊到他房里去，拿出一条领带问孩子能否教他打领带。

仅仅三年，父亲就从不让买西装到自己也开始穿西装了。由此可见，年轻人对老年人的影响是非常快的。迪斯科最初进入中国时，咬牙切齿的是老年人，但跳到今天仍在公园里乐此不疲的也是老年人。

总之，过去那种总是成年人影响孩子的社会化模式已发生了变化。在今天，晚辈已经开始影响老一代了。

伴随着信息时代而来的"文化反哺"现象，动摇了传统社会里长者为尊的地位，成人世界遇到了比以往任何时代都剧烈的来自子代的种种反叛和挑战。对此，成年人应该认识到，在社会文化的急速变迁中，既有知识和生活式样的过时和被淘汰是历史的一种必然，而没有旧观念、旧模式束缚的轻装上阵的年轻一代，凭着对新文化的敏感、认同以及接受能力的优势，获得对成年人进行"文化反哺"的能力亦在情理之中。"文化反哺"造成了成人世界对新的社会变迁的顺应能力的提高。如果没有孩子的话，我们会很拙劣，顺应能力更差。

不过，"文化反哺"现象的出现并不意味着正常的社会化已可以退出历史舞台了。事实是，正常的社会化模式依然还起着作用，只不过不再是唯一的社会化模式了。原来的单一的社会化已经变成双向互动的社会化——成年人在教育引导年轻一代的同时，也受着年轻一代的引导和教育。社会在变，成年人的"在这个世界中扮演教育者"的观念也要改变。

如果成年人能够意识到，在新世界中，我们的认识不一定全是正确的，我们与许多新事物也是刚刚接触，我们的理解能力和掌握能力有时甚至还不如我们的孩子，那么，在很多时候，成年人就不会轻易判断，就不会直接对未成年人构成压力，逼迫孩子按成人的思维去作出选择。

认为在社会化中自己始终能够当舵手，可能是成年人的自作多情，因为事实是，在急速变迁的社会中，成年人的许多经验已经无可奈何地过时了。

在肯定成人向孩子传导的合理性的同时，亦要肯定孩子向成人传导的合理性。这便是未来社会成年人完善自己的首要条件。

伴随着数字技术和互联网而成长的新一代即“网上一代”，将给未来世界带来翻天覆地的变化。

五　信息时代的青少年身上蕴藏着巨大潜能

在信息时代，儿童获取信息的能力空前增强。儿童在某些方面的发展优势已崭露头角，特别是在计算机领域，孩子的才能在儿童期就已显示出来了。

中国社科院大众传播与青少年发展中心主任卜卫研究员指出：

一个新的媒体出现了，同时，当我们还不太了解它的时候，孩子走在了我们的前面。这种情形将给我们的生活带来许多深刻的变化。它将改变我们的教育观念，改变儿童的学习方法，改变家庭文化及代际关系等。当然，最需要改变的是我们自己。

在孩子面前,我们不再是一成不变的权威了。我们需要学习,需要同他们一起成长。

孩子们在改变我们的生活。

临近1999年元旦时,《少年儿童研究》杂志社的工作人员问我:“要不要买一些贺卡寄赠有关人士?”我马上说:“你们没看到中学生在报纸上呼吁‘不再互致贺卡吗’? 4 000张贺卡等于一棵大树!”

于是,我们破天荒在新年没买一张贺卡。

我记得十分清楚,1998年11月29日,《北京晚报》以头版头条最显著位置发表一则报道,说北京13中高二年级三位女生赵婧、曲华、曹彬,在西城区青少年科技馆环境小组辅导教师周又红、陈继峰指导下,经过社会调查写出《洪水、森林、贺卡》小论文,呼吁“不再互致贺卡”。

据悉,这三位中学生的调查与建议,已经引起社会高度重视。北京市环保基金会组织北京13中等10校向全市学校倡议:“免赠贺卡,保护绿树。”此后不久,几个全国性机构也向孩子们学习,向全国发出了同样的倡议。

有一个重大的现象也许并未引起人们的足够重视,那就是伴随着数字技术和互联网而成长的新一代,即“网上一代”,将给未来世界的经济、文化、社会带来翻天覆地的变化。

1998年,美国专家已经预言,“网上一代”将在21世纪初主宰美国。

据美国技术总汇联盟主席唐·塔普斯科特介绍,人口学家和社会学家一致认为,美国目前的2.7亿人口可以分为四代人:二战结束前出生的老一代,约5 000万人;二战结束后至1964年生育高峰期出生的“婴儿潮一代”,约8 000万人;1965年至1976

年生育低谷期出生的“X 一代”，约 5 000 万人；1977 年至 1997 年出生的“网上一代”，约 9 000 万人。

据分析，美国“网上一代”具有以下特点：

(1) “网上一代”最年轻，最大的也不过 20 岁，人数最多，很快将成为美国社会的主流派。

(2) “网上一代”(6 岁至 20 岁)有 2/3 会使用电脑。跟踪调查结果表明，88%会用电脑的美国青少年当前的三大爱好依次是：上互联网、参加集会、与恋人约会。

“网上一代”的兴起导致电脑和互联网异军突起，抢占了电视的领地。市场分析家注意到，20 世纪 90 年代电脑和互联网抢占电视领地的速度，远远快于 50 年代电视抢占广播和报纸领地的速度。到 1997 年底，美国 45%的家庭拥有个人电脑。

(3) 85%的“网上一代”在电脑和互联网方面比他们的父母懂得多，这是人类历史上前所未有的。以往都是父母比孩子懂得多，父母对子女拥有权威；“现在孩子在涉及未来各个领域发展的信息革命方面比父母懂得多，在这方面对父母拥有权威”。在今天的美国，父母向子女求教电脑、多媒体、互联网知识和技术的家庭比比皆是。

(4) 以往美国各代人在获取知识、技能、信息等方面是被动的，而“网上一代”突破了人类数千年来代代相传的模式，变被动为主动。今天的中小学生在互联网上主动找知识、信息资料，锻炼自己的技能；根据自己的爱好、需要，在互联网上阅读、分析、评估、鉴定、交流，建立属于自己的网址，讲述自己的故事，提出自己的见解。他们的知识积累和更新以及思想成熟的过程，均比以往各代美国人快得多。

(5) 二战后出生的前两代美国人，即“婴儿潮一代”和“X 一代”，都有不同程度的反社会倾向和行为。“网上一代”则表现出对社会的强烈责任感。

跟踪调查结果表明，美国青少年在互联网上阅读、分析和讨论的主要领域依次是：世界性事件、所在社区事件、环保、艾滋病、战争和贫困等，所有这些都是当今世界共同关心的问题。他们的视野比历代美国人都开阔，往往从全球角度看问题；他们在网上讨论和交流过程中体现出了很大的容忍空间和积极的合作意愿。所有这些都将影响他们长大成人后的言行举止和价值观。

在中国，数字技术与互联网虽不及美国发达，但信息化毕竟已深刻影响了年轻一代。尽管他们的言行不被许多师长认可，甚至被认为缺乏理想无信仰、追求名牌高消费、自我中心重个人、面对困难无信心、任性娇气怕吃苦、传统教育难入心，等等，但也没有改变他们的追求。

总之，我们对未来充满信心，因为未来属于青少年，而今天的青少年大有希望！

第七章　向孩子学习的五个原则

能否向孩子学习，最重要的是观念能否转变。但是，当你确立了“向孩子学习，两代人共同成长”的观念之后，仍会产生一些疑惑，如“孩子身上还有不少缺点，怎么向他们学习”，等等。因此，向孩子学习必须有科学的方法，而方法是依据成长规律和教育原则产生的。

过去，是孩子不了解父母，父母很神秘；今天，是父母不了解孩子，孩子很神秘。

一　向孩子学习的前提是了解孩子，了解时代的变化

举个最常见的例子。大部分中小学生都喜欢卡通，有时迷得宁可不吃饭不睡觉也要先看完。有些父母不明白其中的奥妙何在，偷偷“检查”孩子的卡通书，心中疑惑更大了：什么乱七八糟的东西，比例不对，页码不对，对孩子有啥益处？其实呢，这恰恰反映了两代人的差异：成年人是在读写时代长大的，对文字感情深；孩子是在视听时代长大的，对画面感情深。也许，父母较明智的做法是与孩子一起欣赏卡通。

关于两代人的差异，我们课题组成员曹萍在访问《中国中学生报》主任编辑徐国静（现为中国少年儿童新闻出版总社研究部主任）时，得到了较深刻的回答。

徐国静女士说：

我想，可以简单地把家庭中的三代人这样划分一下，按照生产力发展的不同时代，来看一下科学技术在怎样改变着家庭生活，以及对每个时代人的影响。

从洪荒时代到农业文明，从工业社会进入今天的信息社会，人类走过了一个漫长的道路。在我们今天的每一个家庭中，似乎都能感受到农业社会、工业社会，以及信息社会形成的不同的价值观和人生观，并在相互影响、相互渗透、相互冲撞。

像我父母这代人，他们的大半生是在接受农业文明的教育。因此，他们的思想情感和生活方式带有强烈的农业文明的色彩。比如，对土地的感情，与自然的亲近联系，以及传统文化中提倡的仁爱、忠厚、节俭、勤劳等优秀品质，形成了他们的价值观念和生命理念。现在，他们虽然生活在都市，但他们还保留着浓厚的农业社会赋予他们的思想和情感，这不仅是一种生活习惯，而是从不同的社会形态中获得一种生命态度。

像我这代人，可以说是生活在农业文明和工业文明之间。小的时候，中国的工业还不发达，我们从工业产品中能接受到的影响是有限的。工业社会的那种程序化的生产方式，人与机器那种冷冰冰的关系，以及钢筋水泥堆起的住宅楼，对我们几乎没有思维方式和情感上的影响。我们仍然与土地、与大自然有着密切的联系，生命中仍然有一片充满生机的绿洲。从父母那里，很自然地接受了传统的做人准则和行为规范。读大学的时候，虽然也受到西方思想的冲击和影响，但我们生命的主根是农业和工业文明的结合体，也是一个矛盾体。

我女儿这代人就完全不同了。她好像一下子就跳到信息社会，刚一睁开眼睛，就被各种大众媒体传递的信息包围了。首先是电视广告上的商品信息，这些信息具有极大的诱惑性。它向孩子展示了一个丰富多彩的世界，并且是一个唾手可得的世界，像童话变魔术般给孩子想要的一切。我女儿刚会说话，就会说广告语，一走进商店，就能如数家珍地说出一长串商品的名字，以一种理所应得的态度要求给她喜欢的一切。最先占领她头脑的是商品信息。因此，她对物质的占有欲比其他的欲望更强烈、更敏感。这常常让我在家教中感到茫然。

如果说，徐国静的分析偏重理性，那么，冯庄在 1997 年 10 月 26 日《光明日报》讲述的故事则是感性的，但都在讲一个问题，即两代人的差异。

我们的某些忧虑、世故和焦躁，是不是有些多余呢？如果大人们像孩子们那样，生活中将会有更多的笑声和安宁！

冯庄以父亲的身份写下了《儿子的生活态度》一文：

儿子上小学三年级，9 岁。前些年，我这个当爸爸的，帮他学习，教他做人，自以为是个“百科全书”式的父亲。这几年，发现事情有些“不妙”了，儿子的小脑袋让人捉摸不定。

不知什么时候，儿子迷上了体育，开始盯着看电视转播的足球赛。我以为他只是瞧瞧热闹，谁知没多久，人家念念叨叨地评上球了，“这球踢得没什么战术”，“后卫，后卫，干什么呢”。嘿！他比踢球的还忙活。

一次，我同一位号称京城“超级球迷”的朋友见面，谈话间儿子凑了上来。“超级球迷”逗他玩儿，问北京国安队头号是谁，儿子脱口而出；“球迷”来了劲，又问当月甲 A 最佳阵容的前锋是谁，儿子反问：“左前锋还是右前锋？”“我全问！”结果人家连前腰的姓名都说出来了；“欧洲杯现在剩下几个队，都是哪个国家的？”儿子连磕巴都没打，全数落出来了。朋友告诉他：“男的就得爱球!”儿子笑了,显出一副小男人的样子。

后来儿子又对篮球着了迷,谈起NBA如数家珍,连球星皮篷下巴上的疤,都能讲出一段故事。

暑假里,儿子借到“魔术师”约翰逊的传记,23万字,吭哧吭哧地看了一个礼拜。我抽空翻了翻这本书,好家伙,这位得了艾滋病的球星把自己的热闹事都抖落出来了,儿子看合适吗?

待他看完书,我小心翼翼地问:“儿子,这书怎样呀?”他给我讲了书中的几个故事后,道出一番不俗的话:“如果你帮助了别人,别人就会和你成为好朋友。”我松了口气,看来儿子不是一个盲目的球迷,他从体育中琢磨出事理了。

儿子喜好读书,学习也不错,大概还算规矩,当了中队委。一年来,带着“两道杠”像模像样地来来往往。

一天,我发现他胳膊上的中队委符号不见了,一问才知道,前几天中队改选,人家落选了。我想,在大人看来这叫从“领导岗位”上下来了,在孩子心上多少也是个事,他不愿意跟我说,或许是把小小的“失落”埋在心底?可观察几天下来,儿子照旧嘻嘻哈哈的,没事人一样。我心中暗笑,怎么能用大人之心度小孩之腹,真俗!

前不久,华罗庚数学学校(即华校)招生,学校指定包括儿子在内的一些学生参加入学考试,儿子满不在乎地准备了两天,就等着考试了。

要知道,说起考华校,大人比孩子还紧张和上心,可实在没多少招数,由他去吧。没几天,录取通知下来了,儿子榜上有名,而且成绩比估计的要好,当时学校就告诉了本人。我挺高兴,盼儿子回家一起叙叙这份喜悦。

敲门声响了,一听就是他的动静,我把儿子迎进屋,逼他说:“今天学校有什么事儿吗?”“没什么!”再问,还是那句话。得,倒显得当爹的“自作多情”了。

过了好一阵,儿子突然对我说:“对了,爸,我考上华校了。”

说罢，继续往墙上扔着自己喜爱的小皮球，还是一副没事人的样子。联想前后这两件事，儿子真有点儿“宠辱不惊”的气度。

其实，细细想来，儿子没什么琢磨的。孩子就是孩子，在他们的脑袋里，有可爱的纯真，有明亮的阳光，有自己的那份欢乐和恬静，这就是生活的乐趣。相反，倒是我们这些当爹妈的应该想想，我们的某些忧虑、世故和焦躁，是不是有些多余呢？如果大人们像孩子们那样，生活中将会有更多的笑声和安宁！

生活在信息时代的孩子是一本内容极其丰富的书，每一位父母和教师只有潜心研读，才能理解孩子的“十万个为什么”，才能悟出该向孩子学习什么。

在充满失败语言的家庭和学校里，向孩子学习只是一句空话。

二 欣赏孩子的优点是向孩子学习的主要条件

任何一个人都不是完美无缺的。作为尚不成熟的孩子，缺点自然既多又不善掩饰，这常常让有些父母和教师忍无可忍。在这种情况下，谈向孩子学习，似乎有些风马牛不相及。实际上，怎样看孩子的优缺点才是问题的关键。

在充满失败语言的家庭或学校里，是难以向孩子学习的。与此相反，优秀的父母与教师总是善于发现孩子的长处，而及时、热情地欣赏孩子的优点，则是比较有效的教子之方。

一位名叫林晓茅的母亲，在 1997 年 12 月 14 日《光明日报》上，讲述了自己重新认识女儿的难忘经历，也许会对广大父母与教师有所启迪。

年轻人一旦选择了某一个特定的目标、无悔无怨地奔向心中的圣殿，即使被现实撞得头破血流也在所不惜，应该说这是一种优点。

林晓茅在《奔向圣殿》一文中写道：

女儿学习从不用功，边学边玩是她一贯作风，自然她也不是那种出类拔萃的学生。不过这不妨碍她成为那些优秀学生的同学。

小学毕业时一次全区的数学比赛，使她免试进入一所区重点中学的数学班，与那些聪明的数学尖子相比，她的排名是倒数第几名。

初中三年里依仗她的小聪明，排名在第5名至15名之间徘徊。她给所有教过她的老师，包括校长、教导主任留下了同一印象——不用功。那时我只恨没有什么锦囊妙计让她刻苦学习。

女儿高中进了一所知名度很高的市重点中学，入学成绩在班里的排名是第30名，年级排名恐怕在倒数100名之内。第一次期中考试她跑到了第8名的位置，以后靠着小聪明名次上下浮动，最好的时候前面还有一位同学压着她不得出头。

别看女儿学习不刻苦，却早就下定决心要考北京大学。很长时间里我觉得她只是说说而已，因为她很爱睡觉，早上根本起不来，晚上学了一会儿就睡眼迷离。她还是个“电视迷”，大型电视剧一部不差，全部看过，而那些发誓要考上北大、清华的同学早就开始挑灯夜读。

更糟糕的是，她的化学成绩一向很糟，让她那位学化学出身、从事化学研究多年的老爸觉得很没面子，以至于我郑重其事地向她建议：让爸爸来辅导你的化学吧。女儿的拒绝很巧妙，别！别！那就好比让奥本海默来教我物理。把老爸比做美国的原子弹之父，真让人无话可说。

一心想考北大的女儿在“一模”时成绩出现大的滑坡，每门成绩都下降。最可怕的是,连她自己都不明白,为什么会考得那么糟。以至于她的物理老师,在北京二中执教多年的高级教师杨维文奇怪地问她:闺女,这是怎么回事?物理不是咱们的强项吗?女儿觉得真惭愧,无颜面对恩师。

此时已进入高考的"倒计时",我不得不建议她放弃北大。以她的实力,只要发挥正常,考上其他重点大学是没有问题的。女儿极不情愿,北大在她心中不啻是座圣殿,要她放弃心中的目标无疑是很痛苦的。在这种心态下,她的成绩不但没有反弹上来,反而继续大幅度下滑,但她仍然坚持除了北大,哪儿也不去。用心急如焚来形容当时我们全家的心情,实在不为过。

关键时刻制止滑坡的正是她的班主任马秀菊老师。这位化学老师不但有慈母心肠还有着深刻的洞察力,她早就注意到女儿的情绪低落。就在正式填报志愿的前几天,她把女儿叫到办公室郑重对她说:你能行!我观察你3年了,你同别人不一样,从来不是那种挑灯夜读的学生,只要你像平时一样放松,你能考上北大。女儿当时的心情就像那些长年在白区坚持地下工作的共产党员终于见到上级领导一样,激动得眼泪快要掉下来,回家后抱怨我不理解她。

这件事对我的震动极大,我突然明白了,一个年轻人一旦选择了某一个特定的目标、无悔无怨地奔向心中的圣殿,即使被现实撞得头破血流也在所不惜,应该说这是一种优点。我对女儿说,按照你的想法去做,如果不行的话,明年可以再考一次,我会支付所需的辅导费。

高考时,女儿变成了一匹黑马,冲过了北大的录取线。当北京大学的录取通知书终于来到时,她拿起电话首先告知的正是班主任,电话里传出马老师的笑声。

如今女儿在这所国内排名第一,国际排名前10名之内的著名学府里,最大的变化是改掉了不刻苦的毛病,把整个身心都投入学习中。她的同学不乏国际奥赛的金牌得主们和来自全国各地的尖子，个个身手不凡。

当我听着女儿讲述哈佛、斯坦福、加州伯克莱、哥伦比亚大学等国际名校时，望着她是那样兴致勃勃跃跃欲试，我明白了，另一座圣殿已经在她心中构筑。

看了此文，当父母的会与作者一样担惊受怕，而有些性急或武断一些的父母，可能会采取强制手段逼迫孩子改志愿了。但是，班主任马老师居然肯定了从不挑灯夜战的学生，而父母也宽容了孩子的选择，才创造了考进北大的奇迹。细想一下，其成功不正因为欣赏了孩子有志向会学习的优点吗？

台湾著名女作家罗兰在回忆自己的童年时，也谈到优点被肯定的巨大作用。

她说：

我曾做过笨学生，那是在小学六年级的时候，我的算术不好。直到现在，我还记得老师给我们讲鸡兔分笼和童子分桃等问题时，我是怎样的听不懂。而且，老师越是单独给我讲，我越是听不懂。我也不知道为什么我听不懂……我很感谢我的父亲，当我拿着算术48分成绩单回来见他的时候，他说：“你的理解力不行，但记忆力却很好，现在不要忙，等你长大一点，理解力会慢慢成熟的。”后来，事实证明，到了高中，我的几何代数就都不成问题了。

孩子往往是敏感的，却又常常认不清自己，所以，父母或教师的评价作用格外重要。因此，多发现和表扬孩子的优点，既可以鼓励孩子进步，又为成年人树立科学的儿童观创造了必不可少的条件。事实早已表明，对儿童的否定性倾向，正是扭曲儿童观的根本原因之一。

虚伪与儿童的天性格格不入。

三　向孩子学习应以真诚为本

提出“向孩子学习”的理念，不仅仅是依据科学的研究，也是因为教育实践产生的激情。有人主张赏识孩子可以“无中生有”或“无限扩大”，我是不赞成的。

我的主张是对孩子应当欣赏到位，让他们恰如其分地了解自己，将自信建立在坚实的基础上。失去实事求是的原则，“无中生有”地表扬孩子，也许会被孩子视为虚伪和廉价的话，自然起不到激励作用，甚至还可能适得其反。因此，向孩子学习必须以真诚为本。

通常，大人们总是虚伪地掩饰各种真实的念头，只有小孩才能直率地袒露自己真实的观点。

在1998年10月8日的《家教周刊》上，梁云祥记下了儿子几段趣事，鲜活地展示了儿童求实的可爱心态。在这篇题为《儿子的乳牙藏不藏》的文章里，梁云祥写道：

一次，朋友请我们全家吃饭，席间为每个人上了一碗价钱不菲的鱼翅，我们一边品尝一边漫谈关于鱼翅的话题。

儿子吃了几口便放下不吃了。我说：“多吃点，很贵呢。”儿子勉强吃了几口又放下了。

我问：“怎么了？”

儿子皱着眉一副为难的样子，支支吾吾地说：“我要说不好吃，人家一定会说我没品位，可我觉得它确实还没有粉丝好吃呢。”

一句话说得我们都笑了起来。一个朋友夸张地说：“小家伙，讲起话来蛮有味道的呢。”

事实上，我们常常会有这样的遭遇，不管那道菜被渲染得如何珍贵，却不如家常便饭吃得让人舒服。通常，大人们总是虚伪地掩饰各种真实的念头，只有小孩才能直率地袒露自己真实的观点。

儿子换牙，我把脱落的牙齿仔细地包起来，记录了时间、地点和原委，并配以一小段文字说明。

我郑重其事地说：“儿子，将来你成了名人，这东西可值钱了。”

儿子不动声色，一转身翘着屁股对着我说：“爸爸，快拿塑料袋来，我要放屁了。”儿子的幽默，引起我们一阵心领神会的大笑：“臭小子，你的屁也值钱啦！”

华君武先生有幅漫画，一个孩子带着满身泥水回来，告诉妈妈他不洗脸了，因为这泥水是某某明星的车溅的，讽刺了社会上一些盲目崇拜“星”、崇拜“名人”的人。

儿子的一句话，打掉了我望子成龙的念头。

关于真诚对待孩子，我们课题组成员曹萍在访问全国科技教育十杰、《人民教育》编辑室副主任任小艾时，进行了专门探讨。

其实，对于有些事儿，大人们如果也能听听孩子们的意见，说不定那些复杂的事儿会变得简单些。

任小艾老师说：

当我们有一天真诚地坐在孩子面前，放弃虚伪的自尊，平等地与他们交流时，你会发现孩子的确长大了，不再是你想象中的样子。对有些问题的看法，孩子的认识丝毫不亚于成人。这不仅会令你感到惊奇，甚至感到有些自愧不如。我记得教育家陶行知先生曾说过，你要当好一个先生吗？那要先当好一个学生，只有当好了学生，才能当好先生。陶先生的这段话不仅是对教师而言，对孩子眼中的成年人来说，均不无益处。

在接受新事物方面，孩子的反应常常比成人迅速得多。由于他们在思想上没有束缚和禁锢，因而对于新事物往往持自信和乐观态度。接纳并吸收了新事物的年轻人，从不满足于现状，他们善于在实践中不断地再创造、再学习，从而使人类社会不断向前发展。成年人怎能不向孩子学习？

从客观上讲，由于社会的发展和时代的变迁，今天的孩子所生活的环境正发生着根本性的变化。就我国而言，与我们当年封闭的生活环境相比，今天的孩子面对的是一个全新的世界：国家对外开放、社会日新月异、知识变化更新、信息大量流通、生活丰富多彩……

从主观上讲，今天的孩子由于极少有保守思想和陈旧观念，同时喜欢追求新事物，勇于开拓未知领域，而具有较强的自我生存意识和判断能力。显而易见，他们不可否认地成为了当今社会与时代脉搏合拍的重要群体。这是一个不可忽视的群体，充满着旺盛的生机，充满着新鲜的空气，令人振奋，令人惊奇。

记得小时候，我常听大人们说："小孩子懂什么？大人的事儿少插嘴。"每当此时，我心里总是不舒服。其实，对于有些事儿，大人们如果也能听听孩子们的意见，说不定那些复杂的事儿会变得简单些。如今，自己也长大成人了，面对新生的一代，儿时的记忆依旧挥之不去。因此，在当老师的时候，我常对自己说：别忽略了眼前的孩子们，他们的内心深处也有一片蔚蓝的天空，也有无数颗充满智慧的星星。

从某种角度说，正是这种不断向孩子学习的积极心态，使任小艾从一名普通的中学教师，成长为一颗教育明星。在与她的交谈中，你会时常听到对学生的由衷赞美，而这是绝大多数优秀教师的共同特征。

当然，并非每个人都经常与孩子相处。但是，只要有一颗真诚的心，随时都可能发现孩子的可爱及可学。1998 年 10 月 7 日《人民日报》“人生一得”专栏，发表了题为《孩子的心灵》一文。

作者李体锋写道：

初秋的吐鲁番，太阳仍跟老虎似的冲人发威，坐在车上的我，身上不知被汗水浸湿了多少次。车一停，我赶紧找到水池子，拧开水龙头刚要洗脸，可挂在胸前的相机恰恰垂在和水龙头水平的位置，而四周又偏偏找不到能放或能挂相机的地方。

我正发愁时，忽听身旁传来悦耳的童声：“叔叔，我来帮你拿照相机好吗？”我扭头看去，原来是个十岁左右的女孩，颇有礼貌地站在那儿，两眼盈笑，双手微张着。

我不禁脱口说了句：“这孩子，真好！比我这样的大人都强。”我想起丰子恺先生说过的一段话：“我企慕孩子们的生活天真，艳羡孩子们的世界广大。觉得孩子们都有大丈夫气，大人比起他们来，个个都虚伪卑怯；又觉得人世间各种伟大的事业，不是那种虚伪卑怯的大人们所能致，都是具有孩子们似的大丈夫气的人所建设的。”通过这女孩子的举动，我深感自己在待人接物等方面不如孩子。

扪心自问，我有几次像那位女孩那样谦恭地自荐于需要帮助的人的面前呢？有几次主动无私地去为他人做点事呢？年龄徒长，成熟为虚，脑袋中多了桩桩“顾虑”、种种“考虑”，骨子里平添了数不尽的杂念和私欲，离孩子时的天真、淳朴、自然、厚道相去渐渐远了。

那么,我所做的服务性工作又怎么和“水平”、“一流”能联系到一起呢?这固然主要有我主观努力不够、自身修养不到家的因素,但换个角度看,这里面也有受环境的影响随了“大流”的问题。“凡事都得求个结果,求个利益”,成了如今很多人乐于接受的价值观。很多人片面地认同和接受了这种价值观,以“结果”、“利益”作为自己行为的出发点,凡事有结果、有利便投入,便热情,反之则冷淡,拒人于千里之外。

殊不知,世界上好多事是无利可得的。比如前些时候的抗洪救灾,许多战士流淌了汗水,许多人捐献了钱物,谁也没有想个人有什么回报。我自己大概也是太看重“结果”,太追求“利益”了,待人接物、为人处世自然就少了那位女孩那样明知对个人来说没有结果,没有利益,也要去做的念头,真是令我汗颜!

一位中国古代哲学家曾说过:天道所以能长久,是因为它的一切运作都不为自己。所以有道的人把自己放在后面,反而能赢得爱戴;不为自己,反而能成就自己。西方也有句谚语:送人玫瑰,手有余香。这些话都很有道理。

记者李体锋的可贵之处在于,敏锐发现孩子的优点,并善于反省自身。如果每一位成年人持有此种心态,必定是两代人的福音。

教育不是靠说教完成的,而是靠情感来吸纳真知。

四　努力做孩子的好伙伴应成为成年人的追求

做父母或做教师的人一般都感到责任重大,所以,常常对孩子讲道理,而效果却非常不同。

很少有父母或教师意识到,教育效果与感情深浅关系极大。

因此，尽可能多地与孩子在一起活动，做平等的、受欢迎的一员，与孩子建立真挚深厚的感情，实在是特别有效的教子良方。

有时候，孩子威胁说："我不跟你好了！""我不和你玩了！"许多大人都不以为然，这并非明智之举。

我觉得向孩子学习的不仅仅是新的知识，而是他们那种充满活力和热情的人生态度，还有行动能力，平等地与人对话和交往的能力。

在接受我们课题组访问时，徐国静女士以与女儿关系为例，谈了一番颇为独特的见解，耐人寻味。

徐国静说：

中国的传统文化虽然发现并提倡"教学相长"，但在教育过程中，父母从没有怀疑过自己的教师的地位。父母一直站在讲台上，给孩子指点人生，或传授知识。教育一直是单向地由父母向孩子灌输知识以及信息，而不是双向的互动的交流。

信息社会和电子技术的飞速发展，改变了这一历史，父母不能再独占家庭教育的舞台。我就被孩子一次次从讲台上拉了下来。

第一次，是我女儿教给我一套新的教育方法。她不喜欢我对她唠叨，知道我不能改，就帮助我想出一个新的与她交流的方式：那就是如果我提醒她换衣服，她没有反应，就打三下手；如果她跟我顶嘴，我不用跟她大动肝火，只需轻轻地在她肩上拍三下，她就不会再顶嘴。后来，她的办法被我采纳了。我还用欣赏的态度表扬了她，她就更来劲了，主动给我当英语老师、计算机老师、游泳老师。

在做她学生的日子里，我觉得向孩子学习的不仅仅是新的知识，而是他们那种充满活力和热情的人生态度，还有行动能力，平等地与人对话和交往的能力。

我对环境的意识是女儿呼唤出来的。几年前，有一位老师，给我写了很多长信，希望我能为绿色文化做点什么，我虽然深深地被感动了，但我没有丝毫行动的愿望。可当我听了女儿给我讲了她编的关于环境的童话故事时，我的心灵颤动了。她第一次告诉我要变成龙卷风，专门卷那些破坏环境的人。后来，她又编了《一个污染的小孩》、《宇宙人》、《地球这个夹心巧克力》等故事。我那些早已麻木的神经，才开始苏醒。

我经常对别人说，有个孩子真好，她让日渐衰老的我焕发青春。她经常给我生命这架磨损得随时需要修补的车加油加水，她使我必须和社会保持着最密切的联系，不断吸收新的生命养料。向孩子学习所提倡的实际上是学会从孩子身上获取能源和养料，延缓生命过早地衰老。

父母们都爱自己的孩子，可是否知道当代青少年心目中的父母形象是怎样的？

如前面所说，中国青少年研究中心在9省市经过大型调查发现，对于心目中父亲和母亲的标准，城市失足青年最大的愿望都是“慈祥”。而普通城市青年心目中理想父亲和母亲的品质最重要的分别是有责任心(44.9%)和善于持家(62.4%)。

因此，城市失足青年对父母“慈祥”的高期望值引人注目。分析认为，在学校、社会和家庭三位一体的教育模式中，家庭对青少年的人格塑造有至关重要的作用，父母又是对子女影响最大的人。家庭能否给孩子更多的爱和温馨的成长环境，对青少年的成长十分重要。

当然，相当多的父母与教师已经成为了孩子的良师益友。在“向孩子学习”征文中，我们已读过不少感人的故事。

爸爸错了,“化学专家”错了。

在 1998 年 1 月 4 日的《光明日报》上,身为化学教师的父亲叶海峰写道:

好奇是孩子的天性,儿子也是如此。

在他刚刚学会说话后,就常常向我们问这问那,诸如:睡觉时为什么闭眼、(热)水为什么冒气、晚上天为什么黑,等等。稍大一点,儿子的好奇便开始付之于行动,买回的玩具、家里的小闹钟都被他拆得七零八落,甚至包括音响、电视机之类的东西,儿子都想去“修理”一番。因此,家里常被搞得乱七八糟,儿子也难免受到他妈妈的责怪。但此时,我总会站起来替儿子辩护:“说不定咱儿子会成为中国的爱迪生呢。”

转眼间,儿子已上了小学二年级,调皮劲少多了,好奇心却有增无减。

我是个化学教师,周末有时要为学生准备第二天的实验,儿子也就经常跟我到实验室去。在实验室里,我的那些化学实验强烈地吸引着儿子,比如说,无色的酚酞溶液加到无色的氢氧化钠溶液中,溶液马上变成红色。类似的实验现象惊得儿子目瞪口呆,他被我的实验所折服了,我也成了儿子眼中的名人,他戏称我是“化学专家”。

有一次,我为学生准备用氯酸钾制氧气的实验。实验过程是:把氯酸钾晶体均匀地放在试管底部,然后把试管口向下倾斜,用酒精灯加热可制出氧气。

儿子好奇地问:“试管口为什么向下?”我告诉他:“因为氯酸钾中有少量水分,一加热,水分会变成水蒸气出来。如果试管口向上,水蒸气会重新变成水流回试管底部,从而把试管炸裂。”听了我的话,儿子若有所悟。

碰巧,这时候有我的电话。十几分钟后,等我回到实验室时，一进门，发现儿子正在做制氧气的实验，只不过试管口向上。

我有些生气了：“哎，告诉你不要乱动仪器嘛！”儿子却大声地喊道：“爸爸错了，‘化学专家’错了。”这一喊倒是引起了我的好奇，我赶忙问他怎么回事。儿子告诉我：“我连续做了三次制氧气的实验，试管口都是向上，但试管都没有炸坏。”

试管是否炸坏，和药品中水分含量的大小有关，试管口向下就可以做到万无一失。儿子尚小，不能完全懂得其中的道理，但儿子的行为深深地感动了我，我一下子把他抱怀里，轻轻地告诉他：“你将来一定能成为真正的化学专家。”

我们不能预测这位二年级小学生的未来，但可以确信，科学探索的种子已播进他的心田，并带来生机无限。“说不定咱儿子会成为中国的爱迪生呢。”父亲的辩护词说得何等好啊！有这样的心态与胸怀，何愁没有中国的爱迪生诞生与发展？同样，它也使父母与教师永远年轻，永远富有创造力。

两代人互相学习共同成长，是当代人类发展的必然趋势。

五　建立对话式、交互式、融合式的教育模式

向孩子学习自然是对成年人而言，而对孩子来说则应向成年人学习，我们倡导成年人与未成年人互为师生。

运用这种模式，成年人可以自己比较稳定的价值观影响未成年人的情感品质，在情感的理解力、情绪的控制、表达等方面给未成年人以帮助，也可以在高新技能、灵活的信息、开放宽容的思维方式等方面向未成年人学习，有效地达到两代人共同成长的目标。

值得注意的是，代际沟通并非那么容易。1996年3月，《中

国妇女报》进行了家庭教育调查，共收到全国30个省市3 345位读者的答卷。经专业人员统计分析发现，27%的中小学生将“父母不能理解我”列为主要烦恼之一。这类内容包括：爸爸妈妈不相信我(12.9%)；父母只关心我的学习成绩(31.5%)；我想做的事情父母总不让做(26.6%)；我不知道怎样向父母说出我的想法(33.7%)；我不愿学父母为我安排的学习内容(钢琴、计算机、美术、舞蹈、书法)(19%)等。

在中小学生的自发来信中，谈得最多的是“理解”，这里摘出两段：

我与妈妈关系不好，有时一连一星期不跟妈妈谈话。我不知道怎样与妈妈沟通，怎样谈话，该谈什么。有时候我在学校受了气，妈妈也不问，只是冷冷地说一句：这么大了还哭，在校又与谁闹了，又是你的不对吧，只会哭……妈妈怎么不了解我，什么坏事错事都是我……(湖北一中学生)

我总不能理解，当我兴致勃勃、充满信心去干我想干的事时，他们总是反对，说这不行，那也不行……为了不让他们生气，我只好听话……可有时我也很固执，非去做不可，但即使去做也不那么带劲了。遇到这种情况，我想哭……有时考试考得尽管不好，但比上次是进步了，回家多么想听到这么一句“有进步，继续努力”的话呀，可他们看完(成绩)脸一变，说“这门怎么考的”，接着就给我上政治课，我哪里听得进去！我的心凉了半截。他们哪里知道我更需要精神鼓励。(山东一中学生)

父母误解孩子的事也是时常发生的。

全家人都不敢相信，我们这些大人都做不到的捐助希望工程献爱心活动，一个八岁的孩子竟做到了。

在1998年1月25日《光明日报》上，董海霞发表了《爱心无限》一文。她写道：

小外甥年方八岁，当属顽童之列，当家理财却是一把好手。自从背起书包，他就越来越关心厨房里油、盐、酱、醋、味精是否用完，往往是还不见底他就买来了新的。尽管吃的玩的用的应有尽有，可他还是挖空心思想出种种理由向长辈要钱，今天买玩具橡皮，明天要自动铅笔什么的，钱不管大票小票自然是肉包打狗——有去无回。也就是说不管买什么，他都有“回扣”。

干教育事业的父亲首先发现了问题的严重性，郑重提出全家老小要团结起来对他严加管教，特别是花钱方面不能对他听之任之。经过研究，给他特制了几条规定：要钱必须说明原因，花完后要核对、汇报花销过程，剩余的如数收回；购买家里的油、盐、酱、醋亦如此。政策一出，他打油买盐的积极性一落千丈，由过去的抢着买到不催个三遍两遍不动身。显然，因为没油水可捞了。

一次，他终于摊牌了，父亲生日那天他突然提出：你们都有工资，也得给我开工资。对他的话大家都感到惊奇：一个八岁的孩子，怎么会想到要工资呢？“把爸爸妈妈和小姨每月工资十元以下的零钱给我就算是我的工资。保证决不乱花，有了工资后除了交学费等重大问题决不再跟家里要钱，花每笔钱都记账，以备核查。”

见他说得合情合理，大家一致同意了这个要求。于是，他每月就有了不足30元的工资。旗开得胜，小外甥像过年一样高兴，每次领到工资都欢天喜地数了一遍又一遍。我们发现，有了“工资”的小外甥日子却过得比以前“寒酸”多了，他几乎不再吃零食，也很少买玩具橡皮、自动铅笔之类的高消费用品，练习本等文具总是用那些经济实惠的。问了几次，他总是答非所问地给掩饰过去了，直到前不久父亲去给他开父母会才解了这个谜。

原来入学不久，他所在中心小学就与附近乡下的50名贫困生结成了心连心帮教对子,老师一动员,小外甥就踊跃报了名。在老师的帮助下,短短3个月时间,他已为一名父母残疾叫陈蕾的小女孩捐助了50元学杂费,最少的一次仅寄了4.5元,还给她买了文具盒、练习本等。

全家人都不敢相信,我们这些大人都做不到的捐助希望工程献爱心活动,一个八岁的孩子竟做到了。当我们问他为什么要捐助陈蕾小姐姐时,他眨巴着聪明的眼睛,懂事地说:"现在不上学以后就不能上大学,不能当科学家……"一家人都为他小小年纪就如此富有爱心感动了。父亲一高兴奖了他300元钱,并陪他一起寄给了陈蕾小朋友,让她们全家过个好年。

这个故事颇有喜剧性,原因在于成年人理解并支持了孩子。孩子由于恐惧,或不善于表达,一些正当的事情也躲躲藏藏或真真假假,这很容易造成大人疑心,便屡屡发生冤案。因此,给孩子以宽松的环境,一旦发生问题,先当孩子的"辩护律师",后当"法官",也许会减少一些冤假错案。

北京育英中学等学校开展"两代人通信"活动,化解了大量矛盾,促进了两代人互相学习共同成长,深受中学生及其父母欢迎。这一模式值得推广。

1998年第4期《少年儿童研究》杂志,于秀娟介绍了其教子经验即书信交流法。据悉,女儿20岁生日时,全家为之庆贺。女儿抱出一大摞书信动情地说:

"我能一次次地从失败中走出来,取得今天的成功,是妈妈这些信件陪伴我,在关键时刻为我领航导向,激励我,它们记录着我健康成长的历程。"

代际差异是永远存在的,代际冲突也不可怕,甚至是社会进步的一种方式。但是,代际交流是极为重要的,因为它会使人们更理智,使社会更和谐。

第八章　七个主要结论

一个激动人心的时代开始了。

自1978年以来的近三十年中，作为父母和教师普遍感到了前所未有的困惑，那就是孩子越来越不听话了、不好教了、难理解了。于是，“代沟”之说在中国盛行起来。

经过专业人员一年多的大型调查研究，特别是41位著名学者、专家的共同剖析，我们才确立了“向孩子学习，两代人共同成长”的崭新理念。或许可以说，初步提出了化“代沟”为“代桥”的良策，并为21世纪的中国教育特别是家庭教育提供了重要的理论依据和行动指南。

一　双向社会化与反向社会化

儿童长大的过程是由“生物人（自然人）”变为“社会人”的过程。在这样一个社会化过程中，成年人尤其是父母与教师是儿童和青少年的重要的教育者。也可以说，成年人对未成年人的影响仍是社会化的主流。

但是，必须看到，社会化是终身的和双向的。在当代中国，未成年人对成年人的教育和影响变得越来越突出，而这种反向社会化在儿童期就已经开始了，只不过不太容易被正视罢了。

成年人得注意，当代儿童和青少年身上蕴藏的代际超越和进步的潜能比以往任何时代都更加巨大。通俗一点说，社会化是双向的，大人可以“化”孩子，孩子也可以“化”大人。

二　向孩子学习什么

从反向社会化的角度说向孩子学习，当然是学习孩子的优点，受其积极的影响。

孩子对成人的积极影响主要包括两个方面：一是在成年人看来是不成熟的社会性，如孩子的童真，原生命形态中尚未受到污染的美好品质；二是孩子正在发展的社会性，特别是那些符合时代精神的社会性。具体来讲，至少有十个方面，如乐于接受新事物新思想、主体性增强、平等意识和批判精神增强、法律意识和自我保护意识较强、公民意识较强并热心社会活动、有环保意识、价值判断求“实”、做事认真、休闲态度积极和兴趣爱好广泛，等等。

向孩子学习有许多具体有效的方法，但最关键的问题还是树立科学的观念。根据少年对成人世界的积极影响，我们倡导向孩子学习，两代人共同成长，并提出树立五个新观念。

(1) 现代社会是两代人共同成长的社会。今天，由于社会变迁速度异常之快，两代人都面临着机遇与挑战，两代人鲜明的互补性及共同的使命感和责任感要求两代人相互学习，共同成长。

(2) 在现代社会，教育不再是成年人对未成年人的独享的一种权利，而是两代人之间的一种相互影响。一方面，孩子可以教育和影响父母与教师，在这里，教育的影响是自下而上的；另一方面，成年人应允许孩子对所接受的教育影响作出选择。

(3) 现代社会的发展要求把孩子当作能动的权利主体。成人应当尊重孩子，因为孩子一出生就是一个独立的权利主体，拥有生存权、发展权、受保护权以及参与家庭、文化和社会生活的权利。

(4) 向孩子学习绝不意味着成年人的幼稚和无能，恰恰相反，这是成人真正成熟与睿智的标志。实践证明，越向孩子学习，代际关系越融洽，教育效果越好。

(5) 成年人应该看到信息时代孩子身上蕴藏着巨大的发展潜能。孩子们获取信息的能力空前增大，而这一切将远远超出成年人的估量。有的学者指出，这种情形将给我们的生活带来许多深刻的变化。它将改变我们的教育观念，改变孩子的学习方法，改变家庭文化及代际关系等。当然，最需要改变的是我们自己。

当然，今天的孩子身上也存在许多的弱点，如在克服一定困难取得某项成功方面的动力较弱、在与伙伴交往中容易伤害别人、勤劳勤俭方面表现较差、学习兴趣缺乏或说学习动机较严重扭曲，等等。应当认识到，孩子们的上述弱点犹如一面镜子，映照出学校教育、家庭教育和社会教育的弊端，其根本出路在于素质教育的推行和成功。从另一方面讲，了解孩子是向孩子学习的基本前提。

三　为什么要向孩子学习

未成年人对成年人反向社会化，主要来自两方面原因，其一是客观环境的变化，其二是自身发展的变化。这也是成年人为什么要向孩子学习的原因。

从客观环境方面看，自 20 世纪 80 年代起，中国社会形态发生了重大的变革，特别是信息化与知识经济时代的冲击，使家庭、学校、同辈群体、大众传媒均对成年人产生了积极的影响。信息化动摇了父母的权威地位，却强化了孩子的优势，为反向社会化创造了极为优越的条件。

从自身发展来看，作为吸吮着改革开放的新鲜乳汁长大的中国未成年人，他们是在选择中长大的一代，因而比被安排了一生的父辈有着更强的社会适应能力。他们更关注自我发展，与人相处更注重规则意识，认识世界的广度愈来愈大，面对新环境的应变能力不断提高，而这些优点都在影响着成年人。

四　向孩子学习的三个条件

人们很容易发现，尽管孩子表现出许多优点，《人民日报》甚至发出《赞“回家问问孙子”》的评论，成年人对孩子的态度依然千差万别。因此，在“向孩子学习”方面，不同人存在显著差异。

第一，观念差异。最主要的差异在于是否了解孩子和尊重孩子，是否认同国际《儿童权利公约》和中国《未成年人保护法》，即是否认同18岁以下的未成年人是一个权利主体并拥有人格尊严，等等。

第二，地区差异。调查发现，发达地区承认并接受孩子的影响的父母明显多于不发达地区。在农村发现，父母承认孩子比自己强只是因为知识比自己多，处事方法灵活，并有法律意识，但总认为孩子对自己影响不太大。然而，城市父母则认为孩子对自己影响既大又全面。

第三，文化程度差异。父母受教育程度越高，越容易发现孩子优点，并主动接受其积极影响。

基于上述三大差异，可以认为未成年人对成年人的影响取决于三个条件：其一，儿童主体地位的提高及自我发展张力的形成；其二，成人素质的提高，包括儿童观、教育观的转变和完善自身素质的需求；其三，两代人之间建立平等的合作关系。

五　向孩子学习是终身学习的重要内容

世界正在进入知识社会，知识社会是学习社会，而终身学习是最基本的教育理念。

早在1965年，法国著名教育家保罗·郎格郎在联合国教科文组织国际成人教育促进委员会上，就提出了关于终身教育的提案。提案指出，数百年来，人们习惯于把人的一生分为两半，前半生用来接受教育，后半生用来从事劳动，这是毫无科学根据的。教育应当贯穿人的一生。

自此以后，联合国教科文组织在世界范围内积极倡导终身教育的思想，提出“发达国家和发展中国家在今后若干年内制定教育政策的主导思想”应该是终身教育理论，它要求全世界各个国家的教育都要按照终身教育原则进行改革。

显而易见，在知识社会和信息时代，不向孩子学习，成年人难以完成终身学习的任务。因此，将向孩子学习作为终身学习的重要原则和途径，是成年人的明智选择。

六　向孩子学习的原则及意义

进入新世纪，中国儿童和青少年的成长环境发生了巨大的变化。在新环境中长大的孩子，其观念、情感和行为层面的发展日新月异，让父母和教师乃至整个社会都产生了从未有过的困惑。走出困境需要向孩子学习，而这就要坚守五个原则。

(1) 向孩子学习的前提是了解孩子，了解时代的变化。生活在信息时代的孩子是一本内容极丰富的书，每一位父母和教师只有潜心研读，才能理解孩子的“十万个为什么”，才能发现孩子的优点。

（2）了解孩子的前提是尊重孩子。孩子虽小也是人，成人应该尊重孩子生命发展过程中的独特规律，尊重孩子的成长需要，尊重孩子的各项权利，尊重孩子的人格尊严，这是向孩子学习的重要保障。当孩子的言行成人不能理解时，切忌匆忙下结论反对，应三思而后行。

（3）欣赏孩子的优点是向孩子学习的主要条件。在充满失败语言的家庭或学校，是不可能向孩子学习的。与此相反，优秀的父母与教师总是善于发现孩子的长处，并给予积极的鼓励。当然，教育不能没有批评，甚至不能没有惩罚，但越是批评与惩罚孩子，越要尊重孩子，用唤醒自尊的方式促使孩子不断进步。

（4）努力做孩子的好伙伴应成为父母与教师的神圣追求。为此，要与孩子平等相处，像善待自己一样善待孩子，像宽容朋友一样宽容孩子。

（5）建立对话式、交互式、融洽式的教育模式。教学相长，是古老而科学的教育原则。世界从没有像今天这样需要以孩子为师，因为信息时代让孩子如虎添翼。两代人相互学习共同成长，才会使两代人完成终身学习的任务，共同迎接新时代的挑战。

古今中外的历史早已证明，不了解儿童的教育是盲目的教育，不相信儿童的教育是错误的教育，不尊重儿童的教育是专制的教育。

因此，向孩子学习，两代人共同成长，是新世纪教育观念的重大变革，是家庭教育和学校教育走出误区的重要途径，也是化“代沟”为“代桥”的幸福之路。

从一定意义上说，不向孩子学习，就无法教育孩子。

（关于“向孩子学习”的研究，由我担任课题组长，与康丽颖等研究人员共同完成。本书的部分论述引用了课题组的研究成果，特向康丽颖等研究人员表示诚挚的谢意）

相关文论

90 后特征与教育需求

教育孩子的前提是了解孩子。当我们面对 90 后——中国最年轻的一代，或许会感到许多陌生。

2005 年，中国青少年研究中心与全国少工委办公室联合开展了中国少年儿童发展状况调查，调查内容涉及少年儿童的心理、价值观、学习、闲暇、消费、媒介接触、亲子关系、同伴关系、师生关系、少先队组织、儿童权利等，调查对象是全国 10 个省(分别是：广东、福建、山东、广西、吉林、湖南、安徽、河南、四川、贵州)46 个区县 184 所中小学校的 5 000 多名小学一年级至初中三年级的学生。其中，男生占 47.8%，女生占 52.2%。(科学出版社 2007 年 11 月出版的《儿童的名字是今天——当代中国少年儿童发展状况蓝皮书》详细介绍了该研究成果)这些学生的年龄一般在 6 岁至 15 岁之间，几乎都属于 90 后一代人。也就是说，这次中国少年儿童发展状况调查，实际上也是对 90 后一代状况的了解。

调查表明，**90 后一代总体来说具有九大特征，即充满自信但较为脆弱、富有理想但不甘平凡、重视维权但时常受限、消费自主但习惯攀比、渴望同伴友谊但矛盾较多、喜欢学习但负担较重、主动使用媒介但容易失控、亲子关系缓和但沟通不畅、亲近教师但对教师要求偏高**。90 后一代正处于人生成长的最关键时期——学习阶段，只有顺应他们的发展特征和发展需求，学校管理工作才能有效地促进少年儿童全面发展，从而实现学校发展与教育发展的和谐统一。

90后特征之一：充满自信但较为脆弱

研究发现，多数少年儿童能够正确认识自我，对自我有较高的接纳度，尤其在对个人的相貌和体形方面（1999年为74.0%，2005年为82.1%）、健康状况方面（1999年为80.5%，2005年为83.1%）、性格方面（1999年为71.3%，2005年为76.9%）提高幅度较大。从对比数字中可以看出，今天的少年儿童自我接纳程度和过去相比有大幅度提高。美中不足的是，少年儿童对自己的学习状况接纳程度并没有提高，反而略有下降。这可能和当前的学习压力、激烈竞争有关，也可能和成人社会对少年儿童的高期望有关，使得他们不敢轻易地对自己的学习状况表示满意。

自我接纳程度提高，还表现为当代少年儿童更加认可自己在社会生活中的价值，对自我发展充满期望。调查显示，认为自己在各处都能起到作用的少年儿童占68.1%，有89.8%的对今后充满了希望。"1999年的调查"显示，66.0%的少年儿童认为自己可以在社会生活中起到作用，78.6%的少年儿童对未来充满信心。这说明今天的少年儿童更加自信，更加认可自身价值，对未来期望更高。

尽管多数少年儿童情绪稳定，积极乐观，但现实生活中仍有一部分少年儿童情感脆弱，整日被焦虑、抑郁、烦躁、痛苦的情绪控制，难以轻松快乐地生活。调查发现，19.2%的少年儿童"感到抑郁的时候比较多或非常多"。在抑郁的体验上，也存在一定的差异，初中生感到抑郁的比例（16.7%）要高于小学生（12.7%）。此外，还有近1/3的少年儿童认为自己"感到烦躁的时候比较多或非常多"（29.9%）；有28.9%的少年儿童表示"感到苦恼的时候比较多或非常多”；18.2%的少年儿童表示“感到痛苦的时候比较多或非常多”；23.4%的少年儿童表示“感到伤心的时候比较多或非常多”。今天的孩子们生活条件好了，物质生活丰富了，但他们中的一些人生活并不快乐。

启示：学生需要心理关怀。虽然从整体上看“90后”少年儿童的心理健康状况是好的，但由于我国中小学生基数较大，即使心理状态不良的检出率仅占百分之几，也是特别值得关注的问题。因此，学校应广泛关注少年儿童的心理状况，认真开展心理素质教育。设置心理指导课程、利用丰富的教学活动和社会实践活动培养学生坚强的意志品质和抗挫能力、开设心理咨询室或心理咨询热线为学生提供心理指导和释放压力的渠道等，都是当前中小学心理教育必不可少的工作。

90后特征之二：富有理想但不甘平凡

当代少年儿童的价值观有着鲜明的时代特点。从少年儿童对道德价值认同度、人生幸福观和人生职业理想观等方面看，少年儿童价值观的突出特点是：传统价值与现代价值“共生”，个人价值与社会价值并重，多种价值交织并存，体现出了价值观的多元化，职业理想的多样化。

调查显示，少年儿童认同度最高的前5项道德价值依次是：善良（75.8%）、诚实（52.8%）、勇敢（49.0%）、守信（31.9%）和孝敬（31.1%）；认同度较高的5项道德价值是：勤劳（30.8%）、谦虚（31.1%）、自信（29.2%）、正直（22.6%）和宽容（20.5%）；认同度较低的5项道德价值是：认真（19.3%）、无私（18.7%）、责任感（16.2%）、节约（15.6%）和公正（8.4%）；认同度最低的5项道德价值是：进取（6.2%）、合作（5.6%）、独立性（5.4%）、敬业（2.7%）和守时（1.9%）。可见，少年儿童的价值观总体上与传统的道德价值观和社会主流道德价值观趋于一致。这表明，当代少年儿童的价值取向呈现多样化的特点，他们高度认可传统的基本道德价值，也看重当今时代提倡的现代价值。

调查显示，少年儿童最普遍认可的两项人生幸福标准是："有温暖的家"，占 53.9%；"有知心朋友"，占 36.1%；认同度较高的两项人生幸福标准是："为社会做贡献"，占 27.5%；"健康"，占 20.1%；比较认同的两项人生幸福标准是："快乐"，占 14.9%，"事业成功"，占 12.6%；认同度较低的两项人生幸福标准是："自由自在"，占 9.4%；"受到尊重"，占 6.1%；认同度最低的三项人生幸福标准是："有钱"，占 3.5%；"有权有势"，占 1.5%；"享受"，占 0.7%。可见，少年儿童普遍看重家庭、朋友、服务社会、健康、快乐、事业有成。这表明当代少年儿童的人生幸福观呈现多元化的特点，他们对人生幸福的理解既多种多样，又符合传统观念和当前社会主流观念。这种人生幸福观不仅体现了价值观的多元化，个人价值与社会价值的统一，也体现了当代少年儿童热爱生活，追求个人幸福，奉献社会的精神风貌。这也从一个侧面表明，中华民族注重家庭和朋友的传统观念在当代少年儿童中仍然得到普遍认同。

调查显示，少年儿童最喜欢以下 3 种社会角色或社会职业：科学家（46.5%）、教师（36.8%）、医生（34.1%）；其他依次排序为：歌星（27.5%）、文学家（26.6%）、航天员（24.6%）、律师（24.2%）、影视明星（24.1%）、企业家或老板（22.9%）、电视节目主持人（22.7%）、军人（21.2%）、新闻记者（20.9%）、体育明星（15.1%）、政府官员（14.4%）、商人（12.9%）、工人（2.6%）、农民（1.8%）。可见，科学家仍然是少年儿童心目中最理想的社会角色和职业；教师和医生等比较稳定的职业也受到较多少年儿童的欢迎；一些现实生活中收入高的热门职业受到不少少年儿童的青睐，比如歌星、影视明星、电视节目主持人等；值得一提的是，航天员也受到了不少少年儿童的喜欢，这可能跟近几年的航天热有关；企业家或老板、商人等也有一定数量的少年儿童喜欢；但向往做工人和农民等普通劳动者的少年儿童极少。

启示：思想道德教育要增加现代价值观教育。数据表明，当代少年儿童的价值观基本面是健康的、积极的，但在某些现代价值和时代精神方面还需要进一步丰富和提升，传统美德教育与现代价值观教育并存应成为学校思想道德教育的新内容。“蓬生麻中，不扶而直”，学校是德育的重要阵地，校园德育环境建设要注重涵盖以下三个方面：即传统文化中以自强不息为核心的民族精神教育、以爱国奉献为核心的时代精神教育和为当今时代发展所需要的现代价值教育。

90 后特征之三：重视维权但时常受限

今天的少年儿童开始了解法律与自己的权益之间的关系。本次调查显示：有 40.7%的中小学生经常用法律武器维护自己的权利；有 69.7%的中小学生完全赞成学好法律才能更好地保护自己。与 1999 年相比，少年儿童有了更强的权利意识，当问及“假如父母或老师翻看了你的日记或信件，你会怎么想?”时，有 39.1%的人回答“他们侵犯了我的权利，不能这样做”(见表 1)。

表 1　假如父母或老师翻看了你的日记或信件，你会怎么想？(%)

儿童对成人行为的态度	1999 年 (n=4 339)	2005 年 (n=5 314)
他们侵犯了我的权利，不能这样做	33.8	39.1
无所谓，反正没写什么	8.7	8.1
他们有权这样做	11.9	10.8
很高兴他们有机会了解我	44	40.8
其他(请说明)	1.6	1.2

随着年龄的增长，少年儿童认为这是“侵犯我的权利，不能这样做”的比例随年级的升高而逐渐增加，认为“很高兴他们有机会了解我”的比例是随年级的升高而逐渐下降(见图 1)。

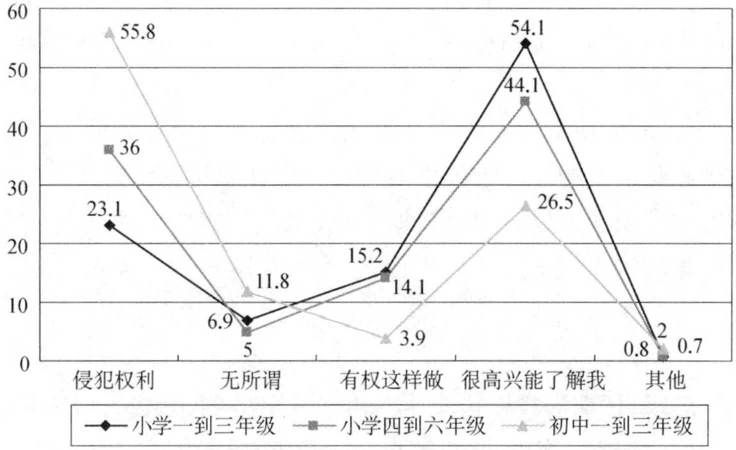

图 1　假如父母或老师翻看了你的日记或信件，你会怎么想(%)

少先队作为全国性的少年儿童群众组织，近年来也不断发展和完善。

数据显示，超过 93%的少年儿童表示自己加入了所在地的少先队组织；加入少先队的年龄主要集中在 6 岁、7 岁和 8 岁，占 79.4%，其中 7 岁是入队的高峰年龄，占总数的 37.0%，近 90%的少年儿童 10 岁前加入少先队。

数据还显示，少先队民主生活制度近年来有了较大发展，少先队小干部由队员民主选举产生的比例越来越高，少年儿童的民主意识不断提高，民主生活的习惯逐步养成。其中，59.0%的少年儿童表示自己所在班级的少先队小干部由“队员或同学选举”，4.6%的表示由队员“轮流”担任，值得注意和应当努力改进的是，仍有 34.6%的表示队干部由“老师或辅导员任命”，这显然不符合少先队的组织原则，也与少年儿童较高的参与积极性有较大差距。调查显示，少年儿童普遍愿意通过竞选担任少先队干部，其中55.4%的“非常愿意”参加队干部的竞选，24.5%的“比较愿意”，只有10.0%的“不太愿意”。这种参与的积极性在低年级的少年儿童中更为突出，小学一到三年级中表示愿意参加队干部竞选的比例超过85%，初中一到三年级愿意参加竞选的比例为64%。

此外，少年儿童对少先队组织的建设和发展非常关心，愿意对少先队组织的活动积极发表意见，“献计献策”，体现了良好的主人翁意识和责任意识。数据显示，79.3%的少年儿童表示“我是少先队的一员，有义务为少先队的发展积极表达自己的意见”，而年级越高的少年儿童表示意识越强（小学一到三年级为66.7%，小学四到六年级为83.4%，初中一到三年级为86.2%）。

启示：把话语权还给学生。由于儿童的弱小，成人世界的意志和价值标准往往被自觉不自觉地强加给儿童，儿童生来尊严和价值就遭到忽视，儿童的愿望和需求缺少真实的关注。其中，最易遭到忽视的是儿童的话语权。儿童权利的发展和维护任重道远，对此，学校具有不可推卸的义务和责任。

90后特征之四：消费自主但习惯攀比

随着生活水平的日益提高和生活质量的不断改善，“90后”少年儿童的生活水平也在进一步提高，主要表现为零花钱、压岁钱、存款额显著增加，拥有的物品更加丰富，高档消费品拥有率有所提高，消费更加自主和理性。

调查显示，和1999年相比，“90后”的孩子们每周手里能够自己支配的钱不再是几元，更多的是10元以上（见图2）。52.3%的少年儿童有自己的存款。研究发现，“90后”的孩子们消费行为更加理性。对于自己掌握的钱，他们大多用来购买文具、课外书刊等（82.5%），其次是买零食（32.9%）、捐助给需要帮助的人（32.1%）、给长辈买东西（24.6%）、存入银行（17.8%）、给同学买礼物（17.8%）等。

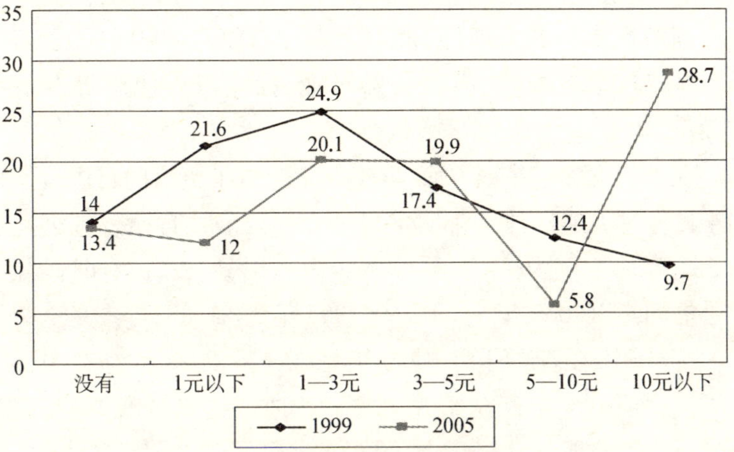

图 2　你平均每周大约要花掉多少零花钱（%）

对存款的使用意向，也说明了少年儿童在消费行为方面的变化（见图 3）。统计得知，59.7%的少年儿童想用存款买学习用品，41.2%的希望用来交上学的杂费、18.5%希望将存款用来给长辈买东西，其余依次是用来捐款（15.5%）、独立后使用

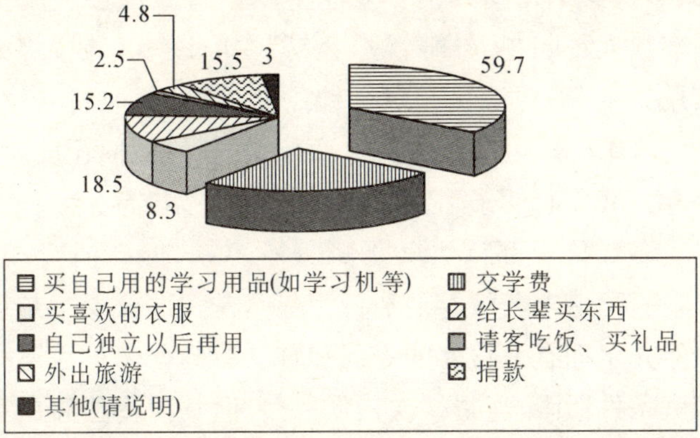

图 3　你打算用你的存款做什么（%）

(15.2%)、买自己喜欢的衣服(8.3%)、外出旅游(4.8%)、用来请客吃饭、买礼品(1.5%)。和1999年相比,“90后”的孩子们在买衣服、旅游、请客吃饭等方面,均有所下降。可见,当代少年儿童在消费行为上更为理性,他们大多知道将存款用在买学习用品、交学费、孝敬长辈、投入公益事业、独立以后使用等有益的方面。

在如何支配零花钱方面,少年儿童获得了更大的自由度。他们不再像过去那样什么都听父母的,而是经常“自己想怎么花就怎么花”(2005年为14.3%,1999年为8.8%),或者“有时候征得父母的同意”(2005年为54.7%,1999年为51.6%)。“完全听父母的”选择率却有所下降。1999年为39.6%,2005年为31.0%。

这说明少年儿童在家庭中的消费地位越来越高了,他们不再像过去那样听从父母摆布,不再是父母买什么就穿什么,父母给什么就用什么,而是在吃穿用等方面更渴望自己做主。同时,对于家庭的整体消费,他们也具有较高的影响力,父母买电脑、电视等用品往往也要听取孩子的意见。这也说明成年人对孩子的管教方式更加民主,对孩子的零花钱不再过多干涉。

课题组对少年儿童具有的消费观念进行了调查。结果发现,绝大多数少年儿童在消费观念上基本符合社会主流价值及期望。多数人赞同“父母赚钱不容易”,“应该多存钱”,“买东西要以实用为主”等想法。在对金钱的使用方面,他们反对“花钱是个人的自由”,认为应该跟父母商议。同时,他们还反对“一个人花得起大钱才有面子”,“有钱就能办到一切”等看法。

尽管多数孩子都认为父母赚钱不容易,但高消费、攀比消费、盲目消费、追求名牌等消费行为依然在一部分少年儿童中存在。少年儿童拥有上百元的衣服和鞋已极为普遍。尽管有的学生因家庭条件所限,消费档次稍低一些,但其消费总额在家庭支出中的比例也普遍偏高。调查还发现,61.52%的学生购物时关注名牌，在被调查的 4 000 多名少年儿童中，城市中有 28 人、农村中有 7 人最贵的一件衣服在 1 000 元以上。

启示：把缺的课补上。因为不具备科学的理财观念，缺乏基本的理财知识、技能和习惯，导致当代许多少年儿童消费观念和消费行为错误。培养少年儿童合理适度的理财意识，形成勤俭节约的好习惯是理财教育的重要内容，但当今学校和家庭很少针对儿童进行切实、持久、系统的理财教育，建议学校和教育管理部门在校本课程的建设方面酌情加入消费教育板块。

90 后特征之五：渴望同伴友谊但矛盾较多

少年儿童喜欢与同龄伙伴交往，同龄伙伴在少年儿童的生活中占有重要地位。调查显示，81.2%的少年儿童认为自己的好朋友主要是同学或同龄伙伴，远远高于选择母亲(51.2%)、父亲(46.7%)、老师(32.5%)、祖父母或外祖父母(31.2%)等成年人的比例。而且，无论是小学低年级还是初中阶段的少年儿童，将同学和同龄伙伴选为好朋友的都高于选择其他人的比例。这一结果与 1999 年的调查大致相同。这说明，同龄伙伴始终在少年儿童的心目中处于重要位置，是他们最乐于交往的对象。对不同年龄少年儿童的比较发现，随着年龄增长，同龄伙伴越来越重要，在小学低年级，将同学或同龄伙伴选为好朋友的比例为 67.1%，到小学高年级，这一比例增长到 86.2%，在初中阶段，这一比例继续增长，达到 89.4%。

同龄伙伴是少年儿童最主要的陪伴者。调查表明，在被问到"在空闲时间，你和谁在一起的时间最长"时，38.2%的少年儿童选择了同学或同龄伙伴，排在各选项第一位。排在第二位的是母亲(22.6%)，第三位是兄弟姐妹(18.7%)。随着年龄的增长，少年儿童与同伴在一起的时间越来越多，选择在空闲时间与同学或同龄伙伴在一起时间最长的小学低年级学生只有

22.2%,到了小学高年级这一比例已经增长到37.7%,而在初中阶段,比例增长为52.2%。

对于初中生而言,同龄伙伴还是最主要的秘密分享者,最重要的情感支持和价值增进源。数据显示,45.0%的初中生表示"内心的秘密,最愿意告诉同学或同龄伙伴";42.0%的初中生认为"心情不好时,同学或同龄伙伴最能理解、安慰自己";35.1%的少年儿童表示"遇到难解决的问题,最愿意向同学或同龄伙伴求助";28.7%的初中生认为"同学或同龄伙伴最尊重自己,让自己感到自信"。在以上四个方面,初中生选择同学或同龄伙伴的比例均高于选择其他人,排在第一位。这表明,随着年龄的增长,尤其是进入青春期以后,同学和同龄伙伴将成为少年儿童寻求支持的最主要对象。

但是,调查也发现,父母和孩子在择友标准上并不一致。少年儿童最愿意与品行好(56.7%)、学习好(52.5%)、和自己有相同兴趣(29.0%)的人交朋友;然而,在被问到"你的父母最希望你与什么样的人交朋友"时,孩子们认为父母希望他们与学习好、品行好、和自己有相同兴趣的人交朋友。学习好排在第一位,而且父母对"学习好"这一标准的重视远远超过了孩子们的重视程度,高达70.9%。

启示:加强少年儿童交往能力的指导。在少年儿童的发展过程中,父母和同伴都起着很重要的作用,并且各自的作用是独特的,同伴交往的作用是父母所不能代替的,同伴交往对少年儿童的发展尤为重要。良好的同伴关系可以帮助他们更好地适应学校生活、增强心理调适能力和社会适应能力。学校是少年儿童同伴交往的主要场所,必要的交往能力教育、交友技巧训练活动应该成为少年儿童学校生活的重要内容。

90后特征之六:喜欢学习但负担较重

调查显示,93.3%的少年儿童喜欢到学校去上学,学习态度端正积极。其中,90.8%的少年儿童对课堂内容感兴趣。1999年的调查结果显示:75.2%的少年儿童上课时不和别人说与课堂无关的话,89.5%的上课时不看课外书,87.9%的上这门课时不做那门课的作业,92.4%的上课时不玩自己喜欢的东西。与1999年调查相比,“90后”的少年儿童课堂兴趣在不断增加,课堂表现也有所进步。其中,78.4%的少年儿童课堂表现乐观。而在1999年,74.4%的少年儿童在老师讲课时积极思考问题,59.7%的人在老师提问时积极举手发言。

另外,57.4%的少年儿童希望将来具有博士研究生学历,16.5%的希望自己将来具有硕士研究生学历。与1999年调查相比,“90后”对高中或中专、技校、职中学历的期望下降了11.7个百分点,对博士研究生的学历期望上升了16.5个百分点。

调查还显示,无论是学习日还是周末,各年级段少年儿童在写作业时间上的超标比例均超过一半。在学习日写作业时间最高的超标比例达69.2%,在周末则达到79.8%。与1999年相比,超标比例迅速增大(见表2)。

表2 本次调查和1999年调查中少年儿童写作业时间超标情况(%)

年级	国家规定时间	1999年超标比例		2005年学习日超标比例		2005年周末超标比例	
		城市	农村	城市	农村	城市	农村
小学1—3年级	30分钟以下	67.2	45.6	69.2	61.2	76.0	79.8
小学4—6年级	1小时以下	36.8	26.3	63.0	52.5	70.9	70.4
初中生	1.5小时以下	20.6	20.1	55.0	41.3	65.7	54.6

注:初中生国家规定时间是1.5小时,但调查统计数据是超过2小时。

调查还显示,54.9%的城市小学生和57.9%的农村小学生,56.9%的城市初中生和65.6%的农村初中生,每天在校的时间超标。同时,有16.4%的少年儿童表示平常没有自主安排的时间。与1999年相比,“90后”自主安排时间的量更少,自主性减弱(见表3)。

表3　本次调查和1999年调查中少年儿童在校时间超标情况(%)

年级	国家规定时间	1999年超标比例		2005年超标比例	
		城市	农村	城市	农村
小学	6小时以下	67.0	64.6	54.9	57.9
初中	8小时以下	60.5	61.6	56.9	65.6

另外,很多中小学生没有达到睡眠标准。其中,在学习日有45.7%的中小学生没有达到国家规定的睡眠标准(9小时),与1999年(46.9%)基本持平。在休息日,有30.3%的中小学生没有达到国家规定的睡眠标准。

本次调查还发现,与过去相比,少年儿童们能够自主支配的闲暇时间非但没有增加,反而有所减少。当被问到“请回想一下昨天,你能自主安排的时间(除了上课、吃饭、睡觉、写作业、预习或复习功课和做家务之外)有多少”时,多数少年儿童认为能自主支配的闲暇时间减少(见图4)。

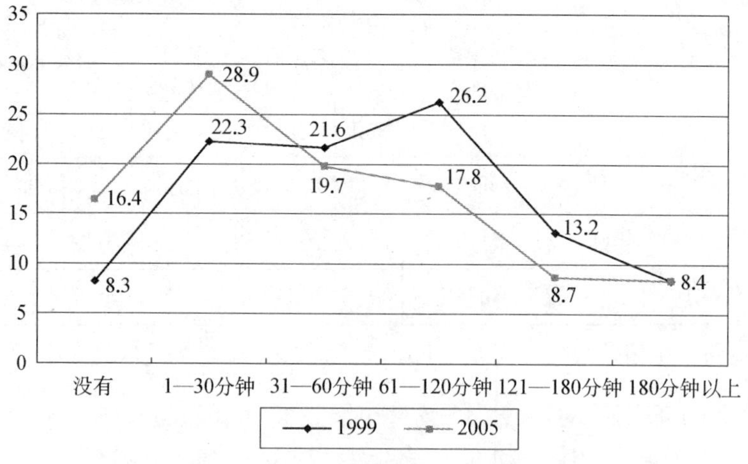

图4　请回想一下昨天你能自主安排的时间是多少(分钟)

从图中可以看出，2005年少年儿童除了在3个小时以上的休闲时间段与1999年持平、1—30分钟时间段有所增长外，其余均有较大幅度下降。1999年，“昨天”没有自主休闲时间的少年儿童为8.3%，而2005年则为16.4%，几乎增长了一倍。在1个小时到两个小时这一休闲时间段也有大幅度下降。虽然减负呼声强烈，虽然孩子们特别渴望能够自主休闲，但是现状却不容乐观。来自学校的课业负担、来自父母们为孩子安排的学习及特长培训等活动，都在一定程度上限制了孩子们的自主休闲。然而，少年儿童们是非常渴望自主休闲的，本次调查发现，当被问到“你认为哪些事情应该由自己来做最终决定?”时，认为应该由自己来“安排业余生活”的少年儿童占33.2%，排在“安排学习”、“与谁交朋友”、“报考学校”之后，在13个选项中名列第四。

在闲暇活动内容上，少年儿童也比较被动。1999年，在“上一个休息日”排在前五位的主要时间分配分别是“做家庭作业”(84.1%，平均89.69分钟)、“看电视、电影、录像”(84.5%；平均54.98分钟)、“和小伙伴一起玩耍”(39.8%；平均48.13分钟；)、“阅读课外书刊、报纸”(85.2%；平均38.48分钟)、“参加特长培训”(47.8%；平均32.13分钟)。2005年，排在前五位的分别是“做家庭作业”(95.3%；平均140.65分钟)、“看电视、电影、录像”(75.7%；平均105.58分钟)、“和小伙伴一起玩耍”(79.4%；平均102.97分钟)、“做家务”(81.9%；平均77.32分钟)、“阅读课外书刊、报纸”(79.9%；平均67.37分钟)。从两次调查的对比数据可以看出，孩子们在休息日里，最主要的三项内容是做家庭作业、看电视电影录像、和小伙伴玩耍。需要特别注意的是，两次调查相比，孩子们写作业、看电视、和小伙伴玩耍的时间均有大幅度提高。

在“昨天”，也就是平时的学习时间里，孩子们的时间分配也多集中在做家庭作业、看电视电影录像、和小伙伴玩耍三项。

1999年排在前五位的时间分配分别为“做家庭作业”(89.7%;平均57.88分钟)、“看电视、电影、录像”(75.6%;平均37.20分钟)、“和小伙伴一起玩耍”(84.1%;平均33.34分钟)、“阅读课外书刊、报纸”(87.0%;平均26.50分钟)、“参加特长培训”(75.4%;平均19.55分钟)。2005年排在前五位的时间分配分别是“做家庭作业”(97.3%;平均98.91分钟)、“和小伙伴一起玩耍”(76.0%;平均67.56分钟)、“看电视、电影、录像”(75.6%;平均62.79分钟)、“家务劳动”(75.8%;平均57.19)、“体育锻炼”(75.9%;平均47.6分钟)。可见,无论是在休息日还是在平日,孩子们用在学习上的时间都是最长的。

启示:减轻课业负担是学校教学管理的重要使命。显而易见,新课程改革以来,教学内容的更新、教学方式和学习方式的变化在一定程度上提高了少年儿童课堂学习的幸福感,但课外学习负担依然沉重并有所增加的事实也不容忽视。学习负担重严重阻碍了素质教育的全面推进,党和政府对此高度重视。胡锦涛总书记在十七大报告中明确提出,要“减轻中小学生课业负担,提高学生综合素质”。温家宝总理在十一届全国人大一次会议上作政府工作报告时再次重申“全面实施素质教育,切实减轻中小学生课业负担”。增效减负是一项艰巨的工程,只有真正做到“高效课堂、有效作业”,减轻课业负担才能成为可能。

90后特征之七:主动使用媒介但容易失控

本次调查显示,当代少年儿童在媒介接触的方式和时间上都有比较明显的变化,与1999年相比出现了一些新特点。从媒介的选择看,在不同的媒介中,少年儿童接触最多、最广泛的是电视,其次是图书、报纸和杂志等;少年儿童用于不同媒介的时间有较大变化,用于阅读书报的时间整体上有一定减少,而用于看电视、上网的时间有了较大增加。

看电视几乎成为大多数少年儿童每天的“必修课”。本次调查显示，被调查者平均每天花在看电视上的时间大约为 1 个小时，周末或节假日看电视的时间更长，平均超过 100 分钟。

从阅读课外书的数量看，在过去的一年中，少年儿童总体上阅读课外书平均大约 25 本。其中城市少年儿童平均阅读课外书 35.69 本，农村少年儿童平均阅读课外书 20.20 本。从年级对比看，小学一到三年级的学生去年平均阅读课外书的数量大约为 24.06 本；小学四到六年级的学生平均阅读课外书的数量大约为 32.86 本；初中一到三年级的学生去年平均阅读课外书的数量大约为 20.09 本。可见，城市少年儿童阅读课外书籍的数量总体上要远多于农村少年儿童，而小学中高年级的学生阅读课外书的数量最多。

从阅读课外书的时间看，平时少年儿童总体上阅读课外书报的时间大约为 50 分钟，双休日阅读课外书报的时间大约为 1 个小时。本次调查显示，少年儿童平时每天阅读课外书刊、报纸的平均时间约为 47.8 分钟，双休日每天阅读课外书刊、报纸的平均时间约为 63.37 分钟；从城乡对比看，城市少年儿童平时每天阅读课外书刊、报纸的平均时间约为 51.35 分钟，双休日约为 75.28 分钟，而农村少年儿童平时每天阅读课外书刊、报纸的平均时间约为 44.88 分钟，双休日约为 63.27 分钟。可见，城市少年儿童用于阅读课外书的时间量要多于农村少年儿童；从年级对比看，小学一到三年级的学生平时每天阅读课外书刊、报纸的平均时间约为 49.09 分钟，双休日约为 69.13 分钟；小学四到六年级的学生平时每天阅读课外书刊、报纸的平均时间约为 53.05 分钟，双休日约为 72.80 分钟；初中一到三年级的学生平时每天阅读课外书刊、报纸的平均时间约为 39.54 分钟，双休日约为 61.12 分钟。可见，小学中高年级的学生用于阅读课外书的时间是最多的。

少年儿童的家庭电脑和个人电脑拥有率有显著增长。调查显示，25.6%的少年儿童表示家中拥有电脑，其中城市少年儿童达到50.4%，农村少年儿童达到12.8%；与1999年相比，少年儿童家庭拥有电脑的比例大大增加。1999年只有8.4%的少年儿童家中拥有电脑(城市20.0%，农村4.6%)。需要提及的是，有10.5%的少年儿童表示自己拥有电脑(城市21.2%，农村5.0%)。以上这些数据表明，最近几年，我国社会的信息化程度提高迅速，少年儿童接触电脑的基础条件大大改善，但城乡差距仍然巨大。

本次调查显示，73.2%的少年儿童使用过电脑(城市87.0%，农村66.1%)；在使用过电脑的少年儿童中，上过网的达到52.5%(城市68.4%，农村41.4%)。可见，会使用电脑和上网在少年儿童中已经比较普遍，尤其是在使用过电脑的城市少年儿童中更是如此。调查还显示，“玩网络游戏”是少年儿童最经常的网络行为。其中有19.2%的少年儿童经常玩网络游戏，有27.7%的少年儿童有时玩网络游戏。

启示：应将媒介素养的教育纳入学校教育管理范畴。当代少年儿童身处丰富多样的媒介传播环境。大众传媒的飞速发展，使信息的了解和传播变得极为便捷迅速，同时，难以计数的不良信息也给少年儿童的思想、意识和行为方式带来了不容忽视的负面影响。增强少年儿童对媒介传播识别、分析和运用的能力，以使他们在接受信息时成为具有自我保护意识的人，也使他们知道如何有效地利用媒介获取有益有用的知识和信息、如何运用媒介积极参与有益的社会活动、如何运用媒介表达自己的意见和行使媒介批评的权利，已成为当前一件刻不容缓的事情！建议将少年儿童媒介素养的教育纳入学校教育管理范畴，从素质教育的角度提高少年儿童对媒介消极作用的防范、抵制能力以及使用媒介获取有用信息的能力。

90后特征之八：亲子关系缓和但沟通不畅

研究发现，在“90后”孩子的心目中，父母已由高高在上的“家长”逐渐变为与孩子平起平坐的“朋友”。51.2%的少年儿童将母亲视为自己的好朋友（1999年为36.5%），46.7%的少年儿童将父亲视为自己的好朋友（1999年为36.2%），这两个比例较1999年均有较大幅度的增长。朋友关系与亲子关系很大的不同在于朋友关系更加平等，“90后”更多地将父母视为自己的好朋友，这说明成人的权威地位进一步动摇，少年儿童的社会地位不断提升。

少年儿童社会地位的提升与他们在信息时代的优势地位相关。调查表明，在对电脑和网络这些新媒介的使用技术上，少年儿童的掌握能力要远远超出他们的父母等长辈。调查数据显示，使用过电脑的少年儿童比例比父母的高出26.6个百分点；在使用电脑方面，70.1%的少年儿童认为“父母比自己懂得少”；61.5%的表示“自己经常或有时教给父母一些新知识”。只有20.1%的认为“父母比自己懂得多”。

孩子对父母的影响不仅涉及知识技能，在生活方式和价值观方面，比如勇于张扬自我，有较强的规则意识，积极的生活态度，乐于接受新事物新思想等，都对成年世界存在着不同程度的影响。

“90后”普遍承载着父母较高的学业期望。调查发现，超过90%的父母希望孩子将来能读到大专或大专以上，其中希望孩子读到硕士和博士研究生的高达70.3%。尤其是在独生子女家庭，父母对孩子的期望普遍比较高。分析发现，独生子女父母和非独生子女父母对孩子的学业期望差异显著。独生子女的父母希望孩子读到大专或大专以上的有94.5%，其中希望孩子读到硕士和博士研究生的高达77.1%，分别比非独生子女的父母高出4.3个百分点和11.4个百分点。

在2005年的调查中，让少年儿童分别选出父亲和母亲最关心自己的三个方面，结果发现，父母最关心的都是孩子的“学习成绩”（父亲占88.2%，母亲占78.7%），而对孩子的心理、情绪、性格、爱好等关注不够。甚至有将近一半（45.1%）的少年儿童认为“父母经常只关心我的学习成绩”，认为父母有时这样做的也有23.0%。这表明，在父母的教育意识中，孩子的学习是第一位的，除学习以外的其他方面的发展并没有引起父母足够的重视。父母对孩子过高的学业期望，会影响孩子的成就动机，给孩子造成较大的心理压力，导致焦虑、情绪困扰、问题行为等心理问题。

今天的少年儿童与父母之间的沟通状况也令人担忧。在2005年的调查中，“经常”和父母说心里话的孩子仅有27.7%，比1999年调查时的39.9%下降了12个百分点，这是值得关注的不良倾向。2005年调查显示，仅有不到一半（44.6%）的孩子表示“父母经常了解我最需要什么”。

父母的过分关心、过高期望导致少年儿童不愿沟通，忙碌的生活节奏使亲子交流成了一种奢侈，不恰当的沟通方式导致话不投机，知识观念、爱好兴趣的差异导致亲子沟通障碍重重……亲子沟通不畅极易导致亲子关系出现危机甚至恶化。

启示：让学校成为促进亲子沟通的桥梁。良好亲子关系建立的前提是理解、尊重与信任，当父母情感与子女情感沟通的基石出现裂痕时，学校无疑是父母与子女跨越沟通障碍的理想桥梁。可喜的是，越来越多的学校正在创造多种有效的方法，以“促进亲子沟通”来促进少年儿童健康成长。

90后特征之九：亲近教师但对教师要求较高

“90后”新型师生关系表现为较好的平等与民主的关系。一是教师对学生的满意与欣赏，88.7%的少年儿童认为教师“鼓励取得进步的学生”。二是教师对学生的真情与关爱，88.3%的少年儿童认为教师“关心有困难的学生”。三是教师对学生的宽容与尊重，84.3%的少年儿童认为教师“对答不出问题的学生，给予提示和鼓励”，90.9%的少年儿童认为教师“从来不”和“很少”挖苦、嘲笑学生。四是体现为课堂外师生之间的互动。1999年调查显示，有29.0%的少年儿童认为自己最好的朋友是教师；2005年为32.5%。另外，本次调查还显示，89.1%的少年儿童非常珍惜教师和自己之间的关系，58.3%的少年儿童会把自己的感受告诉教师。这说明，越来越多的少年儿童与教师的关系和谐。

“90后”对教师的平等行为评价较高。他们认为教师“从来不”和“很少”有下列行为：要求或暗示学生送礼（91.5%）、挖苦、嘲笑学生（90.9%）、不喜欢经济条件差的学生（90.2%）、不喜欢相貌不好的学生（90.1%）。“90后”对教师民主行为的评价也比较高。他们认为教师在教学与生活中，能够较好地以民主的原则来与学生进行交往。多数少年儿童认为教师能够“有时”或“经常”鼓励取得进步的学生（88.7%）、关心有困难的学生（88.3%）、主动跟学生认错（77.9%）。

少年儿童越来越珍视自己的尊严与名誉。他们既期望与教师结成民主而平等的关系，又期盼教师能够尊重自己，在公开场合维护自己的尊严。为此，调查中“教师常拿我跟别的同学比，让我很没面子”的陈述，得到了21.8%的少年儿童的认同。随着师生关系的进一步改善，少年儿童对极少数教师身上存在的不良习惯和错误行为有了更深刻的感受，这些行为、习惯主要表现为：处理事情不公正（24.1%），不允许学生辩解（21.8%），不喜欢学习差的学生（20.9%），不守信用（15.3%），推搡、打骂学生（11.6%），挖苦、嘲笑学生（9.1%），要求或暗示学生送礼（8.5%）。

启示：让师德在细节处散发光彩。“师德建设决定教育改革发展成败”,“各级各类学校要把师德建设摆在教师工作的首位,贯穿于管理工作的全过程”。随着素质教育的进一步深化,师德建设越来越广泛受到各级各类教育主管部门和学校的重视,以平等、民主、尊重、和谐为特征的新型师生关系正逐步取代传统的“师道尊严”。然而,这种新型的师生关系还有待完善,师德建设流于形式、装装样子的现象依旧存在,迅猛发展的市场经济体制使师德修养面临更为严峻的考验。“天下大事,必做于细”,教育是具体而实在的,师德是由一个个微小的细节串联而成的,只有当每一个教育行为中都闪烁着师德的光辉时,师德建设才真正落到了实处。

中国青少年研究中心中国少年儿童发展状况研究课题组
执笔:孙云晓　孙宏艳　赵　霞　陈　晨　陈卫东
邓希泉　王小静

每个人身上都有英雄的基因

在“5·12”汶川大地震一周年即将到来的日子，我读了长篇报告文学《震不垮的川娃子》，特别想对女作家孙晶岩说一声“谢谢”，因为她以博大的情怀和惊心动魄的文字，写出了我期待已久的作品。

相当于1 500颗广岛原子弹能量的“5·12”汶川大地震，是人类史上的特大悲剧，也是对改革开放的中国的全面挑战。令世界惊叹的是，中国人不但经受住了严峻的考验，并且激发出了强悍的团结一心抗震救灾精神。《震不垮的川娃子》一书是具有震撼力的作品，而震撼力正是报告文学的第一特征。该书给我最深刻的启示，就是英雄就在我们身边，我们每个人身上都有英雄的基因。

这是一个非常神奇的现象，如果没有灾难的降临，谁也不会相信他们会是英雄。可是，当灾难骤然袭来，这些极其平凡的人做出了极不平凡的事迹，任凭谁也不会否认他们是真正的英雄。这或许表明，在我们每个人的身上都存在着英雄的基因，只要有适当的环境和教育，就会英雄遍地。

2008年6月27日，中央文明办、教育部、共青团中央、全国妇联联合发出《关于表彰“抗震救灾英雄少年”和“抗震救灾优秀少年”的决定》，授予林浩等20名同学“抗震救灾英雄少年”称号，授予马小凤等30名同学“抗震救灾优秀少年”称号。这50

名事迹突出的孩子组成个性鲜明的英雄群像，让人们既充满喜爱之情又感慨万千。

为什么说感慨万千呢？因为长期以来，人们对于这一代孩子充满担忧，如常有媒体说他们自私冷漠心中没有别人，说他们贪图享乐不知道奋斗，说他们脆弱经不起挫折，等等。可是，在这些英雄少年身上，这些缺点不仅没有了，反而凸显出许多优良的品质，如勇于担当的责任意识、舍己为人的大爱之心、顽强不屈的拼搏精神、机智勇敢的脱险能力，等等。也就是说，抗震救灾英雄少年的表现似乎颠覆了人们对于一代孩子的评价。

《震不垮的川娃子》一书生动形象地描述了 18 位抗震救灾英雄少年和优秀少年的事迹材料，细读之后会发现他们绝大多数都是 90 后一代，即 20 世纪 90 年代出生的孩子。在他们的事迹中，给人印象最深刻的是负责、顽强、机智和乐观，其中，机智脱险和坚定乐观展示了新一代的新特点。

如《震不垮的川娃子》开卷第一篇《家中唯一的男子汉——郑小鹏》一文的主人公，就荣获了“抗震救灾英雄少年”称号。这个 13 岁的小男子汉，是四川省德阳市什邡市红白中学初一年级男生。地震发生后，郑小鹏与幸存的老师和同学，一起用手刨开废墟上的砖块，努力营救同学。下午 4 点左右，郑小鹏发现一个被埋在水泥板下的同学。水泥板里有钢筋，相互胶着用手根本无法抬开。正在大家束手无策的时候，郑小鹏迅速跑到街上，从瓦砾下的铁匠铺里，找来了截断钢筋的工具。大家将钢筋截断，搬开水泥板，将同学成功救出。当郑小鹏在救助同学时，发现附近的化工厂液氨泄漏气味难闻，又与堂哥一道翻山越岭通知附近的 30 多名乡亲转移脱险。在北京开大会时，有人为郑小鹏写讲稿，说液氨泄漏了，解放军来了，带领他们跑出了大山。他不愿意这样讲，因为这不是事实。

与以往的小英雄不同，这次荣获“抗震救灾优秀少年”称号的孩子多数是机智与勇敢并存。如《震不垮的川娃子》中记述的康洁，11岁，是四川省阿坝州汶川县映秀小学六年级女生。地震时，康洁和同学们正在上课。就在教学楼即将倒塌的瞬间，她选择了跳楼逃生。康洁说："就那么白白地死在教室里，还不如拿性命去拼一回。"教学楼前面是操场，后面是菜地。她迅速判断道："操场上是水泥地，摔下去肯定死；菜地里都是黄土泥巴，跳下去还有一点希望。"康洁从楼上跳下去时，湿软的菜地救了她，她只有腿被划伤。刚跳下来，房子就塌了，很多老师都被压住。康洁冲进倒塌的教学楼，奋力搜救被困的老师和同学。

我们该怎么解释这些平凡少年的英雄行为呢?《震不垮的川娃子》给了我们某些启示。这部作品分三个部分，第一章描述了18个英雄少年的事迹，第二章描述了8位英雄教师的事迹，第三章描述了社会各方对灾区的援助。这是一个合理而又严密的结构，说明良好的环境和教育是英雄少年成长的坚实基础。

《震不垮的川娃子》一书记述的前两位年轻女教师袁文婷（26岁）和向倩（21岁）以及男教师谭千秋（51岁），都是在地震来临时舍身忘己救学生的典范。他们先是指挥学生逃生，在生命的最后一刻，还把学生护卫在自己的身体之下。作者写向倩时有一段描述是格外动人心魄的：

"她的讲台离门口有两米之遥，门口的走廊和楼梯都没有塌，她只需要两秒钟就可以离开教室到达安全地带。她在大学是百米短跑冠军，她完全可以迅速逃生。可她却把生的希望留给了学生，把死的危险留给了自己。"

这是一个极为典型的细节，因为所有的讲台都在离教室门口最近的位置，所有的教师都是最容易逃生的，但绝大多数教师都没有选择抢先逃生，而是首先抢救学生的生命。这些以爱心为魂魄的教师给予英雄少年最丰富的精神营养。

向倩生活在一个教师家庭，父亲向忠海是一所小学的副校长。当这位充满爱心的父亲把女儿断成三截的身体拼接在一起时，含着泪说："我能理解，她是老师，应该这样！"

大量的感人事迹告诉我们，英雄就在我们身边，英雄的精神甚至就在我们自己身上。毫无疑问，这样的发现对于教育具有深刻的启迪：我们应当相信儿童，相信儿童拥有巨大的潜能，相信儿童拥有真善美的品质，同时，我们也要懂得儿童的潜能和品质尚处于萌芽和成长的状态，需要我们在儿童心里播撒更多的阳光和雨露，这样才能把他们的潜能变为现实。

作者说她在汶川地震中，发现危难的关键时刻有三个特点：一是男孩儿比女孩儿反应快；二是平时调皮捣蛋的孩子比高分加绵羊的孩子反应快；三是有过生活历练的民工子弟比平时娇生惯养的富家子弟反应快。作者举出林浩、郑小鹏、卿静文等留守儿童为例，这些都是令人信服的。这或许可以表明，是生活乃至磨难造就了小英雄的成长，教育对于儿童的发展既有帮助也可能有伤害，是需要改进和完善的。

这里，也出现了值得讨论的问题，即如何看待儿童的弱点以及与英雄品质之间的关系。应当说，儿童本身是弱势群体，当灾难来临的时候，儿童表现出更加恐惧、更加退缩、更加无能，这是完全正常的反应，是他们成长中的一个过程和特点。因此，《未成年人保护法》确立了对儿童应当优先保护和特殊保护的原则。当然，有些儿童在初步适应了突发事件后，可能会表现出某些英雄行为，这也是正常的反应。需要注意的是，对于英雄少年也要给予特殊保护，而不可将他们与成年人同样对待。

特别令人欣喜的是，英雄少年们不再是高大全的形象，而是自然地展现真实独特的个性。《震不垮的川娃子》一书中记述了荣获"抗震救灾优秀少年"称号的邓清清的事迹，她 14 岁，是四川省德阳市什邡市蓥华镇中学初一年级女生。当邓清清被武警部队的官兵抢救出来时，她还在废墟里打着手电筒看书。在一般人看来，这绝对是一个勤奋学习的典型。可是她却坦然地说："下面一片漆黑，我怕。我又冷又饿，只能靠看书缓解心中的害怕！"可是，作者在《手电筒女孩儿——邓清清》一文中却写道："人在绝境中做的事昭示着他的人生追求……不满15岁的女孩儿在绝境中捧起了书本，这是奋斗信念的驱使，是自强意识的印证。"我认为这是不符合实际的。《震不垮的川娃子》一书显然是一部抢出来的作品，很多篇章都是急就章，我们完全可以理解作者的困难，但这样也难免作品有不足之处，一是对儿童的内心世界探索不够深入，二是写儿童的弱点不够充分，或者说对儿童特点的把握不到位。

表彰和学习英雄少年需要科学的态度，尤其是在抗震救灾时期，应当全面体察广大少年儿童与英雄少年的关系。邓清清承认自己害怕的内心独白，公开出现在"抗震救灾英雄少年"候选人的事迹材料中，是一个值得欣慰的突破。在相当长的时间里，我们习惯了神化英雄少年，似乎他们什么都不怕什么都敢做。实际上，在面对地震等灾害的时候，即使是成年人也会害怕，也可能不知所措，这都是完全正常的表现。因此，像邓清清这样坦然承认自己害怕，不仅不会损害自己的形象，而且还会给予同样处境的孩子以心理安慰，相信自己是正常的。

既然英雄少年们如此可敬可爱，人们对于90后一代的整体评价是否应当改变呢？这是一个需要以科学态度回答的问题。据中国青少年研究中心的多次调查表明，**90后一代总体来说具有九大特征，即充满自信但较为脆弱、富有理想但不甘平凡、重视维权但时常受限、消费自主但习惯攀比、渴望同伴友谊但矛盾较多、喜欢学习但负担较重、主动使用媒介但容易失控、亲子关系缓和但沟通不畅、亲近教师但对教师要求偏高**。我认为，这个概括基本上是符合事实的。

一个英雄群体的出现是一代人精神风貌的高端体现，是一个时代道德水平的标志，但不能完全代表一代人的整体状况。具体来说，英雄少年代表了少年儿童群体中的优秀部分，他们的动人事迹让人们看到了孩子身上的巨大潜能。可是，这并不等于说，一部分孩子的顽强不屈，等于全体孩子的顽强不屈。

一代孩子的精神风貌决定于所处环境的社会风貌，而更直接的原因是教育的成败得失。从整体而言，说 90 后是充满自信但较为脆弱的一代，是因为尽管多数少年儿童情绪稳定，积极乐观，但现实生活中仍有一部分少年儿童情感脆弱，整日被焦虑、抑郁、烦躁、痛苦的情绪控制，难以轻松快乐地生活。调查发现，19.2%的少年儿童“感到抑郁的时候比较多或非常多”。在抑郁的体验上，也存在一定的差异，初中生感到抑郁的比例(16.7%)要高于小学生(12.7%)。此外，还有近 1/3 的少年儿童认为自己“感到烦躁的时候比较多或非常多”(29.9%)；有 28.9%的少年儿童表示“感到苦恼的时候比较多或非常多”；18.2%的少年儿童表示“感到痛苦的时候比较多或非常多”；23.4%的少年儿童表示“感到伤心的时候比较多或非常多”。今天的孩子们生活条件好了，物质生活丰富了，但他们中的一些人生活并不快乐。

当然，90 后一代之所以较为脆弱，与教育的方法与导向密切相关。其中一个特别值得关注的原因在于，由于过于注重追求学业优良，90 后一代的体育始终是弱项，劳动锻炼和社会实践明显不足。同时，心理健康没有得到应有的重视，抗挫折能力也未能充分发展起来，这也是导致孩子心理较为脆弱的原因。

如果仔细分析这批抗震救灾英雄少年的特点，人们不难发现他们大都有长年参加劳动的经历。荣获“抗震救灾英雄少年”称号的林浩，是四川省阿坝州汶川县映秀镇渔子溪小学二年级男生。他虽然只有 9 岁，爬出废墟后，发现一名昏倒的女同学，他立即把同学背到安全地带。紧接着,他又一次返回废墟,救出了另一名受伤的同学。在抢救同学的过程中,林浩的头部被砸破,手臂严重拉伤。当人们赞扬他有劲时,这个虎头虎脑的男孩骄傲地说:“我能帮爸爸背50斤玉米呢!”

《震不垮的川娃子》是一部能为今天的孩子健康成长增加钙质的好作品,因而值得向广大少年儿童读者朋友推荐,也值得中小学教师等教育工作者阅读和反思。孩子是在体验中长大的,他们体验了什么就会拥有什么。孩子都是天使,也都是巨人,关键是给予他们适当的环境和教育。这或许是《震不垮的川娃子》一书给予我们的最重要的启示。

捍卫童年　解放孩子

——孙云晓教育感悟之一

1. 教育孩子的前提是了解孩子,了解孩子的前提是尊重孩子。父母是否了解和尊重孩子关乎孩子一生的发展。

2. 全部儿童教育的使命可以概括为八个字,那就是“发现儿童”和“解放儿童”。发现儿童就是发现儿童的潜能特点和成长规律,解放儿童则是解除各种束缚,捍卫儿童的权利。

3. 一切都是从童年开始的。童年的快乐是一生快乐的源头,童年的不幸是一生不幸的开端。

4. 别看孩子弱小,强大的力量正孕育在弱小之中。真正的教育就是唤醒孩子心中沉睡的巨人。

5. 孩子是在体验中长大的。我们不能代替孩子成长,也不能代替孩子体验。

6. 儿童时代是一个胡说八道的时代,这不是缺点,而是他们成长的一个特点。我们要尊重儿童的未成熟状态,童言无忌才能健康成长。

7. 溺爱孩子根本不是爱,而是一种软暴力,是对儿童权利的剥夺,其实质是不把孩子当成一个真正的人。

8. 既然孩子是在犯错误中长大的,他的每一个错误都是一堂课,我们应当宽容接纳和分析引导,而完全没有必要大惊小怪。

9. 家里有个青春期的孩子,就要备一本性教育的书。但是，更重要的是父母要以身示范，让孩子看到什么是真正的男人和女人，什么是真正的爱情和婚姻。

10. 从来没有一个时代像今天这样需要以孩子为师，反省自身，保持童心，两代人相互学习，共同成长。

11. 每一个来到这个世界上的人都是成功者，教育的任务就是使他们继续成功。成功并不完全是排他的，因为人人能成功的新理念是：成功就是发展，成功就是选择，成功就是和谐。

12. 没有爱就没有教育，问题在于爱有真假之别，犹如真假种子之别。假种子坑农民坑一季，假教育坑孩子坑一生。

儿童教育就是培养好习惯

——孙云晓教育感悟之二

1. 只要你是警察式的父母，你的孩子就是“地下党”。你的教育方法越简单粗暴，孩子的错误和谎话就越多。

2. 用考试成绩作为评价孩子的唯一尺度，父母和老师就都变成了盲人，即使看到孩子也大多是令人失望的。只有用多把尺子衡量人，才能真正发现孩子的希望在哪里。

3. 教育的核心是培养健康人格。对于孩子来说，培养健康人格最有效也最重要的方法，就是从小培养良好的行为习惯。

4. 虽然同在一个屋檐下，当与孩子发生冲突的时候，或者孩子拒绝与你交谈的时候，给孩子推心置腹地写封信，平等地交换意见，可能是一个适当的选择。

5. 在家庭教育中，父母一般都很在意自己对孩子说了什么，这固然是重要的，但更重要的是你怎么做，因为孩子的学习特点是观察。父母千万不可忘记，儿童都是研究大人的专家。

6. 习惯培养的基本方法之一是加减法，也就是说，培养好习惯用加法，改正坏习惯用减法。毫无疑问，好行为坚持得越久，好习惯就越牢靠。

7. 对于小学生的父母来说，教育孩子最重要的莫过于四个字：“兴趣”和“习惯”。有了兴趣就有了成长的动力，有了习惯就有了成功的保障。

8. 网络游戏是一把双刃剑，控制得当是天使，控制不当是魔鬼。预防孩子网瘾的根本措施是，用成功的体验代替失败的体验，用丰富的生活代替单调的生活。

9. 成功教育的奥妙在于，先设立一个较低的目标，让孩子体验到成功的快乐，然后再追求更高一级的目标。让孩子反复体验到成功，就会对成功怀有信心。

10. 在同一件事情上，父母的行为态度前后要一致，承诺的事情要兑现。对孩子说话算数是为人父母的基本道德。

11. 不刻意制造逆境，但也不轻易向身处逆境的孩子伸出手。父母不要剥夺孩子在失败中成长的权利。

12. 靠一家一户的力量是难以教育好独生子女的，独生子女的父母们应当联合起来，变小家为大家，变独养为群养。

警惕“童年恐慌”

——孙云晓教育感悟之三

1. 心理健康的十二字秘诀是:认识自己、接纳自己、控制自己。无论是父母还是孩子,如果能做到这十二字,一生的幸福就有了保障。

2. 教育孩子要避免那种一做什么就要当状元的想法。状元意识就是悲剧意识。“不要让孩子输在起跑线上”的口号是制造童年恐慌的宣言。

3. 父母不要用自己的意志安排满孩子的时间,那会剥夺了他们的时间自由和心灵自由。人的成长需要有很多可以自由支配的时间,应该让孩子自己看、自己听、自己想、自己玩。

4. 所有那些鼓吹可以成批制造“神童”的方案,都是以赚钱为目标的骗人方案。孩子是千差万别的,成长的道路是各种各样的。凡是忽视儿童的个性差异的认识和行动,都是违背科学规律的。

5. 家庭是生活的场所,而生活是无所不包的,一个人要发展成一个心灵丰富的人,需要这种亲情融融滋养精神的家庭熏陶。

6. 父母无为乃大为。无为就是不强为、不妄为,就是按规律去做。无数个走上歧途甚至绝路的孩子,都是父母太有作为的悲剧作品。

7. 父母和老师对“好孩子”身上存在的问题宽容过多,会使他们的弱点变成隐患甚至是“定时炸弹”。无批评教育是伪教育。

8. 幸福既是一种外部的状态，更是一种内在的品质。培养孩子的幸福品质是抗挫折教育的根本目标。

9. 单亲家庭并不等于问题家庭。真正对孩子构成伤害的，并不完全是离婚本身，而往往是父母间的“战争”及忽视孩子的态度。

10. 对于孩子来说，吃好穿好固然是需要的，玩得好更为重要。因此，不要用成人的选择挤满了孩子的每一天，而要给孩子的自由发展留出广阔的空间。

11. 看孩子的教育成功与失败，不是看他怎么说，而是看他习惯于怎么做。行为习惯的改变才是教育的核心指标。

12. 对孩子以表扬为主永远是对的，将惩罚作为一种必要的教育手段也是对的，但惩罚绝不是简单的体罚，更不是侮辱人格。越是要惩罚孩子，越是要尊重孩子。

健康成长需要健康生活

——孙云晓教育感悟之四

1. 培养孩子对事物的好奇心吧，因为这有可能成为他们与大自然结成亲密关系的巧妙途径。

2. 让孩子和父母分床睡觉，更多的是为了培养孩子的成长意识，让孩子真正独立。要做到这一点，关键在于父母要战胜自己的“软弱”。

3. 体育带给人的好处绝不仅仅是强壮了身体，还强壮了心灵。体育应该是一切教育的前提和基础。

4. 没有野外生活体验的孩子“缺钙”。在野外，孩子们不仅学会了与大自然相处，还学会了伙伴之间的相互帮助。

5. 不要让孩子的心变得空荡荡，应该让每个孩子心中至少装下十个杰出人物，他们会像发动机一样不停地给孩子的成长加力。

6. 适合的才是最好的。父母给孩子的一切不是越贵越多就越好，而要看是否满足了孩子的真正需求。

7. 有计划地带孩子外出旅游是个好方法，可以避免书呆子气，还能让孩子体验到书中的意境，重新认识书中的思想。

8. 父母都希望孩子做文明人，而文明人的显著特征是拥有健康的生活方式。健康的生活方式是对生命负责。学会关心别人首先要学会关心自己。

9. 再富有的家庭也不可让孩子富得像贵族，再贫困的家庭也不可让孩子穷得像乞丐。

10. 光给孩子零花钱是不够的，必须伴之以理财教育。在孩子第一次要零花钱的时候就立好规矩，否则，孩子的消费欲望就会犹如脱缰的野马。

11. 为什么要满足和引导孩子玩呢？因为喜欢玩就是生活情趣在发展，有了情趣才有发展的动力，甚至才会奠定创造的基础——审美。

12. 朋友是生活中的阳光，要让孩子健康成长，充满自信，就要让孩子生活在朋友中，沐浴在友谊的光辉里。

好的关系胜过许多教育

——孙云晓教育感悟之五

1. 在独生子女家庭里，由于没有兄弟姐妹的存在，父母责无旁贷地应成为孩子的亲密伙伴。由于血缘的亲近和抚养的特点，至少在孩子十岁之前，父母对于独生子女来说不仅是伙伴，甚至是第一伙伴。

2. 爱的前提是尊重，没有尊重的爱是很伤害人的。当孩子犯错误的时候也要尊重孩子。

3. 做父母的要无条件地爱孩子，但孩子不是父母的私有财产。给孩子信任，孩子才能学会信任。

4. 秘密是成长的营养品，拥有个人秘密并能恰当处置是走向独立的要素。没有秘密的孩子长不大。

5. 对孩子要表扬多于批评，因为人是靠优点活着的。父母要千方百计让孩子相信自己是个好人，是个聪明的人，是个充满希望的人。

6. 在孩子心里，父爱与母爱同样重要，就像天和地一样不可缺少。在家庭教育中，父爱与母爱如同列车的两条轨道一样是相辅相成的，失去任何一条轨道都意味着灾难。

7. 对孩子不能以分数优劣论英雄。分数是重要的，比分数更重要的是学习，比学习更重要的是人格。

8. 父母既要敢于对孩子说“不”，也要勇于向孩子说“对不起”。别让孩子畏惧父母，别让心灵暴力伤着孩子。

9. 谁家有个青春期的孩子，就等于谁家有颗定时炸弹。这颗炸弹随时随地都可能爆炸，但也可能永远不炸而且能量巨大，一切取决于教育的科学性和艺术性。

10. 好的关系胜过许多教育。好的关系不是溺爱而是尊重，不是依赖而是信赖，不是包办一切而是独立合作。

11. 在孩子的成长过程中，固然需要父母的呵护、帮助，这实际上也是父亲、母亲成长的过程。学会相互尊重，学会取长补短，共同成长的家庭才是理想的家庭。

12. 孩子的潜能是千差万别的，成功的道路是各种各样的。父母要学会发现孩子自身的独特优势，尽量做到因材施教。所谓天才就是选择了适合自己的成长之路。

“邪门大队长”的冤屈（报告文学）

每个“调皮大王”的背后，都有一段被冤屈的历史。

——作者手记

石头缝里蹦出来的名字

大别山以北约40公里的地方，有座不大不小的县城，名叫潢川，隶属河南省信阳地区。据考古证明，该城西边的黄国故城，有三千多年的历史。这儿出土的青铜礼器和兵器，对于研究春秋时期的黄国历史和古老文化，有着重要的价值。

不过，我这次潢川行，并不是来考古的。我是受报社的委派，来向潢川某小学发奖的。这所小有名气的重点小学，在《新少年报》与中央电视台举办的“看电视、写故事”征文比赛中，荣获了“育苗奖”。

发奖会前，尚有些闲暇时间。我被这儿空旷的原野、狭窄的街道和忙碌的人群吸引着，勾起了采访的兴趣，想通过几个孩子的典型，了解一下此地少年儿童的生活。

按说，这种采访是有些让人为难的：没有线索，事先又未打招呼，怎么找到“典型”呢？学校的领导和老师倒不觉得难，因为重点学校自然有一些重点学生。

首先进入我采访本的，是五年级（3）班的王超颖（化名）同学。提起这个小姑娘，老师们无不连声称赞。校长掰着手指，数道：

“连年的三好生，还当过优秀三好生呢！少先队大队长、优秀小演员、全县的小学生女子乒乓球单打冠军、故事演讲赛第二名、校广播员、鼓号队员……”

她的老师介绍说：

“这小妮特守纪律。上课的时候，边上的同学用胳膊顶她或用手拽她，她也一动不动。下课了，有时还在座位上想问题呢。”

“她饭不吃，也要完成作业。如果作业未做完，电视节目再好，她也不看一眼。”

我曾采访过许多这样的好孩子。他们不但很少给老师添麻烦，而且常常给学校争来荣誉，成为功勋学生。他们有着惊人的相同特点：听话、聪明、勤奋、有礼貌。因此，写这类孩子的文章，很难避免雷同。

“王超颖有什么缺点吗？”

人没有十全十美的，按说这是常理。可我这样提问，老师却为了难：

“缺点？王超颖？”

她笑着摇了摇头，表示找不出来。我不甘心，换了种方式，继续问：

“班上就没有人对王超颖有意见？”

这一次，老师没摇头，爽快地说：

“八十年代的孩子厉害，敢提意见。有个皮孩子说：‘王超颖木马跳不过去，老师不能再包庇她了。’也就这一条，别的毛病找不出来。”

“这个皮孩子叫什么？”

“赵幼新。”

“他平时表现怎么样？”

"调皮大王！对谁都敢提意见。给人提意见能提到骨头缝里去。"

就这样，像是从石头缝里蹦出来似的，赵幼新的名字，极偶然地进了我的采访本。

与众不同的提问者

我决定，暂不公开自己的采访意图。

发奖会那天，因为来宾如云，学校组织了少先队各中队队会观摩活动。为了观察王超颖和赵幼新，我一直待在五年级(3)班。

主持这个班队会的，是位高个子男生，名叫马春元（化名）。他眉毛粗粗的，眼神有些愣，举止挺大方地宣布：

"队会开始，各小队报数！"

我悄悄问了问身边的一位同学，知道了哪个是王超颖，哪个是赵幼新，王超颖个子极小，细眉细眼，穿件橘黄色的翻毛外套，戴一顶淡紫色绒帽。今天，她的任务很多，先是在出队旗时当护旗手，接着又指挥唱队歌，还要朗读快板诗。

老师介绍得不差，王超颖的朗读水平，在全班是一流的。她吐字清晰、准确，有板有眼，再加上同学们的掌声伴奏，显得非常和谐。不过，很容易看出，这个队会是经过反复准备的，是"背"出来的。

赵幼新呢？个子也小小的，颧骨突出，最高处又白又亮，一双黑眼睛像丘陵下的两潭深水。他戴一顶黑色卷耳毡帽，身子前倾，两只胳膊伏在桌子上，神态有些索然。与王超颖相反，没有任何抛头露面的任务交给他。

队会结束了。小司仪遵照老师的嘱咐，请我这位北京来的客人讲话。

我站在台上，望着一双双不同神色的眼睛，特别注意到了赵幼新的目光。这目光，虽然专注、明亮，却像是透过一层阴云射出。它似乎含着一种疑问、试探和焦灼的期待。

“我们报社在北京，同学们想知道些什么？可以随便提问。”

也许是受了那双期待的目光的吸引，我没有口若悬河地侃侃而谈，只想听听孩子们的问话。其中，特别想听听王超颖和赵幼新会提什么问题。

教室里，洋溢着一种跃跃欲试的气氛。有的问北京最高的大楼多少层，有的问北京火车站多少亩地，有的问父母不让看电视对不对，有的问哈雷彗星到底是什么样子，等等。

王超颖一直望着我，但始终未提问。

赵幼新的身子不安地动了起来，两只手一会儿放在桌子上，一会儿放在腿上。终于，他站起来了，以快得几乎让人听不清的节奏，问道：

“我想问问，写作文能写反面的事吗？老师和父母只让我们写正面的事，对吗？还有，写作文应该不应该真实？照抄别人的对不对？”

到底是赵幼新啊，一开口便与众不同，而且提问的锋芒如此犀利！

我感到一阵惶惑。全班同学和他们的语文老师，此刻就在我的面前，我该怎样回答这个问题呢？既不能让他失望，也不能让老师下不来台。思索一会儿，我这样说：

“反面的事可以写。不过，老师让你们写正面的事，也是好意，怕你们把握不了反面的事情。作文应当真实。抄袭别人的文章是不对的。”

说这番话的勇气，一半是赵幼新给我的。我的脑子乱哄哄的，但思绪一直围绕着一个中心问题。

他，为什么提出这样的问题？

我有了一个新的决定：把采访的重点，转向赵幼新。

一位老人眼里的赵幼新

经过粗略的询问，我对赵幼新的家庭及经历，有了一个大体的了解。

赵幼新并不是潢川人。他的爷爷祖居河南驻马店，大学毕业，当过数学教师。1957年被错划成右派。不久，老伴去世。他一人先后在外地流浪十余年。他的儿子流落在江西波阳定居，成了家，这才有了赵幼新。所以，赵幼新应当算江西人。

1980年，爷爷的错案平反后，孤身一人来到潢川县。因为年岁已大，精力不济，不再任教，做了潢川高中的图书管理员。

老人一生坎坷，却因未尽祖父之责而惭愧。当他看到潢川的教育质量高于江西波阳山区时，便主动提议，把六岁的孙子赵幼新接到潢川读书，希望赵家能出一个人才。

这位动荡了半生的老人，自然希望安宁地生活。可他怎么也不会想到，孙子竟淘气得出奇，让他整日提心吊胆。

赵幼新的户口，已经拖了五年，一直落不下，据说需要特殊证明。直到现在，赵幼新还是个吃高价粮的“黑孩子”。

……

一天晚上，我想约这位老人聊聊，不料，他已带着孙子看电影去了。我便在招待所里，一边看书，一边等他。

约莫一个多小时后，不紧不慢的敲门声响起，一个脸色黝黑、驼着背的老人出现在门口。一问，果然是赵幼新的爷爷赵一柏。

任我让座沏茶，老人并不多谢。他默默地坐下，脱下帽子，露出青色的光头。从他从容、缓慢的举止，似乎可以看出，艰难岁月的磨砺，已使他漠然世事。

听我问起赵幼新，他神态平静地说道：

“我这孩子天不怕、地不怕，胆子极大。按说，农村的孩子进了城，一般都怯生，嘿，赵幼新没有一个他怕的人！

“个性太强！四岁的时候，他与人打架，被他爸爸吊在树上打，您猜他说什么？他说：‘要打就打死我，别吊着我难受！’至今，他的腰上还留着那时的伤疤呢。

“他在山沟沟里长大，不怎么懂礼貌。就我这光头，他说得难听死了，我也不批评他。因为我小的时候，家里管得严，我好大了也不敢讲话。赵幼新从小敢讲话，不容易。我不能伤了他的锐气。”

我插嘴问道：

“赵幼新自己的主意大吧？他想干点儿什么心里明确吗？”

老人摇摇头，说：

“不，他现在还朦胧得很。主要是好奇。每天放学，他都要在外面消磨一阵子，把街上奇奇怪怪的东西看个够才回家。

“他生活上懒。懒得洗脸、刷牙。我给他买一管牙膏，他老长时间用不完。但他也有自尊心。有一次，我当着一些客人说起赵幼新尿床的事，他撒着泼哭呢。”

“他的智力怎么样？”我又问了一句。

“还不错。他爱观察，譬如看到两朵花，他要看出它们的不同之处。学习不死记硬背，有自己的思路和方法。有一道数学题，三个班只有他解出来了，方法极简单。老师都弄不清他用的什么办法。”

“那他的学习成绩不错罗？”我几乎是惊喜地问道。

老人淡淡地答道：

“一直在上游。去年期末，各科总分全年级第一。”

“那他当过三好学生喽？他想当吗？”

我禁不住凑近老人的脸，问道。因为我实在想不到，这个

“调皮大王”在学习上却是一流的。

老人不像我这么激动，依然淡淡地说：

“想是想呵，可光想有啥用？赵幼新满心指望当一回三好学生，给他在江西的妈妈报个喜信儿，也让我高兴高兴。可老师和同学就不同意他当，也没办法呀。”

“为什么？”

“他太爱讲话，太爱提意见，这种孩子谁喜欢？”

老人止住话语，一双浑浊无光的眼睛望着我。记得一位诗人说过，目光也有分量。的确，这目光压在我的身上，几乎使我透不过气来。我坚持着，继续问：

“赵幼新有什么反应？”

“他，一接到通知单，就哭了。回来见了我的面，又哭了起来。我的心里也不是滋味。我对他说：‘不要紧，爷爷认为你是个三好学生。’”

不知怎的，听了这一句话，我顿时觉得这位老人的形象高大了几倍。因为他理解自己的孙子。而理解孩子，应成为大人们的第一美德。

“邪门大队长”

我的心，被这个“调皮大王”勾得痒痒了。但为了“放长线钓大鱼”，我还是克制了马上采访赵幼新的欲望，继续“打外围”。

在老师的帮助下，几个尖子学生被请来了。自然有王超颖、马春元。还有长得像双胞胎的唐小峰和石坚，他俩穿着一样的褐色翻毛大衣，小脸蛋儿透着红润和光泽，一看就知道是生活在富足幸福的家庭的孩子。

“请你们谈一下对赵幼新的印象，好吗？”

我开门见山地说道。

四个同学听了一愣，不由得面面相觑。也许，怪我事先没讲清楚，他们以为我是采访他们个人事迹的，不明白我为什么提到赵幼新。就好比在舞台上，显鼻子显眼的灯光一直照着他们这些主角，去让人们称赞，而赵幼新在黑影里，有啥可看的呢？

我问马春元：

“你是三好生吗？”

“是。”

“当几年了？”

“从二年级开始年年是。我的目标是保持‘三好’的称号，长大为祖国四化建设贡献力量。”

“赵幼新评不上三好生，是什么原因？”

我转向王超颖，问道。她眨眨一双秀气的眼睛，说：

“赵幼新，脑子倒挺灵活的，但太爱接嘴。”

“老师和同学都不同意他当‘三好’。是嘛，都像他学接嘴，班里还不乱套了！”

马春元补充说。

“接嘴？”

我不解地问道。这一来，几个学生活跃起来，争先恐后地向我解释、举例：

“老师的话刚说完，还没提问呢，他就接上嘴发言了。譬如，语文老师把有的字读错了，他马上喊：‘老师读错了。’”

“有时老师讲得正带劲儿，他插一句话，惹得老师很不高兴。一次，数学老师拿着一个打开的印油盒，问同学们怎样求它的面积？大家刚听到题，他就叫：‘求五个面嘛！’他这么一说，别人没法再想了。老师也哭笑不得。”

“他还特别犟！那一次，老师把闰字的拼音，写在了闰字的前面。他又站起来说：‘老师错啦，书上是把拼音放在字的后面。’老师烦他，罚他课间不准出教室。”

说着，石坚扑哧一下笑了：

“赵幼新有个外号，叫‘邪门大队长’！”

四个人会意地嘻嘻笑着，神态轻松极了。

然而，“邪门大队长”自有他的魔力。赵幼新在另外一些同学眼里，是个值得崇拜的人物。

小个子李正，曾提出一个富有诱惑力的计划：组成探险队，踩着冰过河。在赵幼新的支持下，六人的探险队秘密成立了。明知危险潜伏在前面，偏要亲自闯过去试试。当代孩子这种逆反心理，让许多人无法理解。

下午放学，探险队出发了。

银色的冰，封住了河面。束束冰花，千姿百态地盛开着，令人神往。

穿着大棉靴的李正，头一个走上冰面。他哼着歌儿，雄赳赳地走着。突然，“嘎吱吱”一声响，冰面裂开一条长缝。不等他叫，一只脚已踏入冰窟之中。

后面的探险队员吓坏了：有的惊叫，有的乱跑，好几个同学想冲过去救李正。只听赵幼新狂吼道：

“谁也别去救！”

那几个冲到河边的同学，诧异地转过身，那一双双睁圆了的眼睛在问：你？怎么见死不救？

赵幼新还是吼：

“傻瓜！他一个人，冰都经不住，你们全上去，想一块儿送死吗？”

他不再理那几个正在醒悟的伙伴，朝李正喊：

“别怕！快，把书包扔出来，减轻重量！你轻轻往外爬，爬！”

李正拖着一身又湿又脏的衣服，终于爬上岸来。

不用说，通过这次真正的探险，赵幼新的临危不乱和机智灵活，给了伙伴们难忘的印象。至今一提起来，那敬佩劲儿，还大得很哩。

这故事并没完。

伙伴们发现，赵幼新常抱着个玻璃瓶捣捣鼓鼓的。一问。才知他又“邪”出一个点子：要做炸药，去炸冰。看看河上的冰到底有多厚，好告诉大家注意安全。于是，“探险队”变成了“炸冰队”，人人凑钱买火柴，刮下火柴头儿，充当炸药。

几天后，河面上响起了爆炸声。一块冰飞上了天。躲在安全地带的伙伴们一见，像发射成功一颗原子弹一样高兴。

这些事，老师一直不晓得。

赵幼新自述

一个干冷干冷的上午，赵幼新应约来到了我的住所。

穿戴依旧：发白的蓝衣裤、卷耳小毡帽。我第一次发现，他还穿着一双白色运动鞋。我不禁叫道：

“哎哟，都 12 月了，你穿这鞋不冷吗？”

他憨憨地笑笑，回答说：

“不冷。穿别的，玩起来不利落。”

屋里没有暖气，也没有炉子。我倒了杯热水，递给他后，就聊了起来。

“那天，我到你们班里去，你怎么会想到提那么一个问题？”

我想起憋在心里的谜，忍不住问道。

“作文课上，老师净让我们写好人好事。这个写捡钱包，那个写帮人推煤，哼，根本没有的事！老师却说：‘不管真不真，写得好就行了。’我觉得，写文章应当真实。稍有点儿假的，也行；可不能假得太狠了，都脱离实际了！”

赵幼新讲话频率太快，自然累。稍停，他继续愤愤不平地说：

“一个班，二十个人写捡钱包，还有的写捡小孩儿、逮小偷。最可笑的，有人还写他在公共汽车上逮小偷。我们这儿根本没有公共汽车，纯抄的！”

“你为什么总爱接嘴呢？”

我故意“哪壶不开提哪壶”，看他怎样回答。他，一肚子冤屈，一肚子话，不计较你怎么问，张口就说：

“我就是想弄明白一些。不然，明明不懂也不问，像个木头一样坐在那儿，有啥用？”

“老师理你吗？”

“有的理，有的不理。那次上自然课，讲凸透镜，老师说：‘小孔能使物体成为倒像。’我不明白：凸透镜可以倒像，小孔怎么能倒呢？问老师，不告诉，只让我回家做实验，说做实验就明白了。我回家，用火钩子在纸板上捅个洞，隔洞看毛笔，只见黑乎乎一团，就算是倒像吧。但我还不明白这是什么道理。问老师，他仍不肯回答，像是要保密似的。我干脆也不问了！”

沉默了一会儿，我问：

“你们班里评三好学生公平吗？”

“不公平！”

他提高了声音，斩钉截铁地答道，显然，这句问话，触动了他的心。

这时，一位辅导员老师走了进来，冲我点点头后，坐在一旁吸烟。我产生了一丝不快。因为，在一般情况下，孩子没有足够的胆量当着老师的面批评老师。而现在，赵幼新刚要吐露衷肠，会不会因老师的突然出现而不讲了呢？或者淡化了再讲呢？

赵幼新好像没有这些顾虑，他甚至连讲话的姿势都没改变，照样直言不讳地说：

“有的人坏着呢，根本够不上三好学生，可他会拉拢人呀，照样有人举他的手。”

“他靠什么呀？”

“靠权呀？他是班长，又是组长、路队长，对一些捣乱的同学的事，他轻的不说，重的说轻。那些人感激他，还请他下馆子喝小香槟呢。”

“他是谁？”

我注意地问。

“谁？那天队会向老师报告人数的就是他，马春元！”

“他？”

“他！有一次放学——那时我和他都是路队长——他不管队伍，一个人跑了，我批评了他。他怕影响自己当三好学生，找来三个同学，放学路上截着打我。”

“真打啦？”

“那还有假？本来他一个人就能打过我，现在是四个人，个个都比我高！那三个人装作拉架的，其实是拉偏架。马春元打我时，他们拉住我的手，让我白挨揍；我想还击时，他们还拉住我的手。我气愤极了！”

“他们打你凶吗？”

“凶！他们用拳头猛击我的肚子，用脚跺我的背。疼极了！本来我不会哭的，可他们拉偏架，街上又没别人知道。我太委屈了，就一个人趴在地上哭了。”

“后来呢？”

“他照样当上了三好学生！”

“老师难道不知道这件事？”

“知道，也批评了他，他说改。当着老师的面，什么都好。出了校门，老师哪知道？”

“你还是路队长吗？”

“我被撤了。哼，不当就不当！不当更自由，可以多玩玩。”

想不到，孩子面前也有这么冷酷的现实，天真烂漫的梦被击碎了！沉默，一阵令人窒息的沉默。

为了调节一下气氛，我换了话题，问：

“你喜欢这儿还是喜欢江西？”

“喜欢江西！”

一提到老家，他的眼睛里放出光彩，说：

“我们老家有山有水，可以说是山清水秀人也好。放牛的时候，把牛绳挽在牛角上，让它自由自在地吃草，我们小娃娃就一起捉蟋蟀、斗蟋蟀，或者溜到河里打水仗。痛快极了！”

“那你在潢川怎么办？”

“实在闷极了，我和李正、余长海三个好朋友，就到乡下看看。”

“看什么呢？”

“看看稻田和野草，听听鸟叫，都很舒服。”

“怎么去？带啥东西？”

“走着去，啥也不带！路上找根棍子，准备打蛇用就行了。”

“怕蛇吗？”

“不怕！见了蛇就抓。揪着蛇尾一抖，它的骨节就全散了，一点儿也不可怕，只要避开蛇头就行了。”

谈谈田野，这屋子里仿佛增添了生气似的，赵幼新的心情也舒畅了许多。大自然，是孩子们真正的摇篮。

我想起他爷爷的话“这孩子心里还朦胧得很”，似乎有些不信。于是，试着问道：

“你长大了想做什么？”

“我要身体棒棒的，长大当刑警，维护社会治安！”

听着他那成熟的语气，我不禁问道：

“你怎么想到当刑警？”

“我特别憎恨坏人！现在，我就爱看破案的书，什么验血、查脚印，等等，我都知道一些方法，我要从小做好准备。”

“如果当不成刑警呢?”

“那我就当边防军,打仗去!我知道,武功再高,顶不住枪子儿,所以我学习用功。将来要多几手才行。譬如,进攻时用冲锋枪、轻机枪,能连发的;防守时用重机枪……”

“可是,打仗要死人呀!”

我几乎忘记了是在同一个孩子谈话,而像是同一个新入伍的战士或年轻的刑警对话。

他不以为然地答道:

“死?怕什么!反正老了也得死。都怕死,没人保卫祖国,敌人进来了,还是要死。如果死之前能做点儿好事,不更值得吗?”

这种谈话对于一个孩子实在是太严肃了。我不忍心再与他讨论下去,岔开话题,问:

“你是哪天的生日?”

“只知道在腊月,具体哪一天不知道。咳!过不过生日一个样。”

“你喜欢哪几个老师?”

“喜欢体育老师。”

“为什么?”

“男孩儿女孩儿做错了事,他一律批评,公平。”

“还喜欢谁?”

“数学老师。她不爱发火。还有语文老师,她不讨厌我,还帮我缝过一次衣服。那一次,我哭了。”

“你们同学都在办小报,你办了吗?”

“办了。”

“报名叫什么?”

“叫《星新报》。星,是光明的意思;新,是我的名字。因为我的愿望,就是得到光明……”

谁能相信，一个十一岁的男孩儿，竟会在20世纪80年代发出渴望光明的呼声！这光明，按说离他很近很近，甚至可以环照他的全身，因为这是新中国每个孩子应有的权利。可为什么，赵幼新却被罩在阴影里呢？

他的生活的确蒙着一层阴影。我若不请求老师举反面例子，也许我永远不会知道有个赵幼新。我问：

“你对王超颖有意见吗？”

“没有。”

“你不是批评她跳不过木马吗？”

他惊愕地答道：

“没有啊！她能跳过去，这——”

天呐！原来这里还有个小小的“冤案”呢！不过，细细想来，我还是感谢这个“冤案”，因为它使我结识了一个很难得的朋友。

当我离开这座土褐色的县城时，深切地感受到，从古人那儿沿袭下来的世俗偏见，实在是太可怕了！

城西有机器隆隆的声响。哦，人们干起来了。但我希望潢川这片故土，不仅外貌要变得年轻、漂亮，更重要的是人们的内心深处，应成为一个光明的世界。每个人，首先是每个教育者，应该真正成为光明的使者！

因为，脸上涂着黑道道渴望光明的孩子，绝不止赵幼新一个！

（为保护未成年人，除赵幼新外，他的同学均用化名。）

你为什么不原谅(报告文学)

灾难降临了

英子是东北某城市一个普普通通的女孩,1999年9月2日,刚刚升入小学四年级的英子,正开心地憧憬新生活呢,却遭受了当头一棒。

班主任李爱华老师叫起了英子,让她念题。英子一慌,念错了。李老师虽然只有三十四岁,却已当了十二年的教师,一向对学生要求严格。她严肃地问道:

“你预习了没有?”

“预习了。”

李老师听了英子的回答,并未让她坐下,而是请同学们分析一下她为什么没念对。

关于这一细节,英子曾在接受记者采访时详细讲述过。她说:

> 当时,李老师让全班同学帮我分析。有的同学说:“她没预习好。”李老师说:“这个可能性不大。”于是,有的同学说:“她撒谎!”李老师说:“对。”又有的同学说:“她脑子有病。”李老师说:“就这两个原因。”

据英子的父母回忆，这件事使孩子的自尊心受到很大的伤害。一直拖到星期天的晚上，女儿才告诉了父母实情，并再三央求父母千万不能跟老师说，否则，她又要挨老师的“收拾”了。可是，做父母的怎能容忍孩子受此侮辱？当天晚上，英子的母亲便与李老师通了电话，希望老师在教学过程中注意方法，当学生的发言中带有不文明言语时，老师应马上制止，不应当表示赞同。不料，李老师非但不接受批评，还非常恼火。

英子回忆了自己倒霉的经历：

从那以后，李老师让我洗了三个星期的饭勺。上课的时候，我举手，李老师从不叫我发言。

9月24日中秋节那天，上课间操的时候，李老师把我叫到四年级(4)班和四年级(5)班排尾中间说：“我昨天跟你说的话都白说了，是不？你妈讲的都是歪理。你妈找校长谈，校长找我谈，我就找你谈。”然后就推我后背，把我推到草坪前。

她坐在石台上说：“你有良心没？”边说边拍打我胸脯。当时我没吱声。她又说：“你哑巴了，把你送到聋哑学校去好吗？你有没有良心？”我就点点头，她大喊一声：“你说话。”边说边使劲拽了一下我的红领巾。然后她又打我的胸脯说：“这算不算打你？”并用手指着我说：“这算打你就回家告诉你妈。”当时四、五、六年级学生都在操场上。

中午放学的时候，李老师把我叫到讲台前说：“你是不是四年级(4)班的学生？不是你就走。”我刚要走，李老师又把我叫回来说：“你今天就给我坐在这，什么时候说清什么时候吃饭！”

我一直没说，过了一会儿，她又把我叫过去大声喊着问：“你是不是四年级(4)班的学生！”边喊边猛拽了我三下红领巾。当时我脖子都出声了，感到很疼。我说：“是。”她说：“是就好，四年级(4)班不能因为你一个人而改变规矩。”

回家后我给爸爸打了电话，爸爸回来后，我跟他说："我不想上学了，我实在受不了了，李老师的手太狠了，快把我的脑袋拽掉了。"可爸爸没当回事，还是把我送到了学校。

李老师为何如此对待英子呢？或许与英子的妈妈告状有关。妈妈听说老师不仅故意冷落英子，还以上课精神溜号为由，朝英子脸上扔书，等等，她再也忍无可忍，便来学校找校长了。

其实，此时如果双方能够克制一下情绪，相互体谅，耐心沟通，完全可以化干戈为玉帛。然而，家庭与学校的沟通历来是个难题，结果积怨如干柴，随便一颗火星儿便可燃起大火。

据英子的父母说：

9月17日，我们找了校长反映情况。

第二天，李老师便找英子"谈话"，严厉地说："我教学十二年了，还没有哪个学生家长敢告我的状。你妈找校长谈，校长就找我谈，我就找你算账。要么你走，要么我走。你想让我下岗是不是？告诉你，学生家长拥护我。所以，你走的可能性大。看你还敢不敢回家告诉家长。"

不但如此，李老师还在课堂上对全体同学说："我们班有一名学生的家长竟然敢把我告到校长那里去了。"当有同学问是谁时，李老师愤愤地说："就是英子她妈！"

从此，李老师用各种方法折磨英子，气得英子没办法，只好掐自己的大腿，默默地流泪……

谁也料想不到的是，9月24日中秋节那天，英子回家之后，脖子疼了起来。睡了一觉起来，疼得更厉害了，她脖子都不能动了。

父母紧张起来了，送女儿去解放军某医院和中国医科大学某临床医院诊治，结果被诊断为"外伤性环枢椎骨半脱位"。

9月29日，英子住进了中国医科大学某附属医院，准备接受牵引治疗。从那时起，她不再佩戴红领巾，因为她感到恐怖。

到底谁撒了谎

我看到过一幅照片，身穿病人服装的英子躺在小床上，下巴至头顶裹着宽宽的绷带，紧紧固定在床头上，而表情满是悲苦。

省电视台记者侯丰、《广播电视报》记者王桂君及李扬、马山等人，曾做过现场采访，并发表系列长篇报道。

据悉，负责为英子治疗的张立军医生说，当时患者的情况是颈椎活动受限，屈伸受限，诊断为“外伤性环枢椎骨半脱位”。这种病状很有可能在受伤之后两三天内发生。

曾和英子同一病房的一位病人母亲说：“这孩子看着真可怜，睡觉都不能枕枕头，白天黑夜都平躺着，吃饭得她妈喂，她不能低头啊，牵引的时候就更遭罪了！谁的孩子谁不心疼啊！”

英子的遭遇被敏感的记者知道了，并很快成了一件引人关注的新闻。

正当人们将怀疑的、不满的目光投向李老师的时候，李老师说话了：

我对英子脖子受伤不负任何责任。9月24日那天，我没和英子单独相处过，旁边都有老师、学生。那天，她是好好的、很愉快地出了校门。

我当老师当了十二年了，十二年来在师德方面没有出过一例这样的事。如今出了这件事，这对我是一种折磨。我觉得特别委屈，吃不好，睡不好。我这几天找了好多医学专家，专家说，脖子错位不可能十几天就好。我要诉诸法律，他们这样说是诽谤我！

果然，11 月 1 日，李老师向当地人民法院递交了起诉书，起诉英子的父母“捏造事实，诽谤，侵害原告名誉权”。

在这份起诉书里，关于英子的伤，李老师郑重其事地说了三点：

(1) 9 月 24 日，她根本没打英子；
(2) 英子所谓的“伤”与她无任何关系；
(3) 英子当时和其后根本就没有“伤”。

李老师的诉讼请求是：

(1) 判令被告停止侵害，赔礼道歉，消除影响；
(2) 赔偿精神损失费 1 元；
(3) 由被告承担诉讼费用。

十岁的小学生英子，言之凿凿地说李老师拽了她四次红领巾，而三十四岁的班主任李老师，同样言之凿凿甚至是面对庄严的法律说此事与自己无关。

此外，颇具权威的医院证明了英子受伤是事实，并为其做了 13 天的治疗。

到底是谁撒了谎？

奇怪的案中案

案子一时难以断清，人不能不继续生活。稍具常识的人都会产生一个疑问，师生都打起官司来了，怎么还能天天在一个教室里生活？

我曾这样问过英子的父亲。这位高个子的男子汉叹了一口气，说：

“是啊！我们早就想给孩子转学了，也联系好了外区一所学校。可谁知，这老师把我们告上了法庭，我们一走不就等于默认了吗？干脆，哪儿也甭去了，就在这儿坚持到底了。她起诉我们，我们也起诉她。”

三天之后，英子和父母的一纸起诉书，把李老师及学校一并告上了法庭。

那些日子是英子最痛苦的日子。

心理学家们发现，十岁之前的孩子处于崇拜成年人的时期。英子与同学们从一年级升至四年级，都是李老师一步一步带上来的，怎能不对老师格外地感情深厚呢？在这些嗷嗷待哺的小孩子心目中，老师是至高无上的权威，更是最亲最爱的偶像，冒犯老师是他们难以容忍的罪过。

如今，英子与老师打起了官司，同学们怎么能理解她呢？

其实，当李老师与英子闹别扭的时候，许多同学已经不再与她在一起玩了。课间休息，一向爱动的英子多想与伙伴们跑呀跳呀，可她走向谁，谁就避开她。英子呆住了，泪水悄悄流下来。从此，课间十分钟变成了品尝孤独的痛苦时间。

在英子的生活中，竟然发生了一系列可怕的怪事。她不管走到哪里，总有人悄悄地跟踪，可她一回头，那人影一晃又不见了。

她发现同学们看自己的眼神儿也变了，似乎都在观察她、议论她，甚至用笔记录她的行动。

一天放学的时候，突然一把刀子顶在了英子的腰上，一个男生威胁说：“你老实点儿，再敢和李老师作对，我就对你不客气！”

天哪！英子感到天旋地转，眼前一阵漆黑。

这世界怎么啦？友谊哪里去了？爱心哪里去了？公平和正义又到哪里去了？小学生和老师发生一点点矛盾，就连一条活路也没有了吗?

英子最坚强

英子越来越孤立了。

虽然,经过向上级反映和媒介的报道,市人民政府、区教委和学校组织了联合调查组,已经开始调查这件事。可是,这件事能调查清楚吗?

英子的父母说:

由于9月24日李老师拽拉英子的红领巾,均有学生看见,为掩盖事实真相,李老师公然在全班学生面前煽动说:“英子说我拽拉她红领巾了,她是想让我下岗。你们希望我走吗?”同学们回答“不希望”。李老师又说:“你们看见我拽拉英子了吗?”一些同学说:“没看见。”于是,李老师告诉同学们统一口径:老师没拽拉英子的红领巾。

试想,在这样一种氛围下,英子怎么会有好日子过呢?有些同学辱骂她,有些同学跟踪她。一个同学在纸条中质问和威胁她:

你想想在这三年里,李老师哪里对你不好?人生最大的美德是 ráo shù(饶恕)。就算李老师做错了,你也不应该这样呀!告诉你一件事,你要是把李老师 gǎn(赶)走了,你就看吧,同学们都不会和你玩,还会打你骂你。现在你小心点!

四面楚歌的小英子,早晨孤独地来,傍晚寂寞地去,日复一日受着煎熬。不过,她渐渐适应了身陷重围的滋味儿,一股从未有过的勇气,像泉水一样从心底冒了上来:我说的全是实话!我没有错!我要抗争到底!

一天,父母下班回家,发现女儿房间的墙上贴了五个大字:英子最坚强。父母欣慰地笑了,因为从有力的笔迹中,他们看到女儿终于战胜了压力。

是的,英子的头抬起来了,目光坚定起来了。她不仅不再惧怕别人的冷嘲热讽,也不惧怕同学的跟踪追击,而且,她开始反击了。

课间休息的时候,英子发现一些跟踪过她的同学总往楼上跑,这让她产生了好奇之心。她想,你们跟踪我,我也跟踪你们,看你们搞什么鬼。结果,在楼上一间办公室里,英子发现了一些跟踪她的报告,并有一张《人员工作表》,上面写着 39 个同学的名字,居然有"跟踪人员"、"观察人员"、"办公室观察人员"、"报告人"、"司令"等五个分工。在跟踪地点一栏内,出现了"二楼走廊"、"正门台子"、"车棚"、"最大的那个草地"、"女 WC"等字样。

我的天哪!这不是特务的手段吗?英子的心突突地狂跳起来,一幅幅警匪片影视画面在脑海中飞速闪现。同时,她也意识到,这是最好的证据呀!于是,她抓起那几张字迹幼稚的纸,马上离开了现场。

当时,关于英子是否被李老师拽伤一案正在调查之中。郑校长在接受记者采访时公开表示:学校对此事相当重视,目前正在调查,如果真有其事,会依据有关法律对李老师作出严肃处理。为了便于调查工作,校方已把李老师从班主任位置上撤了下来。

一位姓王的女老师担任了四年级(4)班的班主任。就像春天来了一样,王老师的到来改变了英子的命运。她引导同学们公正地对待英子,伸出友谊之手。让英子特别感动的是,王老师还送给她一只玩具熊。我发现,到中央电视台做节目时,她一直紧紧抱着那只玩具熊。

不过，当英子回到家里，阅读那一张张出自同学之手的“跟踪报告”时，心里依旧像针扎刀割一般的疼。

李老师：

英子在班里越来越猖狂，王老师却宠爱她，真是令人气愤不已。我准备揍她一顿。

您的学生　刘晓

李老师：

英子虽然没有挨打，但受到刀捅惊吓，特写此报喜。

刘晓

第二张纸条上，印上了一个大大的“奖”字，不知什么人盖上的。

还有三个同学署名的一张纸条，也是写给李老师的，上写：

今天计划要进行，请您尽最大努力帮助我们。

另一张纸条上写着：

自从英子来到学校后，张云博和她关系密切。我怀疑是他承认您拽英子红领巾的。我正在调查，您也要尽最大努力。

毫无疑问，上述纸条的内容是“告密”，也是“效忠”。尽管写这些东西的孩子或许并不懂何为“告密”何为“效忠”，但就其实质而言，都是极其卑鄙可耻的行为。

我叹服小小的英子初生牛犊不怕虎的精神。不过，初生牛犊之所以不怕虎，一是勇气尚未受挫，二是不知虎的厉害。说心里话，在我眼里，这些跟踪行为和“告密”、“效忠”的纸条，远比拽伤一个孩子严重得多。最严重的还不是出现这些灵魂扭曲的言行，而是出现了让人格变异的土壤，甚至还有可怕的催化剂。说到底，培养“告密者”与“效忠者”，就是在向民族的肌体里注射毒液。这岂止是犯罪呀，这是在毁灭！

正义的力量

人间自有正义在。自然在孩子当中，也会体现出这一真理，而这正是人类社会的希望所在。英子曾在一篇作文里写道：

我有一个好朋友，她的名字叫贾吉蓉。9月的时候，李老师zhuài(拽)我红领巾不承认，贾吉蓉却悄悄地告诉我：“我看见李老师 zhuài(拽)你红领巾了。”在李老师做工作不让她说的情况下，她却悄悄地告诉我她看见了，她是在与 xié(邪)恶视(势)力作斗 zhēng(争)。我感激不尽。

贾吉蓉，我要谢谢你，谢谢你诚实，谢谢你的友好。

在市人民政府、区教委、学校及新闻媒体的三次调查中，一名小学生承认看见李老师拽了英子的红领巾。这名学生还签了字。在郑校长参与的调查中，有三名学生承认看见李老师拽英子的红领巾。

这四名小学生都是英雄。其中之一就是贾吉蓉。

2000 年 3 月 23 日下午。人民法院正式开庭，审理英子诉李老师人身伤害赔偿案。

身穿大花格白纱领娃娃服的小英子，表情严肃地坐在原告席上，身穿黑毛衣和呢子外套的李老师坐在被告席上，表情似乎镇定自若。李老师早作好准备，并带来了许多学生及父母们签名的声援书。小英子带来的只有事实。

在双方的律师出示了各自的证据之后，法庭辩论开始了。

经过反复论证，法院判决如下：

原告英子颈部的伤系被告李爱华拽拉红领巾所致，由于被告李爱华是在实施职务过程中发生该起事件的，对此被告市区小学应承担民事责任。故原告要求被告赔偿医药费的理由合法，证据充分，本院应予以支持。原告系未成年人，由于该起事件的发生对其身心健康带来不利的影响，在一定程度上妨碍了原告英子的学习、生活和健康，故原告提出赔偿精神损失的要求本院予以支持，但赔偿的数额要考虑侵害人的过错程度及受害人的损失状况等因素……

英子胜诉了！

然而，虽然学校服从判决，但李老师却一脸不满，她不服从法庭对她拽英子红领巾事实的认定，坚持要用法律给自己讨回公道。至于说到学生跟踪英子，以及那张《人员工作表》，她一口咬定自己"根本就不知情"。

2000年5月9日，李爱华老师向市中级人民法院递交了上诉书，请求"依法撤销原一审判决"。

同年10月23日，市中级人民法院下达第1360号民事判决书，驳回李的上诉，维持原判，并以此为"终审判决"。

面对彻底的胜利，小英子没有狂欢，却找出了阔别一年之久的红领巾，重新佩戴在胸前，因为她迎来了光明。

假如我是老师

一切都是从童年开始的。童年的某些经历可能会影响人的一生。

英子和我一起被邀至中央电视台做“讲述”节目时，漂亮的女主持人柔和地问英子：

“官司打赢了，事情也过去了，你会不会原谅李老师呢？”

当时，台上台下的嘉宾们把目光纷纷投向英子，期待她点点头，使这个尖锐的矛盾逐步化解。可是，英子却沉默着。一会儿，她抬起头，轻轻地说：“不！我不原谅！”

说罢，两行晶亮的泪水悄然流下。

望着这个倔强的小姑娘，我想：也许，因为李老师至今不认错儿；也许，因为李老师伤害她太深太久；也许，她认定了对邪恶永不原谅……

我相信，李老师心里是想当一个好老师的。或许，她太想维护自己好老师的形象，而一错再错，陷入了一时难以挣脱的沼泽之中。其实，老师也不是圣人，即使是圣人也应知错就改，这不正是当代教师的潇洒之处吗？

英子的一句“我不原谅”，让节目现场的气氛格外压抑。不过，她最后的一段朗诵，又像春天的精灵一样，给大家带来了欢欣和希望。

曾经想当记者或科学家的英子，经历了这番磨难之后，却一心想当一名人民教师了。

她深情地朗诵道：

假如我是老师，我绝不虐待孩子。

如果有的同学做错了事，我绝不动手打他、骂他，而是和他讲道理，让他感到老师的怀抱很温暖；

如果有的同学由于家远经常迟到，我会特殊照顾他，我绝不说伤他自尊心的话，而是帮助他，让他觉得自己是世界上最聪明的孩子；

如果有的家长向我提出意见，我会认真地接受。如果有的家长告到学校，我也会同样接受，绝对不会折磨他的孩子，不让同学们整他……

我希望我的学生毕业以后，回想起小学生活的时候，会感到很温暖；回想起老师的时候，会感到很温柔，并且充满了敬意。

我想，这是未来教师的宣言。

（为保护未成年人，本文里学生和教师等人物均用化名）

16岁的思索（报告文学）

1987年，我受国内第一部青春片《失踪的女中学生》的吸引，采访了该片的女主角扮演者刘禹。那次采访的直接成果，就是《漩涡里的自白》。现在回顾起来，那真可谓一次闪电式采访，留下的也是闪电般的印象。

说心里话，当时我实在不敢奢望，在那样短促的时间里，一个内心世界处于封闭期的女中学生，会毫无顾忌地向陌生的记者敞开心扉（尽管这对报告文学至关重要）。然而，这个刘禹，却超出了我奢望的十倍！用个不甚恰当的比喻，她像一个精神上的模特儿，勇敢地向大千世界展示自己的一切。换上另外一个人，肯吗？敢吗？我怀疑。因为我自己就可能缺乏这种足够的勇气。

我感激刘禹。

我时常想起她，好似想起书中的某个人物。但我深感幸运的是，书中的人物只能够靠想象使其活起来，而刘禹呢，我们共同生活在一个城市里，共同呼吸着同样新鲜与污浊的空气。我随时可以去亲眼见一见她，看她这半年多来是怎么生活的。对中学生来说，半年是个很长的时间概念。

刘禹还是刘禹。

明天考化学。刘禹坐在棕色的长沙发上，抱着一大堆书，呆呆地望着我，像望着一个天外来客。一刹那间，我愣住了：这就是那个在电影屏幕上光彩夺人的“王佳”？那个充满青春活力而坠入爱情之梦的女中学生？她，神情呆滞，疲倦已极，像要睡过去了一样。

“刘禹，我又来了。”我说。

她定定神，笑了。全方位一个微笑，整个表情骤然生动起来，回答：“好啊，我正憋了一肚子话呢。”她把那堆书狠狠地推开，像是推开一个无理纠缠的家伙。我愉快地意识到，一番无拘无束的长谈开始了。

下面是她的自述。

一、尝过孤独滋味的人，格外珍惜友谊。

大家都说中学生渴望理解，我说中学生更渴望的是友谊，因为在这个竞争的时代里，人情淡，友谊特别宝贵。许多中学生公开表示不愿帮助人，说我凭什么要帮助你？你强了，我不就多了一个对手么？为了增强自己的竞争力，同时削弱对方的实力，故意选自己恨的人当班干部。当个为人民服务的官，累死他（她）！这和在小学里简直是天壤之别。

我幸运。我有那么多好朋友！

随便举个例子吧，初三的时候，我拍《失踪的女中学生》回来，姜莉递给我一个很厚很厚的笔记本。我打开一看，眼泪就涌了出来。我落了整整一学期的课，她全替我做了课堂笔记！初三啊，玩命的一年。她同时做两份课堂笔记，该耽误多少比金子还宝贵的时间！她为了什么？为了不让我蹲班。她简直钻到我心里去了。我喜欢这个班。为什么每次拍片回来，我总发了疯似的补课？就为了不离开这群可爱的伙伴。

我和姜莉也经常吵架。她内向，我外向。她沉稳，我浮躁。她胆小，我胆大。她帮我复习功课，嫌我开窍慢。我就瞪眼睛，说：“你急什么！”她不小心碰掉我的书，我就故意碰掉她的书。奇妙的是，我们越吵越亲，哦，你想见见她？行啊，哪天？明天吧，明晚上，我让她住我家，你来和她谈。

怎么？能不能保证？能啊，她的时间由我做主。

男同学讲哥们。我们要好的女同学也称“哥们”。考高中的时候，为了“哥们”，我冒着生命危险啊。你想啊，重点中学的考场，还不森严壁垒？可我听见背后一个女生轻轻喊我：“刘禹，物理。”吓死我了！她的声音小得像蚊子，可在我当时听来，跟扯开喉咙喊一样。

天哪，我就够笨的了，还有求我帮助的。她多可怜。在重点学校，考场上作弊的名声要多臭有多臭。可在我看来，若不帮助她，也太革命化了。就和姜莉不舍得我掉下去一样，我也不舍得让她掉下来。我想，课上让她抄，课后再帮她补嘛。那次考试用的是“哈达卷”，长。我就用双臂挡着，让卷子滑下去，露给那位同学看。可我的心怦怦跳，手一个劲地抖。一旦被发现，后果真不敢想。这个秘密可是头一回公开啊！

我对友谊的珍惜，是用沉重的代价换来的。

你知道，小学时，我进的是寄宿制学校，那儿主要收外交官的孩子，全班只有我一个人的爸爸妈妈是普通工人。有些同学把我从头看到脚，问：“你是走后门进来的吧？”我很受刺激。但是，老师喜欢我。我是大队长，连年的三好学生，又经常有演出任务。那时候，可真要强啊！当三好学生必须体育达标。为了保住这荣誉，我拼命练爬杆。腿都磨出了道道血痕，还是爬呀爬。每个节目的角色，我都好好演努力争。因此，我的戏特别多。可是，当我兴高采烈地演出归来，忽然发觉同宿舍的女生都像是变成了陌生人。四个女生全不理我，有时候干脆把我关在门外，她们还经常找我的岔：丢了个桔子，说我偷了；少了根针，说我拿了。其实，从根本上说，就因为老师太喜欢我了。那一年多呀，我尝尽了孤独的滋味，常一个人暗自流泪。校长和老师都看不下去了，来做工作，可是晚了。人，一旦心灵受了创伤，是很难愈合的。从那以后，我变得沉默了。毕业时，因我是连年的三好学生，可以保送重点中学。但我为了争口气，放弃了被保送的特权，凭自己本事考，结果以 199 分（满分为 200 分）的优异成绩考进了二十六中！

每回想起这一段，我一方面感激那四个女生，是她们逼迫我学会了发愤争气。但另一方面，我也觉得自己的确太拔尖了。爱的阳光，应该照在每一个孩子身上，不可以独自享受。哪个孩子不想显示自己的才能？哪个孩子不渴望得到老师的夸奖？当一个人处在幸福之中的时候，千万不可以忘记把这幸福分给同伴一些。只有这样，当你遭到不幸的时候，才会得到友谊的手。

比较起来，我觉得自己现在成熟多了。班里多数同学都和我很要好。跟老师也不错，有的还和我称“哥们”呢。当然，有时也会碰到不愉快的事。我有个原则：你对我不好，我至多不理你就是了，决不去以牙还牙；如果你对我一百好，我将对你二百好。总之，多原谅别人的过失，多体会别人的好意。这是我的格言。

人啊，最不幸的就是孤独。你说，寂寞是人间最大的一座坟墓。我很欣赏这句话。我从这座坟墓中走了出来，就永远不想再走进去！

二、许多人说我是现代派，其实，我很正统。

怎么？你听说我那段“裸体风波”了？那是拍《失踪的女中学生》的时候，史导演想让我拍显出形体轮廓的镜头。咳！其实并不是真裸体，穿一层薄薄的紧身衣。不过，远远看去，跟真裸体极像。我理解导演的意图，决非为了迎合低级趣味，而是为了表现少女青春期特有的活力和气质，但我还是一口拒绝了。说给我找个替身，我也不同意。好家伙，与导演真干了一架，罢工一天！据说，停机一天损失三千元，我才不管呢。导演急了，说：“你不愿意拍，走！”我也毫不含糊地回答：“走就走，反正又不是我要来的，是你让我来的。”其实，史导演和我铁着呢，哪肯让我走？结果，我胜利了。把那个“裸体”镜头，改成了我裹着浴巾亲吻一只小猫。

你问我为什么这样固执？这还用说呀？我如果那样拍了，回校后怎么见同学和朋友？他们怎么知道是真裸体还是假裸体？怎么会知道那是替身？解释？解释得过来么？越抹越黑。不行，坚决不行！再说，我还是共青团员呢。我明白，搞艺术的人应该有为艺术献身的精神，可我是女中学生，做不到这一条。

许多人说我是现代派。我不知道他们的根据是什么。不过，我最了解自己：保守，不愿惹是生非。比较正统。

你知道么？现在中学生过生日规格越来越高。上次我对你讲过，我过生日，总是请同学来家里吃饭和跳舞，在我看来，这已经够奢侈了，谱也不算小了。可现在，有些中学生根本瞧不上家宴，要到大饭店包桌。互相送的礼物也越来越贵重。我爱艺术，爱具有象征性的东西。所以，同学过生日的时候，我总是送一束鲜花，祝愿朋友像鲜花一样纯洁、美好，把芳香带给人间。可有人就觉得不够意思。我拍电影回来，一般总买十元钱的糖，请同学们吃。有人叫：“哟，就这？你能拿得出手？”“刘禹，请客去吧！”我心里很不是滋味。不是拿不出钱，而是觉得没那必要。难道非吃一顿才算友谊？开运动会时，我为同学买巧克力和汽水，心情很愉快，因为我用自己挣的钱帮助了大家。可如果真坐进了大饭店，在一片吵吵嚷嚷之中频频举杯，我会觉得浊气冲天，一分钟都待不下去。

你问庆贺生日的规格为什么越来越高？哼，臭显摆呗！好胜心理。以出手大方阔气为荣啊。你办 100 元标准，我办 110 元标准。他呢，必办 120 元标准。互相攀比，越爬越高，像要抢占制高点似的。话又说回来了，你一个穷中学生，摆那么大的谱，谁花钱？还不是你的爸爸妈妈！靠家里的钱摆谱，有什么可光彩的?!

当然,我不反对中学生过生日。我自己就喜欢过生日,但我觉得应该有个限度。庆贺生日主要起一种联谊作用,互相勉励,共同追求美好的未来。为了达到这个目的,应从怎样更有意义的角度来设计庆贺方法。相反,若像上面说的那样,在大饭店里觥筹交错,满脑子只有一个“吃”字了,有什么意思?俗!

你看,我这人就这样,脑子里有个一定之规,是比较正统的。受正统教育长大的嘛。那次,有个记者问我:“你和邹倚天(《红衣少女》中安然的扮演者)谁演得好?”我不假思索地回答:“我!”这是我的真实感觉。为什么?《失踪的女中学生》本子就比《红衣少女》好嘛。再说,我的演技处理的确不比她差。结果,这次采访记登报后,很多人来信,说我狂。当时,我并不服气。狂,怕什么?可怕的是人不敢狂,不敢承认自己的能力,更不敢显示自己的能力。但是,现在我又想过来了。今后还是少说这种“狂”话。有真本事就用,没真本事就练,别嚷。山外有山,天外有天,你狂个什么劲?

你如果有真本事,别人嫉妒你,也不必怕。我想开了,遭受嫉妒是件好事,因为人家嫉妒的是你好的一面。假若,你擅长骂人,别人还嫉妒你么?

三、中学生胆子越来越大,什么都敢干,可干什么却挺盲目。

我这才发现,16岁是个莫名其妙的年龄。

我有一个同学,人很老实。三年了,班里好像根本不存在这个人似的。可现在,他突然活跃起来了,常来我家。奇怪的是,他既不和我讨论功课,也不和我讨论艺术。你猜怎么着?他问我有没有搞烟的路子?我都听不懂,我又不是烟酒批发站经理。就算有些文艺界的朋友,怎么扯到烟上去了呢?

中学生爱冒险。我们班有个最漂亮的女同学,也是我的“哥们”,名叫林林。有一天,才上半节课,突然不见她了。几小时后,她回来了,悄悄对我说:“我想尝尝逃课的滋味,去看了场电影。你摸摸,我的心直跳呢。”她能这么做,真让人纳闷,不过有时候,我也生出过怪念头,想做件坏事。

你知道吗?现在中学生里已经不是琼瑶热了,变成了费翔热。嘿,那一把火烧的,真够热的。不光喜欢他的歌,还喜欢他这个人。女生们对费翔的头发很有研究,说是旋转式大波浪,还有他那双眼睛,迷人。费翔歌曲的磁带,本可以转录,可大家还是抢着买原声带。为什么?封面上有费翔呀,看看也是满足。实在买不到,急了,还有去复印的呢。有的女生说:“如果我能和费翔说句话,还不幸福死呀!”很多女生都有这种心理。

中学生通讯社有个女记者,采访过我。我看,她比我还有故事。老师说她穿着不朴素,第二天,这位小姐换了身打扮,穿一件露出棉花的旧棉袄,腰上扎一根麻绳,就那么进了学校。她的书包里还有香烟,干吗用?往男生鞋里塞,嫌他们的鞋太臭。

平心而论,我们学校真不错。消灭了犯罪率,又注意学生的全面发展。可是,碰到点事,照样折腾。譬如,那次学校决定,对在校存车的同学收三元钱。同学们不约而同地抗议起来,抗议书直接送给校长,上面写着:“亲爱的校长,自从踏进这座校园就爱上了她。但眼下看来,不去经商难以应付苛捐杂税了……”这在过去,哪敢呀?

中学生为什么胆子越来越大?觉得自己有理呗!实际上未必都有理,比较盲目,谁也不清楚自己会干出些什么,却都想冲在最前头。

还说我们那位林林小姐吧。她去买鞋,有的同学也去买。林林说好,她也称赞。可过了一会,林林又想退货,那位同学也跟着退了。为什么？崇拜林林呀！太崇拜一个人，到了模仿其一切的地步，这就未免有些滑稽了。例如，去年夏天流行明黄色服装，有些皮肤黑点的小姐也跟着穿，结果脸发绿。黑点的人不如穿中性色彩的服装。国际流行色一般都是中性的。

爱美不会美，是中学生的一个特点。女中学生的爱美之心啊，不亚于任何人。学校不是不让化妆吗？女生们都盼着红五月歌咏比赛。为什么？可以趁这个合法的机会，一个赛一个地打扮自己，足足地美一美啊。其实，大家都美一点，有什么不好？人人美，社会才美。一个人走在街上，他的穿着是否整洁美丽，不光是个人的事，对大家对环境都有影响。

中学生爱表现自己，是优点，也是缺点。今天我们有一节政治课，讨论建设有中国特色的社会主义会不会产生两极分化。大家发言踊跃，胆子也够大的。有人公开说资本主义好。但我觉得，他只是胆子大，道理讲不清。现在，中学生里这种夸夸其谈的风气挺盛，好像演讲的目的不是阐述某个精辟见解，而是引起别人注意。甚至希望大家只注意他自己，不要再注意别人。这个样子，还不有些玄吗？

怪得很。中学生的父母几乎都希望孩子少说话，可是中学生差不多没有不爱讲话的。爱讲，敢讲，敢想，这又的确是个进步。比如，老师希望我们也愿意当老师，编了个剧，说一个学生放弃去美国的机会，考师范。学校同学们反驳说：去美国有什么不好？先去美国回来再进师范不更好么？这说明，中学生又是肯思考，讲实际的。

春天来了。我们男女同学骑车出去玩。去哪儿？不去公园，不访名山，偏偏选择一片荒野！我们喜欢在大自然中，无拘无束地漫步，海阔天空地交谈。也许，这就是中学生的形象。

莫名其妙的年龄！莫名其妙的人！

四、早恋好比一颗包着甜皮的苦果，它是对中学生的一个挑战，更是对中学生的一个检验。

有些人一提到中学生，马上就说起早恋，似乎中学生就等于早恋，真是可笑！实际上，哪有那么多恋爱？很多对“恋人”是被哄出来的。中学生之间还是友谊多于爱情，不然，怎么读书啊？

自然，不能否认早恋是中学生中最复杂的问题之一。

我始终认为，真正的早恋是美好的，纯洁的。为什么呢？因为这时候的感情一点杂念也没有，不看家庭贫富，也不计学历高低，就是喜欢一个人。多么浪漫啊。现实却是严峻的，早恋一般以失败告终。因为长大了，一方面会发觉自己过去的选择有失偏颇，另一方面原先的朋友会发生变化，而自己也可能碰上更有魅力的男子汉。怎么办？一个人谈朋友太多了，感情怎么可能还那么纯呢？所以，早恋好比一颗包着甜皮的苦果。

前些时候，我们的林林小姐被人“爱”上了，但她的处理方法，我挺欣赏。

上面说过，林林很漂亮。女孩子太漂亮了，麻烦也多。有个高中生拼命追她。林林呢，生气了，请我们几个“哥们”帮忙。我们就受命去奚落那位求爱者。谁知，那位求爱者毫不气馁，公然声明：“一点不错，我爱林林。请转告她，我想和她本人好好谈谈。”

林林知道后，心一横：“谈就谈，看他能说什么。”两人见面了，气氛冷得像结了冰。那个男生说：“林林，我真心喜欢你。”林林答：“可我不喜欢你。”那个男生不灰心，说：“我并不想现在打扰你，只想让你知道我这片心。我一定发愤学习，十年后再来见你。”林林没有想到，他是这样严肃认真，倒有些不安，语气缓和下来：“十年后，你知道我在哪儿？你知道我会变成什么样？”“不管你在哪儿，也不管你变成什么样，我都会爱你的。”那位男生坚决地说。林林被感动了，她还是保持了清醒的头脑，说："谢谢你对我的好意，可我不能欺骗你，我不爱你。请原谅。"那位男生绝望了，临分手提出一个请求："我不会勉强你的，但请送我一张你的照片作纪念，好吗？"林林犹豫了一下，回答："既然咱们成不了那种关系，送照片有害无益，还是做个朋友。再见吧。"他俩的事就这样私了了。

我觉得，这两个人对爱情的态度是值得肯定的，爱就是爱，决不畏畏缩缩；不爱就是不爱，决不勉勉强强。另外，这种事私了比公了好。借助某种势力压人是最不明智的。

我也知道另外一对"恋人"的情况。互相喜欢了一段时间，又互相不喜欢了。可是，谁也不好意思说破，照旧勉勉强强在一起。多可悲啊！我敢断定，假若他们将来凑凑合合结合在一起，这世上便多了一个不幸的家庭。因为，不幸的种子既已埋下，终究会生根发芽的。可惜，人们只对悲剧给予关注，而对悲剧是怎么酿成的不屑一顾。这不也是个悲剧么？

在一些父母和老师的眼里，中学生似乎在爱情方面越傻越好，这是一种愚昧的心理。我知道有个很本分的女孩子，碰到有人求爱，吓得不知所措，连上街都不敢了。这样的女孩子有什么值得夸耀的？中学生里不会有人欣赏她。

教训太多了！可以说，谈恋爱的中学生都是傻的。不懂爱情也在乱爱的人更加不幸。但我认为，中学生应该懂得爱情，也应该经受住早恋的挑战。不是想当强者么？这方面强也是非常重要的。

五、只渴望别人理解自己，自己不去理解别人，是得不到理解的。因为真正的理解从来都是相互的。

这你准知道，我们中学生嚷得最凶的一个问题，就是理解问题。似乎谁都不理解中学生。可是，中学生理解别人吗？这一点想得很少。

远的不说,就说说我的爸爸妈妈,我的感受就很深。他们都是最普普通通的工人,虽然不怎么懂艺术,但我从心里尊敬他们。他们是高尚的人。我爸爸是65届高中毕业生。由于出身问题,考大学告吹。二十多年的时间,一直在房管所工作。妈妈出身于干部家庭,“文化大革命”中也遭了不少难。共同的坎坷经历,使他们改变了对生活的追求,不求建功立业,只求稳稳当当、平平安安。

若依爸爸的主张,我会当个老老实实的工人。妈妈希望我当个妇科医生。她是女中毕业生,也希望我少接触男人。他们不赞成我搞文艺,是完全可以理解的,他们既然选择了平淡的生活道路,怎么愿意自己唯一的女儿去从事风险极大的文艺呢?再说,他们对文艺几乎一窍不通,自己的职业又离文艺界十万八千里。眼睁睁看着女儿去冒险,却帮不上一点忙,那是什么滋味?然而,他们最让我感动的也正是在这里:一旦我选择了在文艺上发展的方向,他们不但不横加阻拦,相反是全力支持。这,不高尚么?

记得有一天晚上,我心血来潮,发了几句感慨:“妈妈,我有个梦想,咱们把电视机关掉,我弹钢琴给你们听。”其实,我是随随便便说的。当时,我们家哪有条件买钢琴啊。可过了不很久,妈妈真给我买了架星海牌钢琴,说:“梦想为什么不可以变成现实呢?”这就是我的妈妈,对女儿的每个心愿,都去细细地体谅,然后千方百计给予满足。可我呢?惭愧!

我承认,自己的心劲高。如果让我像爸爸妈妈那样生活一辈子,肯定受不了。我真不能理解,他们怎么会那么心平气和地安于现状?可他们清清白白一辈子的信念,又让我敬重。

爸爸对我说:“你选择了文艺,我和你妈不懂你们的行话,也帮不了你的忙。有能耐自己去争吧,但路要走正。”有一次,我被请去参加电影界的联谊活动，来了许多权威名流啊。有位著名的老导演见了我，热情地说："刘禹，给我当个干孙女吧，欢迎你春节来玩。"同伴们见了，谁不羡慕我呀？演员靠导演，拜上这么一位名导演爷爷，今后还不一路绿灯？

回来后，我把这件事告诉了爸爸。不料，他听了一点也不当回事，淡淡地说："你有爷爷，干吗拜那么多爷爷？"喏，就这样，我没去拜干爷爷。有时候回味起来，觉得爸爸太倔，不会办事。可仔细想想，不沾这些事，倒也心里干净、自在。搞艺术毕竟主要靠自己的才气嘛。

说心里话，爸爸妈妈对我够宽容的了。我请同学来家跳舞，他们不反对；我跟男同学出去玩，他们也不禁止；记者来采访我，他们从不在一旁陪着，由我自己接待，爱说什么就说什么。这你来过几次察觉了吧？对，他们对我实行开放政策。为什么？一句话，信任我。这一点很让我感动。也许，我比其他中学生幸运？有时候，我无意中发出中学生不被理解的感慨，爸爸妈妈就有些不知所措，委屈地问：我们对你有什么不理解的吗？我冷静下来一想，是啊，自己有什么不被父母理解的呢？没有啊。可是，虽然没什么具体事实，这脑子里头总容易冒出不被人理解的念头。你说怪不怪？

其实，要说理解，孩子对父母倒真应该多理解理解。他们经历那么多磨难，如今把希望寄托在我们身上，自己不惜继续吃苦受累。凭什么就该这样？还不是出于一种爱，一种深沉而伟大的爱。他们是不幸的一代，是甘做铺路石的一代。尽管他们身上有这样或那样的缺陷，这又是谁的错呢？谁又敢说我们中学生身上都是优点？

你问我自信还是自卑？说不清。我想，在我的身上，自信和自卑同时存在。我现在演电影演得是不错，可我的艺术年华不会太长。你瞧，我这脸，小孩样，还能总演小孩？个子1米58，不理想。身体也欠佳。再说，等我高中毕业那年，电影学院不招生又怎么办？我现在都不知道，我将来会不会继续搞文艺。

逼我？没有的事，爸爸妈妈从不逼我干什么，更不希望我出什么名。我爸爸有他的哲学。他说："望子成龙，子真能成龙么？中国有这么多孩子，都成了龙，行吗？总得有分母吧？"喏，他们早作好了准备，让我回到普通人中间。我呢，也想扎扎实实学好功课。将来，路宽着呢，有什么可愁的？

奇怪的感觉(报告文学)

——记第 27 届国际奥林匹克数学比赛一等奖获奖者李平立

“我不想接受记者采访。”

第一次通话。通过电话筒,他这样对我说。我感到有些诧异:小小年纪,有什么可忌讳的?问:“怎么啦?怕记者乱吹乱捧,给你带来麻烦事?”

“是这样。”李平立承认道,“再说,记者想听的,我不会说,我可以说的,记者又不好写,采访有什么必要?”

莫非,碰上了“怪人”?我告诉他,这个世界上还有另外一些记者,偏偏对那些不好写的东西有兴趣。“你尽可以自由谈。”

听了我的一番许诺,他勉强同意谈谈试试。

他说,当他登上国际数学奥林匹克领奖台的时候,心里并没有激动的感觉。

那天晚上,正赶上北京下第二场大雪,天寒地冻。我把李平立迎进家里,先沏热茶,又准备削苹果。他拦住了我的刀子,说:“不用削,我们学生就习惯带皮吃。”于是,他就那样吃了,给我留下一个实实在在的感觉。

谈话自然离不开那场激动人心的比赛。

他告诉我,比赛是 1986 年 7 月在波兰首都华沙举行的,美国、苏联、英国、法国、东德、西德等四十多个国家和地区都派队参加了。

“这么多国家的少年选手凑在一起,一定很热闹吧?”

我的问话，引起他的回忆：

“是够热闹的。我们都串遍了。苏联队住我们隔壁，他们很拘谨，大概内部规定了许多‘这不准’‘那不许’吧？美国队最松散，宿舍里乱七八糟。阿拉伯来的女孩，白纱套头，打着赤脚。以色列有个男孩，疯狂地迷恋国际象棋方面的书，到处打听哪个国家有，还让我给他寄呢。看那样子，为了搞到这本书，他可以不顾一切！我们还见了越南选手。”

“他们的态度友好吗？”

“在那儿都是学生，感觉不出国与国的矛盾。越南学生都穿西服，也不知他们会什么外语，大概一门也不会，我们无法交谈。但他们常来我们宿舍，看我们玩拱猪的扑克游戏。看不懂，我们就画给他们看。我们也知道了，他们用食指指天，表示好，用食指指地，表示糟。”

“各国选手最感兴趣的是什么？”

“交换硬币和邮票。再就是赛球。赛乒乓球的时候，都来找中国代表队，谁都知道中国人打乒乓球厉害。中国队的林强，湖北人，在我们当中算是冠军啦，其实也就一般水平。可在那儿，他倒威风起来了，打遍天下无敌手！嘿嘿。不过，那儿的球拍差劲，像皮鞋底，没有弹性，比中国的拍子差远了。”

“数学比赛怎么样？”

我把话儿引向正题。他依然淡淡地说：

“比赛方法和中国的差不多。赛前，先把各国带队的老师集体‘软禁’起来出题，不比赛完是见不到的。连续赛两天，每天四个半小时，各做三道题，包括平面几何、立体几何、函数论、组合数学，等等。”

“题难吗？”

“不算特别难，关键要解得科学。”

“赛前，中国队对成绩估测过吗？”

“那当然喽！在飞往华沙的飞机上，就议论过好几遍了。”李平立说，“按当时分析，能进入前十名就是成功，进入前六名是巨大成功。”

“为什么这样悲观？”

“在这之前，中国曾派两个选手参加过上届比赛。结果一个获三等奖，一个无名次。团体名次根本排不上。”

“你参加比赛紧张吗？”

李平立还是那么平淡：

“有什么可紧张的？考好了，是额外收入；考坏了，也没有什么损失。小时候，考不了一百分，哭个没完。现在考砸了也不会难过的。也许是长大了吧？”

“结果，你夺了一等奖！有什么感觉呢？”

“我？没什么，总有人得第一，碰巧了是我，也许下次就不是我了。可我还是我，这不一定能说明什么问题。”

我实在没有想到，李平立会把这个成绩看得那么淡！谁不知道，这些年来，许多人都把在国外得到的荣誉，当做最高荣誉；甚至把外国人随便一句什么话，都当成千真万确的科学定论。可这个初出茅庐的李平立，怎么就这样特别？

“你还记得当时的考题和解法吗？”

他摇摇头，苦笑着对我说：

“我这人记性差，考前不想，考后忘光。”

我又问：

“什么人向你发的奖？”

“不记得了。”

“在个什么地方发的？”

“不记得了。”

“哪天开的发奖会？”

“不记得了。”

我不由得皱起了眉头，问：

“那么，关于这次得奖，你记得什么？”

“我注意了国际性的奖什么样。除了红夹子证书外，还有一个工艺品花瓶。出波兰海关时，还要证明，大概怕走私文物吧？看来挺珍贵的。”

“当你登上领奖台时候，一定很激动吧？”

“不，不知为什么，激动不起来。因为，我不相信这就能说明我多么了不起。”

我简直不知该问他什么好了，他却全然不觉地回答：

“当然，不会难过。因为中国代表队的团体成绩，名列第四（苏美并列第一，西德第三），比预想的好。”

他和我谈起这些的时候，就像谈论今天下的雪挺大一样，无论心情还是语调，都是非常平静的。

他说，当他载誉归来，周围许多人对他的态度变化之大，使他感到不可思议。

“特别奇怪，”这回倒是李平立有些激动起来了，他不等我问什么，便主动地谈起自己的感受，“我得奖回来，班里的同学给我分析出许多优点，甚至连过去认为是缺点的，也当成优点大谈特谈。咳，真让人莫名其妙。”

有这样一个例子：

刚学微积分的时候，李平立雄心勃勃，想推导曲率。他家离学校远，途中需要一个半小时，就常在公共汽车上开列很大很大的式子。有时，还想通过自己的探讨，给三点求出圆心的坐标，结果写出来的式子大得惊人。同行的同学讥讽他野心太大，方法太笨。可是，现在这些同学又说，当时就觉得李平立了不起，应当从小敢想敢试。

李平立疑惑地说：

“假如，我没有获奖呢？他们也会来这一百八十度的大转弯吗？难道获奖就能证明过去的一切都是对的？其实，现在我倒相信那些同学的话了，开列那么大的式子是蠢笨的。科学的方法既要严密准确，又要简便易做。”

接着，他又举起另一个例子：

获奖后，许多人夸他是最勤奋用功的学生。实际上呢？过去班里早有公论，李平立并不是最用功的学生。对于这个评价，李平立当时就承认了，他甚至发表观点说，用功过度，适得其反。他还建议，学校最好把课安排得松一些，要求也宽一些，让学生基本掌握就行了。然而，等他获奖回来，在一些人的眼里，似乎不加上最勤奋用功的词儿，就不能说明他之所以获奖一样。

更可笑的是，有人还称赞他出国参赛期间，抓紧分分秒秒刻苦钻研。李平立奇怪，这些人长了千里眼吗？长了顺风耳吗？就算这两样本领都具有了吧，事实也并非如此啊。

李平立做的事，李平立还不清楚吗？

在飞往华沙的二十多个小时里，他除了看电影、打扑克，就是和同伴聊天或欣赏万米高空上的雪野，数学题一道也未沾手。若硬要联系的话，顶多是他仔细观察了飞机的各种设施，那是因为他头一回乘坐飞机，新鲜。在华沙的日子里，除了正式比赛以外，他的绝大部分时间，都用来观光了。仅那绿茵茵的肖邦公园，他去了就不止一回。他从小喜欢音乐，是音乐大师肖邦的崇拜者。再说，那座公园不收门票。

他至今不明白，一讲某人取得了优异成绩，这人必定是废寝忘食？轻松愉快与科学研究，怎么就那样水火不容？

我问：

“那么，你自己想想，你所以数学水平高一些，真实的经验是什么？”

他摸摸脑袋，想了好一会儿说：

“好多人问过我这个问题，我想了很久，大概有三条：一是加强基础能力，良性循环而不是恶性循环；二是经常和同学争论问题；三是课前要自学。”

“可是，”他又激动起来了，“这并不是我一个人的做法呀！哪个喜欢学习的同学不是这样做的呢？怎么就因为我获了奖，这些方法就成了我一个人独有的经验？还让别人向我学习。太幼稚了！太不公正了！”

我被他的清醒，被他敢于正视现实的勇气，被他毫不隐讳自己真实感觉的赤诚，深深地感动了。

“我们的民族刚刚经过不正常的历史，必然会留下许多不正常的东西。”

听我说这些，他沉思着，答道：

“也许是这样，可这习惯太难改变了。前些天，有的同学给我来信，还开口闭口总是请指教之类的话。这哪里像朋友？真让我难受！我回信请他千万别再这样。他呢，又回信说我谦虚精神感人。”

“哎呀——”李平立苦笑着，长长地叹了口气，说，“我真不知该怎么办才好。”

他说，他现在希望的是无名，是沉默，是把成功的种子深深埋在地下。

李平立出生在一个普通的知识分子家庭。爸爸妈妈都是搞水利的，这种职业带给他的，就是东跑西颠：生在北京，刚满两岁去了山东德州，上初中时到了天津，现又只身回到北京。

他的家庭是普通的，生活是普通的，进的小学和初中都是普通的。在天津读初中时，他“沾”爸爸妈妈的“光”，进的是一所新建学校，教室是临时搭的棚子，七个教职员工中还包括了校长和炊事员。教学挂图没有，化学实验要到外校去做。

在家里，爸爸妈妈是关心他学习的。可因为学的专业不同，一过“三角”部分，家里便没有人能辅导他了。但是李平立感激爸爸妈妈,感激的理由是给了他自由。

在这种普普通通的环境里,也有着阳光和春风。因此,一颗献身于科学事业的种子,照样在李平立的心田里发出了嫩芽,而且以不可遏止的力量蓬勃地生长着。

他这样谈论自己的信念:

“献身于科学是幸福的。活着就要去探索自然的秘密,不然就等于白活着。”(通行的《词典》上,把数学列在自然科学之外,而他却执拗地认为,数学应属于自然科学)

他这样看待数学的作用:

“数学起的作用,不仅仅是某一个国家内的事情,而是跟全世界紧密相关。因此,数学爱好者应盯住世界当代数学的主方向。”

我们像知己般谈论着,憧憬着美妙的未来。似乎不是刚刚相识,而是老朋友的重逢叙旧。我隐隐约约有一种感觉,今天的交谈将是很有意义的。

“我想,”我这样对他说,“就把你的这些经历和想法,如实地写出来,行不行呢?”

他一愣,好像重新想起了我是个记者,脸上现出了极复杂的表情:惊讶中有疑问,赞成中有反对,放心中有担心,等等。这种表情在他这样的年龄,应是很少出现的。

“我觉得,学生毕竟是学生,在学生时代,不宜断言某某成才了。因为这还很难说。”他挺费劲地继续说道,“有人问我信奉的格言是什么?我说我最喜欢一位老师的话:种子若想发芽,必须深深地埋在地下。所以,我目前希望的是沉默,是无名。”

“为什么?”我略有奇怪地问。

“沉默和无名,是打好学问基础的重要条件。当然,我并不反对拿破仑的那句名言:不想当元帅的不是好士兵。等我将来工作了,也会这样的。可是眼下,我最渴望的是安安静静地学习。所以，你最好别写我，若实在要写，也千万不可夸大半句。”

我们的交谈结束了。送他到车站后，我便开始酝酿这篇文章，也开始体会他先头说的“不好写”。的确，李平立不好写。因为写一个人物，总要写写他的成功与失败吧，由此而写出人物的性格和情绪，等等。可对于李平立的成功(这个概念本身，就遭到了主人的怀疑)，我实在讲不清楚。也许，要重新讨论一下，什么叫做成功？

一片混乱中，只有一些感觉是新鲜的、强烈的。这就是前面写的那些文字，如题目所说的，是些“奇怪的感觉”。

几天后，李平立显然放心不下这件事，于大考之前急匆匆来了封信：

孙云晓同志：

告别匆忙，忘了件事，有几点要求请您一定答应。

1. 请不要给我加评价，不要写任何评语，只作为一名学生来写；

2. 请不要对我寄予希望，别推测我的将来；

3. 请不要记叙我的现状，更不要透露我现在的地址(包括学校和家庭)；

4. 尽可能避免写出我所提到的人的真实姓名；

5. 文章的刊登，最好是报纸，其次是刊物，尽量避免书籍(我记起来了，他对我说过，报纸、刊物人们看过就忘了，书可是总存着——作者注)。

我对采访我的记者都有这些要求，您一定理解吧？请您尊重我的要求，尤其是2、3条，请千万注意！您将要出书，我不反对，写上第5条只是为了让您了解一下。如果此文不打算写，我仍(甚至更)高兴。

……

我拿着李平立的来信，检查了一遍稿子，感觉并没有违背诺言之处，便给他回了信，表明了我写人物的格言：

绝无吹捧之意，唯有探索之心。

于是，我仍然把这篇照实写来的东西，奉献给我亲爱的读者朋友！

附　录

孙云晓主要教育作品目录

1.《孩子，抬起头》(著)，23 万字，海燕出版社 1990 年 12 月出版。

2.《大众传媒与儿童发展》(副主编)，9.2 万字，中国少年儿童出版社 1994 年 11 月出版。

3.《跨世纪的一代——中国少年"五自"丛书》(5 册)(主编)，81.8 万字，未来出版社 1994 年 12 月出版，获全国"五个一工程"图书奖。

4.《较量备忘录》(主编和作者之一)，38 万字，1995 年 5 月四川少年儿童出版社出版。

5.《培养独生子女的健康人格》(主编和作者之一)，21 万字，1997 年 5 月天津教育出版社出版，获全国共青团精神文明建设五个一工程奖。

6.《杰出青年的童年与教育》(主编和作者之一)，15.5 万字，1998 年 6 月江苏教育出版社出版。

7.《向孩子学习》(主编和作者之一)20 万字，1998 年 12 月，晨光出版社出版，获全国共青团精神文明建设五个一工程奖和中国少先队工作学会九五科研成果奖。

8.《走进学习时代》丛书 5 册(与周南照主编)，100 万字，北京出版社 1999 年 9 月出版，其中与孙宏艳合写的《学会做事》一书中的《失败是成功的"垫脚石"》《善待他人就是善待自己》两篇文章，被收入《义务教育课程标准实验教科书语文九年级上册教师教学用书》，2003 年 6 月由人民教育出版社出版。2006 年 1

月,《走进学习时代》丛书改名为《我相信我能》丛书出版。

9.《新发现——当代中国少年儿童报告》(主编),40 万字,2000 年 1 月中国少年儿童出版社出版,获中国少先队工作学会九五科研成果一等奖。

10.《解放孩子》(著),30 万字,北京出版社 2000 年 6 月出版。

11.《百年中国儿童》(总主编),130 万字,1900 幅照片,2000 年 10 月新世纪出版社出版,获全国共青团精神文明建设五个一工程奖。

12.《孙云晓谈少年儿童成功教育》(VCD 主讲人),中国青年教育音像出版社 2001 年 5 月出版。

13.《打开想像力之门》(主编),15.4 万字,21 世纪出版社 2001 年 5 月出版。

14.《体验成长——青少年民宿地球村报告》(主编),24.8 万字,天津教育出版社 2002 年 1 月出版。

15.《教育的秘诀是真爱——孙云晓教育建议》(著),45 万字,新华出版社 2002 年 4 月出版。2003 年 6 月和 7 月,该书分为《教育的秘诀是真爱》和《世上没有天生的坏小孩》两册,由妇女与生活文化事业有限公司在台湾出版。

16.《新焦点——当代中国少年儿童人身伤害研究报告》(与劳凯声主编),49.6 万字,北京师范大学出版社 2002 年 6 月出版。

17.《"较量"背后的沉思——中日儿童教育比较》(与胡霞合著),23 万字,海燕出版社 2003 年 11 月出版。2007 年 1 月收入《孙云晓教育作品集》中的《两种爱心两种命运》,由江苏教育出版社出版。

18.《儿童教育就是培养好习惯——当代少年儿童行为习惯研究报告》(与张梅玲主编),44.3 万字,北京出版社 2004 年 1 月出版。

19.《藏在书包里的玫瑰——校园性问题访谈实录》(与张引墨合著),22 万字,北京出版社 2004 年 1 月出版。2007 年 1 月收入《孙云晓教育作品集》中的《阳光法性教育》,由江苏教育出版社出版。

20.《唤醒巨人——成功教育启示录》(著),20 万字,安徽少年儿童出版社 2004 年 1 月出版,获中国图书奖。2007 年 1 月收入《孙云晓教育作品集》中的《唤醒孩子心中沉睡的巨人》,由江苏教育出版社出版。

21.《习惯决定孩子命运——孙云晓儿童教育 12 讲》(著),16 万字,新世纪出版社 2004 年 1 月出版,获全国优秀畅销书奖,该书 2008 年 9 月出版升级版,38 万字。

22.《小学生的 21 个好习惯》》(与孙宏艳主编),2005 年 1 月,北京出版社出版。

23.《五元家教实用教程》(主编),28.5 万字,2005 年 3 月中国言实出版社出版。

24.《好习惯好人生——怎样培养小学生的好习惯》(与邹泓主编),12 万字,2005 年 7 月北京出版社出版。

25.《好父母好方法》(著),24.7 万字,漓江出版社 2006 年 1 月出版。

26.《好孩子好习惯》(著),22.5 万字,漓江出版社 2006 年 1 月出版。

27.《转型时期的中国青少年》(英文版　副主编),16 万字,2006 年 3 月英国阿盖希特出版社出版。

28.《好习惯是怎么培养出来的——400 所学校习惯活动案例精选》(与孙宏艳主编),17 万字,2006 年 5 月北京出版社出版。

29.《未成年人自我保护读本》(与孙宏艳、王丽霞合著)25 万字,全国人大副委员长顾秀莲作序,2006 年 9 月北京出版社出版。

30.《良好习惯缔造健康人格》(与邹泓主编),32 万字,2006 年 5 月北京出版社出版。2006 年 11 月获中国少先队工作学会优秀科研著作一等奖。

31.《父母的“上岗执照”》(孙云晓家庭教育 12 讲光盘),2006 年 8 月北京大学音像出版社出版。同名书 15 万字,2007 年 2 月由安徽教育出版社出版。

32.《习惯决定孩子命运》(孙云晓家庭教育 12 讲光盘),2006 年 8 月北京大学音像出版社出版。

33.《我的家怎么了》(著),20 万字,2006 年 12 月长江文艺出版社出版。

34.《16 岁的思索》(著),14 万字,2006 年 12 月湖北少年儿童出版社出版,入选《百年百部中国儿童文学经典书系》。

35.《孙云晓教育作品集》之一《捍卫童年》(著),19.1 万字,2007 年 1 月江苏教育出版社出版。

36.《孙云晓教育作品集》之二《教育从尊重开始》(著),19.4 万字,2007 年 1 月江苏教育出版社出版。

37.《孙云晓教育作品集》之三《教育就是培养好习惯》(著),20.4 万字,2007 年 1 月江苏教育出版社出版。

38.《孙云晓教育作品集》之四《与孩子一起成长》(著),19 万字,2007 年 1 月江苏教育出版社出版。

39.《孙云晓教育作品集》之五《阳光法性教育》(著),20.5 万字,2007 年 1 月江苏教育出版社出版。

40.《孙云晓教育作品集》之六《教育的核心是培养健康人格》(著),18.3 万字,2007 年 1 月江苏教育出版社出版。

41.《孙云晓教育作品集》之七《唤醒孩子心中沉睡的巨人》(著),17.8 万字,2007 年 1 月江苏教育出版社出版。

42.《孙云晓教育作品集》之八《两种爱心两种命运》(著),18.9 万字,2007 年 1 月江苏教育出版社出版。

43.《忠告天下父母》之一《和孩子一起成长》(与王珑玲合

著),15.6 万字,2007 年 2 月浙江少年儿童出版社出版。

44.《忠告天下父母》之二《一把钥匙开一把锁》(与方奕合著),16 万字,2007 年 2 月浙江少年儿童出版社出版。

45.《忠告天下父母》之三《警惕童年恐慌》(与弓立新合著),15.4 万字,2007 年 2 月浙江少年儿童出版社出版。

46.《忠告天下父母》之四《好习惯是一生的资本》(与孙宏艳合著),15.6 万字,2007 年 2 月浙江少年儿童出版社出版。

47.《忠告天下父母》之五《好的关系胜过许多教育》(与张纯颖合著),15 万字,2007 年 2 月浙江少年儿童出版社出版。

48.《儿童的名字是今天——当代中国少年儿童发展状况蓝皮书》(与孙宏艳主编),35 万字,2007 年 11 月科学出版社出版。

49.《习惯培养有方法丛书》之一《十几岁,决定孩子的一生》(与李文道合著),19 万字,2007 年 12 月漓江出版社出版。

50.《习惯培养有方法丛书》之二《爱心决定成长》(与孙宏艳合著),22 万字,2008 年 4 月漓江出版社出版。

51.《习惯培养有方法丛书》之三《自主学习决定成功》(与赵霞合著),20.9 万字,2008 年 5 月漓江出版社出版。

52.《习惯培养有方法丛书》之四《学会尊重 成功做人》(与闫玉双合著),22.3 万字,2008 年 5 月漓江出版社出版。

53.《习惯培养有方法丛书》之五《责任感成就未来》(与刘秀英合著),20.2 万字,2008 年 6 月漓江出版社出版。

54.《孙云晓精品——夏令营中的较量》,19 万字,2008 年 10 月新世纪出版社出版。入选改革开放 30 年中国优秀儿童文学精品 30 部丛书。

55.《教育是人的解放——孙云晓教育随笔精粹》(著),27 万字,2009 年 3 月安徽教育出版社出版。

56.《让人幸福的教育——孙云晓教育随笔精粹》(著),27 万字,2009 年 1 月安徽教育出版社出版。

孙云晓主要文章目录

1.《论少年儿童榜样教育的科学性》1985 年 8 月中国社会科学院《青年研究》杂志卷首。

2.《扬起呼啸的鞭子》1991 年第 1 期《少男少女》杂志。

3.《少年报告文学是震撼的艺术》1992 年 4 月 4 日《文艺报》。

4.《夏令营中的较量》1993 年 11 月《读者》转自同年 7 月号《黄金时代》杂志,入选《新课程小学语文读本六年级下册》2006 年 2 月山东教育出版社第 2 版,同时入选三年级语文下册的还有散文《大海的品格》。

5.《渴望自然》1995 年 9 月发表于《中华儿女》海外版。

6.《中国城市儿童的媒介接触与道德发展》1998 年 4 月在巴黎"明日青少年与媒介"国际论坛的讲演,收入 1998 年联合国教科文组织年鉴 *Children Media Violence*。

7.《中国城市独生子女人格发展现状及教育研究报告》1998 年 10 月《教育研究》杂志,获中国少先队工作学会九五科研成果奖。

8.《考试分数可否成为学生的隐私》1999 年 12 月 16 日《光明日报》。

9.《请将"家长"的称谓改为"父母"》2000 年 5 月 30 日《中国青年报》。

10.《21 世纪是两代人相互学习的世纪》2000 年 4 月在东京中日国际学术研讨会上讲演,收入 2000 年 7 月广东教育出版社

《我的教育观》。

11.《改变学校、家庭教育的28个观念》2000年5月北京《中小学管理》杂志，5月31日在河南《教育时报》转载。

12.《千年警世钟》2000年23期《读者》转自同年9月13日《中国青年报·冰点》。

13.《21世纪：我的教育梦想》2000年12月29日《羊城晚报》，2001年6月28日《中国青年报》。

14.《成功宣言》2001年1、2期合刊《少年儿童研究》。

15.《希望六一节成为儿童的狂欢节》2001年5月30日《中国青年报》。

16.《从培养小学生的良好习惯做起》2001年6月《群言》。

17.《好父亲的11条守则》2001年10月31日《中国人口报》。

18.《网络文明从习惯养成开始》2002年1月17日《光明日报》。

19.《你为什么不原谅》(孙云晓专版)2002年6月号上海《少年文艺》，同年8月第16期《读者》转载。

20.《你的孩子快乐吗》2002年6月《今日中国》。

21.《揭开美国教育之谜》2002年6月作家出版社《美国中学生报告》序言。

22.《每一份爱都值得珍惜》2002年5月《中国校外教育》。

23.《如今的孩子读书是个啥样》2003年7月23日《中华读书报》两个版。

24.《品德培养从哪里开始》2004年3月25日《人民日报》。

25.《德育——素质教育的首要目标》2004年3月30日《中国教育报》。

26.《春天里的喜与忧》2004年4月22日《人民日报》。

27.《德育为何成了一壶烧不开的水》(与赵霞合作)2004年5月5日《中国教育报》。

28.《共同为孩子们营造良好社会环境》(与赵霞合作)2004年6月16日《中国教育报》。

29.《劝君莫做孩子王》2004年7—8合刊《辅导员》。

30.《中国未成年人留学热的冷思考》(与赵霞合作)2004年9月6日《参考消息》。

31.《让孩子相信自己是个成功者》2004年10月12日《作家文摘》。

32.《童年的发现者与捍卫者》2004年11月27日《文汇报》。

33.《独生子女的父母们联合起来》2005年1月《少年儿童研究》,由此开设长期的孙云晓专栏。

34.《港湾抒情曲》(朗诵诗)2005年5月9日《学习时报》。

35.《领导干部应当警惕教子误区》2005年5月23日《学习时报》。

36.《我们需要怎样的夏令营》2005年7月28日《人民日报》。

37.《"马小跳"跳得很精彩》2005年8月5日《中国图书商报》。

38.《好的关系胜过许多教育》一书自2005年8月21日在《北京晨报》连载20余期。

39.《良好行为习惯养成为文明中国奠基》2005年9月20日《中国教育报》。

40.《唤醒孩子心中的巨人》2005年10月28日《人民日报》。

41.《好教师首先是人格之师》2005年11月《河南教育》,孙云晓专栏首篇。

42.《吃别人嚼过的馍没味道》(博客文章)2006年1月21日《北京晨报》。

43.《成人化是孩子的灾难》2006年4月18日《生命时报》。

44.《领导干部必须高度关注“校园暴力”问题》2006年6月《中国党政干部论坛》。

45.《不要以成年人的思维揣度孩子》2006年6月《福建教育》。

46.《让“身体好”成为教育的起点》2006年5月13日《解放日报》。

47.《龙的子孙岂能无体》2006年6月1日《人民日报》。

48.《孙云晓23年家教精华》2006年8月5日《教育文摘周报家教版》。

49.《破解孩子教育的难题》2005年8月6日《北京晚报》。

50.《“差生”都是冤假错案》2006年8月14日《人民日报》。

51.《无批评的教育是伪教育》2006年9月《中国教师》。

52.《“夏监会”,你在哪里》2006年9月《法律与生活》。

53.《教育不能忽视人格培养》2006年10月9日《人民日报》。

54.《应试教育导致“教育荒废”》2007年第6期《瞭望》。

55.《生活似水而思想如阳光》2007年第3期《中国校园文学·花季绘本》。

56.《拯救危机少年》2007年4月22日《人民日报》。

57.《为青少年插上飞翔的翅膀》2007年第13期《求是》。

58.《易子而教让孩子终身受益》2007年7月26日《中国教育报》。

59.《教育=培养良好习惯》2007年8月8日和15日河南《教育时报》第1版。

60.《儿童权益不容忽视》2007年8月22日《中国教育报》第4版。

61.《教育始终是夏令营的灵魂》2007年10月25日《中国教育报》第6版。

62.《在相互理解与尊重中化解冲突》2008年第2期《半

月谈》。

63.《能用钱买到的东西都是便宜的》2008 年第 6 期《半月谈》。

64.《学生就是要学会生存》2008 年 4 月 24 日《中国教育报》第 6 版和《少年儿童研究》杂志 2008 年第 7 期。

65.《写给灾区孩子的心理救援诗》2008 年 5 月 22 日《文艺报》第 8 版和《少年儿童研究》杂志 2008 年第 6 期。

66.《我印象中的新世纪家庭教育读物》2008 年 5 月 28 日《中华读书报》。

67.《警惕成功标签制造"童年恐慌"》(与赵霞合作)2008 年 6 月 5 日《中国教育报》读书周刊。

68.《父母是预防"童年恐慌"的主角》2008 年 6 月 5 日《中国教育报》读书周刊。

69.《捍卫童年就是捍卫自由》2008 年第 6 期《中华儿女》海外版。

70.《从 90 后学生特征看学校管理工作的改进》(与孙宏艳等人合作)2008 年第 7 期和第 9 期《中小学管理》杂志。

71.《地震中的英雄少年与 90 后一代》上篇 2008 年第 8 期《中小学管理》杂志。

72.《三进中央团校与三次人生飞跃》2008 年 9 月 10 日《中国青年政治学院校报》。

73.《鸟巢一代塑造中国新公民形象》2008 年 9 月 16 日《中国教育报》视点整版。

74.《少先队是一把魔椅》《"童年恐慌"与快乐生活》2009 年第 1 期《少先队研究》杂志少先队教育家专栏。

75.《夫妻关系融洽最有利于孩子成长》2009 年第 2 期《家庭》杂志。

76.《应当培养青少年热心公益的习惯》(与刘秀英合作)2009 年 2 月《河南教育》,孙云晓话题新专栏首篇。

77.《从儿童教育的使命看“减负”》2009 年 2 月 23 日《中国教育报》第 1 版。

78.《性教育首先是一种态度》2009 年 4 月 9 日《中国教育报》,新阅读整版评介了新版的《藏在书包里的玫瑰》。

79.《别让孩子的情感“荒漠化”》2009 年 4 月 16 日《人民日报》文化新闻版新语头条。

80.《相信青年才能相信未来》2009 年 6 月 13 日《文汇报》每周讲演版。

81.《每个人身上都有英雄基因》2009 年 7 月 2 日《中国教育报》暑期阅读特刊。

孙云晓媒体报道评论精选

1. 1991年8月河北少年儿童出版社出版蒋风教授主编的《中国当代儿童文学史》第458页至461页专门评价孙云晓的少年报告文学。

2. 1993年9月26日马来西亚《新通报》发表特约记者爱薇的整版报道《条条小路通世界——访中国少年报告文学作家孙云晓》。

3. 1996年8月7日《人民日报》文化版发表对孙云晓的专访《“童心”不老》。

4. 1997年7月30日《光明日报》发表对孙云晓的专访《要重视培养独生子女的健康人格》。

5. 1998年10月《光明日报》第二次发表对孙云晓的专访《孙云晓:我要改变……》。

6. 1998年12月23日《中国青年报》发表对孙云晓的专访《分数应当成为学生的隐私》。

7. 1998年6月江西教育出版社《弹出漩涡里的歌——百位名人与中小学生对话》一书中,有孙云晓本人写的《我的文学之路》。

8. 1998年6月2日中央电视台《东方之子》节目,对孙云晓做专题介绍。

9. 1998年10月安徽教育出版社出版蒋风、韩进著的《中国儿童文学史》,第630页至632页专门评价孙云晓的少年儿童报告文学。

10. 2000年第3期人民日报社《人民论坛》月刊发表对孙云晓的专访《素质教育立国之本》。

11. 2000年第11期《中华英才》杂志发表介绍孙云晓的长篇专访。

12. 2001年第6期《新周刊》杂志发表介绍孙云晓评价80年代生人的文章《“他们是最优秀的一代”》。

13. 2001年3月12日《三联生活周刊》发表介绍孙云晓的文章《说真话的方式》。

14. 2001年4月20日,《生活日报》发表对孙云晓的长篇专访《与孩子一起成长》。

15. 2001年6月4日新华社《瞭望》新闻周刊发表访问孙云晓的文章《对孩子我们了解多少》。

16. 2001年11月8日《光明日报》第三次发表对孙云晓的长篇专访《道德建设从培养儿童良好习惯抓起——访中国青少年研究中心副主任孙云晓》。

17. 2002年第3期《环球》杂志发表对孙云晓的采访记《性要怎么说》。同年第5期《新华文摘》转载。

18. 2002年4月4日,《南方周末》发表对孙云晓的长篇专访《谁教育信息时代的孩子》。

19. 2002年4月18日,中央电视台科教频道播出对孙云晓父女的教育访谈节目。

20. 2002年第6期人民日报《人民论坛》杂志发表孙云晓等人谈话文章《为孩子改造成人本身——关于青少年成长道路的探讨》。

21. 2002年10月16日《北京青年报》发表对孙云晓的长篇专访《孩子为什么越来越难懂》。

22. 2002年10月28日《中国青年报》发表对孙云晓的长篇专访《没有惩罚的教育是不完整的教育》。

23. 2004年1月26日《联合早报》发表对孙云晓的专访《中

国第一代独生子女走向社会》。

24. 2004年3月19日《中国青年报》发表对孙云晓作品的评介《藏在书包里的玫瑰引发性教育思考》。

25. 2004年7月8日《南方都市报》发表对孙云晓的专访《让偶像崇拜更丰富更健康》。

26. 2004年9月16日《人民日报》发表新华社记者对孙云晓讲演的评介《成功教育从习惯培养开始》。

27. 2004年9月19日《中国青年报》发表对孙云晓作品评介《谁来关心青少年中的“弱势群体”》。

28. 2004年10月29日《深圳晚报》发表对孙云晓的专访《学会发现儿童》。

29. 2004年11月2日《深圳商报》发表对孙云晓的长篇专访《养成良好读书习惯终身受益》(附图)。

30. 2004年11月2日《深圳晚报》发表对孙云晓的长篇专访《独生子女教育要“以群治独”》(附图)。

31. 2004年11月2日《晶报》发表对孙云晓的专访《阅读拓展人生的宽度》(附图)。

32. 2004年12月13日《中国国土资源报》发表对孙云晓的长篇专访《青少年教育,路该怎么走》。

33. 2005年6月3日《现代教育报》发表对孙云晓的长篇专访《学会对孩子说“不”》。

34. 2005年1月5日《北京晚报》发表对孙云晓的专访《孩子直呼父母姓名是时尚吗?》。

35. 2005年1月10日《长沙晚报》发表对孙云晓的长篇介绍《原来孩子应该这样教》。

36. 2005年7月27日《光明日报》发表对孙云晓的长篇专访《夏令营——不应是学校生活的翻版》。

37. 2005年8月28日《北京晨报》发表对孙云晓的长篇专访《教育孩子的实质是教育自己》。

38. 2005年9月21日《中华读书报》发表对孙云晓的长篇专访《孙云晓的教育梦想》。

39. 2005年9月26日《新安晚报》发表对孙云晓的长篇专访《家长要勇于说“不”》。

40. 2005年11月7日深圳《晶报》发表对孙云晓的长篇专访《让孩子对自己的错误负责》。

41. 2005年12月15日《羊城晚报》发表对孙云晓的长篇专访《应试教育是犯罪机器》。

42. 2006年1月11日《中国青年报》发表对孙云晓的长篇专访《父爱缺失是一种家庭隐患》。

43. 2006年1月《中国新书》发表对孙云晓的长篇专访《教育的核心是培养健康人格》。

44. 2006年1月15日《中国青年报》发表对孙云晓的长篇专访《成功标签制造童年恐慌》。

45. 2006年1月19日《新京报》发表对孙云晓的专访《要为孩子补上人格完善课》。

46. 2006年4月15日《人物周刊》发表对孙云晓的长篇专访《在岁月中剥掉层层的壳》。

47. 2006年4月26日《中国青年报》发表对孙云晓的专访《专家纵论中学生素质教育》。

48. 2006年4月27日《人民日报》发表对孙云晓的专访《春游,孩子心中的春天》。

49. 2006年5月16日《钱江晚报》发表对孙云晓的长篇专访《好的关系胜过许多教育》和《尊重孩子的未成熟状态》两个版(附图)。

50. 2006年5月29日《信息日报》发表对孙云晓的长篇专访《做好父母要有好方法》(附图)。

51. 2006年6月5日《信息日报》发表对孙云晓的长篇专访《好父母应具备五种元素》(附图)。

52. 2006年6月7日《中国青年报》发表对孙云晓的长篇专访《传统教育流行语：从习惯到批判》。

53. 2006年7月4日《中国教育报》发表对孙云晓的长篇专访《摔手机反映管理缺乏学生权益意识》。

54. 2006年7月24日《海峡都市报》发表对孙云晓的长篇专访《训子千遍不如培养一个习惯》。

55. 2006年8月13日《中国青年报》发表对孙云晓的长篇专访《父母无为乃大为》。

56. 2006年8月28日《中国青年报》发表对孙云晓的长篇专访《孩子复杂就复杂在看了大量成人的东西》。

57. 2006年9月26日《生命时报》发表对孙云晓的专访《如何回答孩子的为什么》。

58. 2006年12月25日河北省《廊坊日报晨刊》发表对孙云晓的长篇专访《训子千遍不如培养一个习惯》，同时发表孙云晓的长篇讲演实录《和谐家庭与和谐成长》。

59. 2007年1月7日黑龙江省《生活报》发表对孙云晓的长篇专访《孙云晓：父教缺位会让孩子人格缺“钙”》。

60. 2007年1月8日《中国青年报》发表对孙云晓的长篇专访《我们的教育总是把目标定在天上》。

61. 2007年1月9日《生命时报》发表对孙云晓的专访《中国孩子和父母关系最僵》。

62. 2007年1月30日《人民日报》及《人民日报》海外版同时发表对孙云晓的专访《农民工子女，七成感到生活幸福》。

63. 2007年3月14日《中国青年报》发表对孙云晓的长篇专访《孙云晓：家庭教育不能只有医生没有护士》。

64. 2007年4月3日《光明日报》发表对孙云晓的专访《关于追星族家庭悲剧的社会思考》。

65. 2007年4月3日《钱江晚报》发表对孙云晓的整版报道《孙云晓忠告天下父母》。

66. 2007年5月19日《羊城晚报》发表对孙云晓的报道《先有"问题"家庭才有"问题"孩子》。

67. 2007年5月22日《羊城晚报》发表对孙云晓的报道《良好关系胜过反复教育》。

68. 2007年6月27日《中国教师报》发表对孙云晓的整版报道《好的关系胜过许多教育》。

69. 2007年第8、9期合刊《时代教育》发表对孙云晓的长篇访谈《如何培养孩子的好习惯》。

70. 2007年9月10日《云南广播电视报》发表对孙云晓的报道《好孩子就是与好习惯相伴的孩子》及《孙云晓答家长问》。

71. 2007年10月17日《安徽商报》发表对孙云晓讲座的整版报道《孩子没有朋友糟过考试不及格》；同日《安徽市场报》和《江淮晨报》也发表对孙云晓的长篇报道，分别是《今天的孩子为什么难教育》和《"加钙"教育培养孩子抗挫折能力》。

72. 2007年11月1日《温州日报》发表对孙云晓的整版报道《"菜鸟"如何教育"老鸟"——孙云晓讲座实录》。

73. 2007年11月15日《工人日报》科教周刊发表对孙云晓的长篇专访《惩罚，使孩子在体验中承担责任》。

74. 2008年3月26日《光明日报》教育周刊发表对孙云晓的长篇专访《别给孩子过大的压力》。

75. 2008年4月19日《现代教育报》启蒙专刊发表对孙云晓的整版专访《老师的老师 学生的学生》。

76. 2008年5月29日《文艺报》文学批评版发表对孙云晓的长篇专访《少年报告文学是成长的支撑性力量》。

77. 2008年5月31日《中国经济导报》社会版发表对孙云晓的专访《捍卫童年》。

78. 2008年第11期《中国教师》半月刊发表对孙云晓的专访《儿童的名字是明天更是今天》。

79. 2008年6月《现代职业安全》月刊发表对孙云晓的长篇

专访《职场现象背后的童年征兆》。

80. 2008年6月16日《深圳晚报》阅读周刊发表对孙云晓的专访《如何“缝合”孩子的伤口》。

81. 2008年8月31日《新京报》12版和13版发表对孙云晓等人的长篇访谈《如果赖宁还活着》。

82. 2009年3月中国新闻社《中国新闻》两会特刊基础教育反思与建议专辑,发表对孙云晓的专访《“从80后的职场状况看我国的基础教育”价值独特》,该刊详细介绍了研究的发现与建议。

83. 2009年3月27日《中国青年报》发表对孙云晓的长篇专访《中国的父教缺失是我们民族很大的隐患》;4月7日,该报发表长篇后续报道《民调显示60.7%网友认同中国父教缺失》。

84. 2009年4月14日《文汇报》发表对孙云晓的长篇专访《我们的孩子可能表现更糟》。

85. 2009年4月25日《深圳特区报》发表关于孙云晓与谭天弘对话的长篇报道《16年后中国教育的隐患更加严重》。

86. 2009年4月28日第527期中国科学院《科学新生活》3个版发表对孙云晓的长篇专访《父亲你哪里去了》和《我要做个好父亲》。

87. 2009年5月8日《解放日报》解放周末发表对孙云晓的整版专访《仅有母爱是不够的》。

88. 2009年5月上旬刊《教育》发表对孙云晓的长篇专访《教育改革不要成为一纸空文》。

89. 2009年5月23日《解放日报》观点版发表对孙云晓的头条长篇专访《“富二代”教育:一门关于成长的幸福学》。

90. 2009年6月2日《中国青年报》青春热线版发表对孙云晓的长篇专访《孙云晓:警惕青少年“情感荒漠化”》,同时转发孙云晓博客文章《忘不掉的才是素质》。